世界一流企业竞争力

体系建设与管理实践

中共国家能源集团党校世界一流企业竞争力研究课题组◎编著

中共中央党校出版社

图书在版编目（CIP）数据

世界一流企业竞争力：体系建设与管理实践 / 中共
国家能源集团党校世界一流企业竞争力研究课题组编著
.-- 北京：中共中央党校出版社，2023.6
ISBN 978—7—5035—7478—8

Ⅰ．①世…　Ⅱ．①中…　Ⅲ．①能源工业－国有工业企
业－企业集团－企业竞争－竞争力－研究－中国　Ⅳ.
① F426.21

中国国家版本馆 CIP 数据核字（2023）第 013719 号

世界一流企业竞争力——体系建设与管理实践

策划统筹	冯　研
责任编辑	李俊可
责任印制	陈梦楠
责任校对	李素英
出版发行	中共中央党校出版社
地　　址	北京市海淀区长春桥路 6 号
电　　话	（010）68922815（总编室）　　　　（010）68922233（发行部）
传　　真	（010）68922814
经　　销	全国新华书店
印　　刷	北京中科印刷有限公司
开　　本	710 毫米 ×1000 毫米　1/16
字　　数	247 千字
印　　张	19
版　　次	2023 年 6 月第 1 版　　2023 年 6 月第 1 次印刷
定　　价	68.00 元

微　信 ID：中共中央党校出版社　　　**邮　　箱**：zydxcbs2018@163.com

《世界一流企业竞争力》编委会

主　　　　任：周忠科

委　　　　员：孙　文　许　晖

课题组组长：孙　文

课题组副组长：范　新

课题组成员：李会英　刘　颖　阮雯雯　沈　丽

　　　　　　杨艳成　高　华　姚仲情　申若雯

校　　　　核：王梨兵　韩　爽　蔡晓琳

序　言

扎根中国本土　创建世界一流

　　培育具有全球竞争力的世界一流企业，是以习近平同志为核心的党中央对国有企业改革作出的重大战略部署。党的十九大提出，深化国有企业改革，发展混合所有制经济，培育具有全球竞争力的世界一流企业。党的二十大进一步强调要加快建设世界一流企业，为包括中央企业在内的国内众多优秀企业持续提升竞争力、创建世界一流企业提出了更高的要求。2015年以来，党中央、国务院下发了《关于深化国有企业改革的指导意见》（以下简称《指导意见》）以及相应配套文件，逐步形成了以《指导意见》为中心、以其他政策文件为配套的"1+N"政策体系，确立了新时期全面深化国有企业改革的主体制度框架，为培育具有全球竞争力的世界一流企业奠定了制度基础。2022年2月召开的中央全面深化改革委员会会议，通过了《关于加快建设世界一流企业的指导意见》，提出要发展更高水平的社会主义市场经济，加快建设一批产品卓越、品牌卓著、创新领先、治理现代的世界一流企业，为如何加快建设世界一流企业指明了方向、提供了遵循。

　　按照党中央的战略部署，国家有关部委围绕加快培育具有全球竞争力的世界一流企业，做强做优做大国有资本，推动经济实现高质量发展，提出了一系列培育支持举措。2019年，国务院国资委提出"三个领军""三个领先""三个典范"的要求，选定11家中央企业作为创建世界一流示范企业，在中央企业广泛开展了对标世界一流管理提升行动。2021年，工信部、财政部等六部门联合印发了《关于加快培育发展制造业优质企业的指导意见》，将培育世界一流企业与做强产业相结合，提出构建优质企业梯度培育格局，加快培育一批专注于细分市场、聚焦主业、创新能力强、成长性好的专精特新"小巨人"企业、制造业单项冠军企业、产业链领航企业，助力实体经济特别是制造业做实做强做优，提升产业链供应链稳定性和竞争力。2023年中央企业负责人会议强调，全面加快建设世界一流企业，在2023年率先建成一批行业公认的世界一流企业。可以说，党中央对世界一流企业的要求已经由培育阶段转入加快建设阶段，这意味着世界一流企业相关工作目前已具备良好基础，党和国家比以往任何时候都更需要加快建设一批能够体现国家实力和全球竞争力的世界一流企业。

我国作为全球第二大经济体，经济实力虽已显著上升，但企业品质不优、效益不高、竞争力不强的问题依然存在，并已成为我国经济迈向高质量发展的重要制约因素。加快建设世界一流企业，有助于我国有效参与全球经济治理，更好地融入世界经济体系，在世界经济舞台上谋求更多的话语权和影响力。在推进世界一流企业建设的过程中，构建一套符合中国特色和央企特点的世界一流企业竞争力指标体系，对于中央企业和地方重点国有企业正确认识自身不足，找到发展短板，确立战略走向，探索行动路径具有重要的意义，也是本书要研究的核心问题。

本书严格贯彻党中央对创建世界一流企业的部署要求，通过文献梳理、政策解读、数据挖掘等过程，在明确具有全球竞争力的世界一流企业基本特征的基础上，构建了表征世界一流企业竞争力的指标体系，为中央企业及地方重点国有企业创建世界一流企业提供工具支持和理论参考。同时，以国家能源集团为例，通过与法国电力集团开展对标，明确国家能源集团的优势与短板，挖掘国家能源集团及典型所属企业在推进世界一流企业建设过程中的管理实践，总结提炼企业创建世界一流企业的行动路径，为中央企业以及地方重点国有企业推进世界一流企业建设提供决策参考、路径选择以及管理实践范例。

本书围绕世界一流企业的体系建设与管理实践两个方面进行了深入的理论思考和实践探索。关于体系建设，本书重点关注世界一流企业的竞争力这一核心要素，围绕什么是世界一流企业的竞争力，如何衡量竞争力，如何系统提升竞争力（即实现路径）三个关键问题，按照科学性、系统性、重要性、可比性、可行性、定性与定量相结合的原则，以世界一流企业竞争力的理论与特征、国务院国资委相关文件等为基础，以国资委"三个三"（"三个领军、三个领先、三个典范"）为指引、以"产品卓越、品牌卓著、创新领先、治理现代"的十六字要求为依据、以系统化、定量化为原则，构建了包括国际资源配置、科技创新、产业影响力、组织效率、人力效能、盈利能力、抗风险能力、绿色发展、社会责任、品牌影响力在内的10个门类21项指标的世界一流企业竞争力衡量标准，以及包括产品运营与质量管控、营销与服务管理、产品数字化、智能化等四个方面15个维度的关键要素。这套体系不仅提供了较为系统的量化指标，同时还为企业推进世界一流企业建设提供了科学的路径与方法。进一步，本书从产业类、国有资本投资公司类、国有资本运营公司类三个大类别六个小类别选择了14家国内外知名企业进行深入研究和对标对表，进一步检验了指标体系的有效性和适用性。

本书理论与实践相结合。本书所选取的研究对象——中央直管国有重点骨干企业之一的国家能源集团，不仅是国有资本投资公司改革试点企业，同时也是国务院国资委确定的首批创建世界一流示范企业之一。通过对标研究，本书清晰界定该公司在创建世界一流企业过程中存在的不足与短板，通过深入剖析国家能源集团及所属企业在推进世界一流企业建设工作中的典型实践，总结经验、提炼路径。从组织战略、产业协调、管理精细化、信息化、国际化等方面进行了路径探索，并从战略引领、改革融合、管理创新、价值创造等多个方面对该公司加快建设世界一流企业进行了行动规划建议，以期能为中央企业和地方重点国有企业加快建设世界一流提供实践参考和行动方案。

　　加快建设世界一流企业，持续提升企业竞争力，是未来相当长一段时间摆在中央企业和地方重点国有企业面前的战略性、引领性任务，世界一流企业竞争力体系建设，需要一个持续的迭代与升级过程，结合企业发展的实际不断完善，从而形成一个既符合企业实际情况，又有较强对标指导意义的指标体系。在这个过程中，需要党中央、以国资委为代表的政府部门高瞻远瞩的谋划和全方位的统筹推进，需要中央企业和地方重点国有企业持续深入的实践创新，也需要中国学术界结合本土特色持续进行理论突破。相信本书的出版，将会为世界一流企业竞争力的体系建设和管理实践提供工具指导和行动参考。

叶康涛

中国人民大学商学院院长、教授

2022 年 12 月

目 录
CONTENTS

体系建设篇

管理实践篇

体系建设篇

导　论

一、研究背景

当前，中国已经成为世界经济增长的主要动力源和稳定器，世界第二大经济体的地位总体稳固，中国经济已经由高速增长阶段向高质量发展阶段转变。2020 年，受到新冠疫情影响，中央企业实现净利润 1.4 万亿元，同比增长 2.1%，总体呈现稳中向好、稳中提质的发展态势，为全面开启中央企业"十四五"高质量发展新征程奠定了坚实基础。2021 年，中央企业战略性重组、专业化整合、战略性新兴产业布局有力推动国有资本结构优化提升，全年实现净利润 1.8 万亿元，同比增长 29.8%，效益增长创历史最高水平。2020 年上榜《财富》500 强的中国本土企业总数从 95 家提升至 124 家（含香港），相较 2013 年，我国企业的国际排名实现整体上升，历史上第一次超过美国（121 家）。2022 年上榜的中国本土企业（含香港）数量达到 136 家，上榜企业数量连续三年位居榜首。其中，由国务院国资委履行出资人职责的央企为 47 家，中央企业发展质量明显提升，竞争能力持续增强，特别是在风险应对能力、创新能力、推进国企改革方面表现突出，正大步走向国际前沿。但与世界一流企业相比，中央企业在管理制度、体系建设、体制机制、执行效率等层面仍存在差距，一定程度上影响了企业进一步发展的质量和效益。同时，伴随着中国内外部环境继续深刻复杂变化、世界经济长期结构性调整、新一轮产业变革、国内有效需求不足、产业链供应链循环受阻等因素相互叠加，中国经济正在面对多方挑战，这对中央企业的持续健康稳定发展提出了更高的要求。中央企业必须通过立足自身、苦练内功，从世界一流企业的成功实践和先进管理中要质量、要效益、要增长，才能在日益复杂激烈的国内外竞争环境中立于不败之地，才能不断增强中央企业的竞争力、创造力、控制力、影响力和抗风险能力。

党的十九大提出，"完善各类国有资产管理体制，改革国有资本授权经营体制，加快国有经济布局优化、结构调整、战略性重组，促进国有资产保值增值，推动国有资本做强做优做大，有效防止国有资产流失。深化国有企业改革，发展混合所有制经济，培育具有全球竞争力的世界一流企业"，明确了新时代国有企业改革发展的目标。这是谋划国企改革发展全局、开拓国企改革发展新局面的内在需要，也是深化供给侧结构性改革、推动国有经济布局结构调整、推进高质量发展的必然要求，更是实现人民美好生活、建设社会主义现代化强国的重要支撑，也标志着 2011 年时任国务院国有资产监督管理委员会主任王勇同志提出的"推进中央企业做强做优、培育具有国际竞争力的世界一流企业"的目标，已经上升到党和国家层面。

国务院国资委按照党中央的战略部署，围绕加快培育具有全球竞争力的世界一流企业，做强做优做大国有资本，推动国有经济实现高质量发展。2019 年 1 月，选定航天科技、中国石油、国家电网、中国三峡集团、国家能源集团、中国移动、中航集团、中国建筑、中国中车集团、中广核等 10 家单位作为创建世界一流示范企业，并提出"三个领军""三个领先""三个典范"的要求，要求示范企业主动对标世界一流企业，找差距、补短板、强弱项，持续加快国际化步伐，提升企业竞争力，努力建设在国际资源配置中占主导地位、引领全球行业技术发展、在全球产业发展中具有话语权和影响力的领军企业，效率、效益和品质等方面的领先企业，践行新发展理念、履行社会责任、拥有全球知名品牌形象的典范企业。2019 年 2 月，增加中国宝武集团为第 11 家示范企业。2020 年 6 月，按照国企改革三年行动的部署要求，制订印发《关于开展对标世界一流管理提升行动的通知》，提出到 2022 年，推动中央企业和地方国有重点企业管理理念、管理文化更加先进，管理制度、管理流程更加完善，管理方法、管理手段更加有效，管理基础不断夯实，创新成果不断涌现，基本形成系统完备、科学规范、运行高效的中国特色现代国有企业管理体系，总体管理能力明显增强，部分企业管理达到或接近世界一流水平。同时，要求中央企业和地方国有重点企业要综合分析世界一流企业的优秀实践，深入查找企业管理的薄弱环节，重点在战略管理、组织管理、运营管理、财务管理、科技管理、风险管理、人力资源管理、信息化管理等方面强化能力建设，持续加强企业管理的制度体系、组织体系、责任体系、制度体系、评价体系等建设，全面提升管理能力和水平。2022 年 2 月召开的中央全面深化改革委员会第二十四次会议，通过了《关于加快建设世界一流企业的指导意见》，提出要发展更高水平的社会主义市场经济，加快建设一批产品卓越、品牌卓著、创新领先、管理现代的世界一流企业，为如何加快建设世界一流企业指明了方向、提供了遵循。

国家能源集团是国务院国资委确定的首批创建世界一流示范企业。为落实国务院国资委部署要求，加快建设具有全球竞争力的世界一流企业，坚持目标导向和问题导向相统一，结合自身发展实际，坚持对标同行业世界一流企业，出台了创建世界一流示范企业的实施方案以及对标世界一流管理提升行动实施方案，把建立符合行业产业和企业发展规律的、符合中国特色现代国有企业特点和本企业实际的竞争力指标体系作为工作的首要目标和前提基础，力争到 2022 年，国家能源集团管理理念、管理文化更加先进，管理制度、管理流程更加完善，管理方法、管理手段更加有效，管理基础不断夯实，管理创新成果不断涌现，形成系统完备、科学规范、运行高效的企业管理体系，总体管理能力达到世界一流水平，特别是要在进一步提升核心竞争力、行业引领力和组织管控力，进一步提高清洁发展水平、精细管理水平和价值创造水平，进一步健全制度、信息、科技"三大体系"，在国有资本投资公司、世界一流示范企业建设、两大集团重组改革等试点工作中成效进一步显现。

本书旨在通过梳理总结国有企业创建世界一流示范企业的政策演进，分行业对中央企业与世界一流企业进行比较研究，聚焦经营效率、管理水平、抗风险能力、创新能力等方面，重点关注世界一流企业竞争力的衡量标准、关键要素，构建具有中国特色和中央企业特点的世界一流企业竞争力指标体系，指导中央企业通过竞争力的衡量标准开展对标分析，通过竞争力的关键要求开展路径选择和管理提升，推动中央企业优化发展战略，调整业务结构，提升管理水平，加快创建世界一流企业，为实现中国经济高质量发展，推动世界共同繁荣作出新的贡献。同时，以国家能源集团为例，通过选取对标企业进行比较分析，对世界一流企业竞争力指标体系进行效果评估，总结国家能源集团典型企业的经验做法，对国家能源集团创建具有全球竞争力的世界一流能源企业提出相关意见建议，为中央企业创建世界一流企业示范企业、开展评价提供标准、依据和理论支持。

二、研究目的

近年来，受惠于中国整体经济发展态势的稳中向好，中央企业总体上实现了跨越式发展，在增长规模、发展质量、经济贡献等方面取得了出色成绩，涌现了一批在全球经济中具有一定影响力的大企业。但我们必须清晰地看到，在衡量企业发展质量的指标，如企业管理、资产收益率、劳动生产率、科技创新、品牌价值、行业影响力、国际化程度等方面，中央企业与西方优秀企业还存在较大差距。这就要我们充分汲取优秀企业的先进经验，持续推动中央企业向着世界一流水平不断迈进。本研究通过文献梳理、政策解读、数据挖掘、典型企业调研、访谈，总结梳理世界一流企业竞争力的核心要素，指出中央企业在推进创建世界一流示范企业的过程中面临的问题以及不足，明确具有全球竞争力的世界一流企业的基本特征，构建世界一流企业竞争力的指标体系，为中央企业及地方重点国有企业创建世界一流提供参考。以国家能源集团为例，结合国家能源集团推进世界一流能源集团建设工作，总结国家能源集团典型企业的经验做法，对国家能源集团创建具有全球竞争力的世界一流能源集团的现实路径和重点工作举措提出意见建议。

本书试图在以下方面进行理论与实践方面的创新：一是对我国创建世界一流企业的政策演进作出阶段性总结；二是结合新时期党中央要求和国务院国资委等有关部委的决策部署，总结符合中国特色、体现中央企业特点的世界一流竞争力的指标体系；三是选取 7 家不同类型中央企业与国外同行业优秀企业进行对标，初步提出基于关键要素的竞争力提升建议；四是以国家能源集团为例，总结国家能源集团典型企业的经验做法，对国家能源集团创建具有全球竞争力的世界一流能源集团的现实路径和重点工作举措提出意见建议，为中央企业和地方重点国有企业在推进创建世界一流示范企业相关工作中提供参考。

三、研究思路与实施路线图

本书采用理论研究、案例研究、对标研究相结合的研究方法，通过理论研究，梳理世界一流企业竞争力及相关概念的基本内涵，总结提炼世界一流企业竞争力的定义、特征、衡量标准等内容；通过对 Shell、IBM、GE、Toyota 等世界一流企业的案例研究，整理世界一流企业竞争力的关键要素，对神东煤炭、准能集团、龙源电力等国家能源集团系统内典型企业的案例研究，梳理总结国家能源集团创建世界一流企业的有效路径和现实经验；通过对标研究，在定量与定性分析的基础上，研究了中石油、国家能源集团、航天科技、国机集团、中国移动、国投集团、中国诚通等 7家中央企业与各自对标企业在世界一流企业竞争力衡量标准上表现出的差距，并初步提出了基于关键要素的竞争力提升建议。

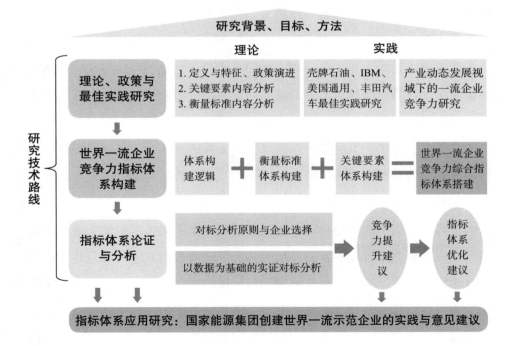

图 1　研究技术路线

在研究技术路线（如图 1 所示）的指导下，本书具体分为研究的背景、目的与方法，世界一流企业竞争力理论研究和相关政策演进，优秀企业成功实践，世界一流企业竞争力指标体系构建及论证分析，国家能源集团创建世界一流示范企业的典型实践与意见建议等五个研究步骤。

第一部分，研究的背景、目的与方法。通过分析世界一流企业竞争力提出的时代背景与政策背景，明确本文的研究重点和研究方法、技术路线图。

第二部分，世界一流企业竞争力理论研究和相关政策演进。通过文献梳理和二次数据分析等理论研究方法，梳理世界一流企业竞争力相关概念（包括企业、现代企业、竞争力、世界一流、世界一流企业、世界一流企业竞争力等）的基本内涵；通过梳理相关政策法规，就党中央，特别是党的十八大以来，对国有企业创建世界一流示范企业相关政策进行解读，对我国创建世界一流企业的政策演进作出阶段性总结。系统研究世界一流企业竞争力培育和形成的基本规律、发展趋势，把握世界一流企业竞争力形成的产业背景、成长生态、发展理念和商业模式，总结提炼共性，准确定义世界一流企业的内涵和标准，对我国创建世界一流企业的宏观环境和未来走向进行展望。

第三部分，优秀企业成功实践。通过对 Shell、IBM、GE、Toyota 等世界一流企业的案例研究，把握世界一流企业竞争力形成的产业背景、成长生态、发展理念和商业模式，总结提炼共性，为构建世界一流企业竞争力指标体系提供基础。

第四部分，世界一流企业竞争力指标体系构建及论证分析。基于在全球新一轮科技革命和产业深度变革的时代背景下具有全球竞争力的世界一流企业的基本特征，初步构建世界一流企业竞争力的指标体系。通过中央企业创建世界一流示范企业对标分析的选择思路与原则，选定 7 家央企为代表，与各自行业的西方优秀企业进行对标分析，对世界一流企业竞争力指标体系进行进一步论证分析，并对 7 家央企提出了基于关键要素的竞争力提升初步建议。

第五部分，国家能源集团创建世界一流示范企业的典型实践与意见建议。首先，以国家能源集团为例，在前文构建的世界一流企业竞争力指标体系下，选取法国电力集团作为核心对标企业，中国石油天然气集团、荷兰壳牌集团作为能源类对标企业，以及航天科技、美国波音公司、国机集团、AT&T 等 10 家企业作为非能源类对标企业，分别进行对标分析，梳理国家能源集团的优势与不足；其次，对神东煤炭、准能集团、龙源电力等国家能源集团系统企业开展案例研究，梳理总结国家能源集团创建世界一流企业的有效路径和现实经验；最后，对国家能源集团创建世界一流能源集团的实践路径和重点工作举措提出意见建议。

世界一流企业竞争力研究的理论演进

一、何为企业

企业一般是指以盈利为目的，运用各种生产要素（土地、劳动力、资本、技术和企业家才能等），向市场提供商品或服务，实行自主经营、自负盈亏、独立核算的法人或其他社会经济组织。

在商品经济范畴内，作为组织单元的多种模式之一，按照一定的组织规律，有机构成的经济实体，一般以盈利为目的，以实现投资人、客户、员工、社会大众的利益最大化为使命，通过提供产品或服务换取收入。它是社会发展的产物，因社会分工的发展而成长壮大。企业是市场经济活动的主要参与者；在社会主义市场经济体制下，各种企业并存共同构成社会主义市场经济的微观基础。企业存在三类基本组织形式：独资企业、合伙企业和公司，公司制企业是现代企业中最主要的、最典型的组织形式。

现代经济学理论认为，企业本质上是"一种资源配置的机制"，其能够实现整个社会经济资源的优化配置，降低整个社会的"交易成本"。

企业，在《现代汉语词典》中的解释为：从事生产、运输、贸易等经济活动的部门，如工厂、矿山、铁路、公司等。现代汉语中"企业"一词源自日语。与其他一些社会科学领域常用的基本词汇一样，它是在日本明治维新后，大规模引进西方文化与制度的过程中翻译而来的汉字词汇，而戊戌变法之后，这些汉字词汇由日语被大量引进现代汉语。

在 2007 年 3 月 17 日通过的《中华人民共和国企业所得税法》中第一条则有这样的描述："在中华人民共和国境内，企业和其他取得收入的组织（以下统称企业）为企业所得税的纳税人，依照本法的规定缴纳企业所得税。个人独资企业、合伙企业不适用本法。"

综上，我们认为，首先企业是一种社会组织；其次企业从事经济活动，也就是能够给社会提供服务或产品；最后企业是以取得收入为目的，即以盈利为目的。

二、何为现代企业

现代企业理论的产生是以 1937 年科斯（Coase）发表的《企业的性质》一文为标志的，科斯把现代企业定位为以市场经济为条件的经营管理组织，是适应市场经济和信息化社会要求的独立社会单元，其显著标志就是建立了现代企业制度。一般意义上理解，现代企业制度是以市场经济为基础，以企业法人制度为主体，以公司制为核心，以产权清晰、权责明确、政企分开、管理科学为基本特征的新型企业制度。这里有四个"关键词"，体现了现代企业制度的基本内涵：一是市场经济。市场经济的突出特点，是市场在资源配置中起决定性作用，这为现代企业的成长提供了必要条件和广阔天地。二是企业法人制度。就是要让企业成为人格化的法人，享有法人财产权，具有独立的民事主体地位，能够自主经营、自负盈亏、自我发展、自我约束。三是公司制。党的十五届四中全会提出，公司制是现代企业制度的一种有效组织形式。按照我国公司法，公司分为有限责任公司、股份有限公司，其中，一人有限责任公司、国有独资公司是有限责任公司的特殊形态。按照公司制要求，需要建立起由股东会、董事会、经理层等构成的公司法人治理结构。四是基本特征。就是党的十四届三中全会提出的 16 个字：产权清晰、权责明确、政企分开、管理科学。这 16 个字，主要是针对国有企业提的，旨在解决当时国有企业产权不清、权责不明、政企不分、管理落后等问题，是现代企业制度的内在要求。

现代企业制度首先是作为一种企业制度而存在，要建立现代企业制度，必须对企业制度的含义有确切的理解。企业制度或称企业体制，是一种涉及企业外部环境和内部机制各方面的制度体系，它不只是企业内部组织管理制度，也不只是其他某些方面的个别制度，企业制度是属于经济方面的制度，它有机地包容在经济体制之中。现代企业制度则是相对于古典的传统的企业制度而言的，它是市场经济的产物，客观上以社会化大生产为存在的前提和基础。规范的现代企业制度，是以出资者的所有权与企业法人财产权相分离为前提的，它与传统的国有企业制度不同，与改革开放以来形成的过渡性企业制度也不同。这种不同绝不是形式上的、次要方面的，而是实质性的、主要方面的。通过建立和完善现代企业制度，国家依其出资额承担有限责任，企业依法支配其法人财产，从而改变以往政企不分，政府直接管理企业，承担无限责任，企业则全面依赖于政府的状况；企业内部建立起由股东大会、董事会、监事会、经理层构成的相互依赖又相互制衡的治理结构；企业以生产经营为主要职责，有明确的盈利目标，改变以往企业办社会职能，职工全面依赖企业，企业对职工承担无限责任的状况。以此为基础，形成我国新型公有制的实现形式。它既保证国家对国有企业的所有权，又使国有企业能以独立法人身份进入市场参与竞争，成为千万个独立的市场法人主体。这才能形成社会主义市场经济的微观基础。

建立现代企业制度是完善国有企业改革的方向，是发展市场经济的必然要求，可以为私营企业的发展提供保障。现代企业制度的基本内容有：一是明晰的产权制度，法人财产与股东财产严格划分；二是建立完善的企业法人治理制度，确立治理结构之间的制衡关系并保障其有效运转；三是企业以其全部资产对其负债负责，出资者以其出资额对公司承担责任；四是政企职责分开，企业作为市场主体进行生产经营，以追求经济效益为目的，政府仅进行市场配置和宏观调控，不直接干预企业的生产经营；五是建立规范的管理制度，对企业进行内部控制和企业治理的完善，促进企业持续发展，提高经营效益，以实现整个生产效率的提高。

1. 企业法人制度

所谓"法人"，是一种法律上的拟制，指具有民事权利义务主体资格的社会组织。法人制度通过赋予本来不具备主体资格的社会组织以"人格"的做法，使企业等社会组织获得了独立的生命，能够以自己的名义在市场上从事交易活动。法人的基本特征是：具有独立的组织，有自己独立的财产，能以自己的名义取得财产权利和承担财产义务。

企业作为市场经济体制下的基本经济单元，它要顺利地进入市场，成为市场竞争的主体，就必须能够独立享有民事权利，承担民事责任。在现代市场经济中，企业是出资者适应社会化大生产要求构造的一种经营组织，法律使这种经营组织人格化，从而使之获得独立的法律地位。法人制度适应了现代社会企业发展的要求，在推动社会经济发展、保障市场交易安全方面起到了积极作用。

现代企业制度以规范和完善的企业法人制度为主体，一方面，说明在各种企业制度中，法人制度占主导和支配地位，法人企业是现代企业的主要形式，构成现代企业制度的主体；另一方面，也肯定了其他企业制度形式，与法人企业相比，非法人企业处于非主体的地位，在经济生活中所占地位也相对次要。

2. 有限责任制度

有限责任制度是占主体地位的法人（公司）企业所实行的一种责任制度，是现代企业制度的核心内容。有限责任制度包含两层含义：其一，出资者有限责任，企业法人制度的设立，使企业与出资人在法律上分开，出资人只以其出资额为限对企业承担有限责任；其二，企业有限责任，在企业法人制度下，企业具有了独立的生命，它享有出资者出资所形成的法人财产权，并只以其全部法人财产权对其债务承担有限责任。

有限责任制度给出资者提供了减少投资风险的一种途径，是保障企业市场交易安全和维护市场秩序的一种可靠手段。正是由于有限责任制度的确立，才使现代企业制度获得了发展的内在动力，随着科学技术的不断发展，生产经营规模日渐扩大，相应要求巨额的投资。从经济学的意义上看，企业是聚集资金从事大规模生产经营活动的有利方式。企业作为一种主要建立在资金基础上的社会组织，在资本的联系上，出资者必然要对企业享有一定的权利并负有一定的义务；企业作为一种具有独立主体资格的社会组织，在市场交易活动中它又必然对其他主体享有一定的财产权利、负有一定的财产义务，而且，企业与出资者的关系、企业与其他市场主体的关系又有着密切的联系。但是，市场是一个充满巨大风险的领域，市场经济的本质特征是竞争，竞争就有优胜劣汰。假如在现代企业制度中仍像传统的自然人企业那样实行无限责任制，则出资人在巨大的经营风险面前就会知难而退，大部分需要规模经营的企业将难以建立，或者即使建立，一旦经营失败，出资人难以承担巨大的无限责任，交易安全难以保障。正因如此，从现代企业的责任形式看，有限责任制度已成为一种潮流和趋势。有限责任制度的确定，使法人企业得以成长为现代企业制度的主体。现代企业制度也要采取有限责任制度，公司企业以其法人财产承担有限责任。有限责任制度，对我国国有企业的改革有重大意义，依靠该制度将解决国有企业只负盈不负亏、由国家负无限责任的状况。

3. 科学的治理结构

科学的治理结构或科学的企业组织制度，是现代企业制度的又一重要内涵，它主要体现作为现代企业制度主体的法人（公司）企业的组织形态特征。现代企业制度所要求的科学的治理结构，是一种依法确立的规范的组织制度，在这种组织制度中，企业的权力机构、监督机构、决策机构和执行机构之间权责明确，并形成科学有效的制约机制。科学的组织制度使所有者、经营者、生产者的积极性得以调动，行为受到约束，利益得到保障，从而能够保障让出资者放心，经营者精心，生产者用心，这是企业进入市场独立经营的组织保证。

三、何为世界一流

在西方管理学研究体系里，"世界一流"并不是一个规范的学术概念，而是一个与应用性的企业经营管理实践紧密结合在一起的研究议题。有关"一流企业"的一种通俗理解是能成为其他企业的标准和标杆的企业。在学术研究中，这一定义相接近的概念是"卓越企业"（excellence enterprises）。关于卓越企业的研究成果比较丰富，但对卓越企业的界定却存在不同的观点。部分学者从企业的特定属性来认识，例如，Drucker（1954）指出，"企业唯一的目的就是创造客户"，只有那些懂得如何聚焦客户需求来创造价值的企业才是卓越企业。Porter（1985）则基于竞争优势的角度，认为能够对内部价值链进行调整和优化，并在市场竞争中脱颖而出的企业就是卓越企业。Newman 和 Chen（1999）认为，卓越企业应该是世界级企业（The world class enterprises），且具有以下属性：合适的规模，优质的产品和服务，有在国内或者国际市场上与跨国公司开展竞争的能力，遵循全球运营规则和标准，实现国际化管理，较高的柔性管理能力和保持核心专长。还有部分学者通过对企业实践进行分析，提炼出了卓越企业的基本特征，例如，Peters（1982）通过分析 IBM、GE、P&G 等公司，概括了卓越企业的 8 个基本属性：崇尚行动、贴近客户、自主创新、以人助产、价值驱动、专注主业、结构简单和宽严并济。Collis（1994）对比了 20 余家全球卓越企业的发展历史，提出卓越企业之所以保持基业长青，关键在于以"价值理念"和"使命、愿景"为核心来实现持续变革和改善。总体来看，被定义为"世界一流"的卓越企业通常有能力展现出多方面的优势，并在诸多可与竞争对手相竞技的维度上——无论在产品或者服务设计、生产工艺或者品质控制等方面，还是在经济绩效、客户满意度、社会价值等方面——都能够形成与众不同的市场竞争力、行业领导力和社会影响力。

2010 年，国务院国资委提出了"做强做优中央企业、培育具有国际竞争力的世界一流企业"的目标之后，关于什么是世界一流企业的讨论开始成为国内管理学术界的新议题，围绕世界一流企业具备的特征开展理论研究。张文魁（2012）提出了世界一流企业的 8 个特征：竞争、份额、价值、产业（事业、社会贡献）、品牌、人才、机制和文化。周原冰（2012）提出了 7 个要素：战略管理能力和领导力，有机协调的业务体系，充分发挥协同效应和整体优势，高效的集团管控和资源配置能力，持续创新能力，风险管控体系和企业文化。国务院国资委也给出了世界一流企业具备的 13

项要素①，为明晰世界一流企业提供了指引。同时，一些专业性组织也结合世界一流企业的成功实践展开研究。例如，《财富》采用创新能力、产品和服务质量、管理水平、社区与环境责任、吸引与留住人才、国际化经营等指标来评判世界一流企业。麦肯锡（2012）提出，世界一流企业是战略导向、执行能力、进取活力的总和，包括"三标准"：做大（规模），做强（业绩不俗、产品、品牌、价值），基业长青（愿景、价值观、使命与文化、治理与管理体系）。德勤（2013）提出了"9要素"评价标准体系，包括战略决策、领导力建设、公司治理、运营与控制、国际化、人才管理、品牌与客户、创新管理，以及经营业绩。罗兰贝格（2017）认为，世界一流企业特征包括：海外收入份额、跨地区经营利润分配、管理团队整合、拥有综合且独特的发展战略计划、全球品牌或形象影响、全球技术影响力，以及国际化发展治理模式和跨公司合作与拓展合作伙伴关系等。波士顿咨询（2017）也提出，世界一流企业需要具备四大优势：充裕的资本流通、跨行业信息洞察、集团管理人才储备与集团品牌价值。

从直接的语义角度讲，"世界一流企业"中"世界"是指处于领先状态所比较的对象范围的界定，"一流"是相比其他企业处于领先状态的表述，它意味着如果一个企业进入世界上其他企业难以超越的领先状态，就成为"世界一流企业"。如何衡量企业是否处于领先状态，或者说这种领先状态体现在哪些方面。这需要考虑两个维度：一是衡量因素是单一还是多元的，二是具体衡量是动态还是静态的。关于第一个维度，几乎所有研究都是从

---

① 13项要素分别为：建立起规范健全的法人治理机构；主业突出、具有较强核心竞争力；自主创新能力强，拥有自主知识产权和核心技术；发展战略性新兴产业具有明显优势；国际化经营能力与运作能力较强，跨国指数较高；拥有国际知名品牌；具有合理的规模经济与较强的盈利能力；内部改革适应国际竞争要求，激励约束机制健全；集中有效的集团管控模式；风险管理体系完善，拥有较强的风险管控能力；管理信息化处于较高水平；重视领导力建设，建立起学习型组织；具有先进独特的企业文化和较强的社会责任。

多方面衡量描述世界一流企业的，只是描述的角度、表述不同。不仅有企业外在的一般性财务、规模等指标，也有企业内在各种能力的指标。只有牢牢把握各个具体要素，才可能解释企业是如何成长为世界一流企业的，进而才能够为企业发展提供指导。但是，这些研究所提出的描述要素大多对要素之间的关联强调不够，也就是缺乏对世界一流企业的系统整体性分析，尤其是理论与实践关联性较弱，大都是基于已有的研究文献、常识和经验来构建理论，导致理论与实践之间的关联较为微弱（Rerrow，1986）。尽管有一些专业机构通过分析世界一流企业的现状构建评价指标体系，但也存在重实践运用而理论基础不足的情况。从第二个维度看，动态与静态分析的区别，关键是要看世界一流企业是长时间处于领先状态，还是只在一段时间内处于领先状态，以及其在不同发展阶段各个方面会面临怎样的问题和怎样的表现。世界一流企业的成长不可能是一蹴而就的，而是要经历一个漫长的过程，其间要面对快速发展、繁荣、挫折、转型等不同的情境，使得关于世界一流企业认知更为复杂化。已有研究大多没有明确回答这个问题，多是针对特定时间点的世界一流企业的现状进行分析和判断，进而理解其在特定方面或者多个方面可能存在的突出优势，分析其竞争力的来源。

我们认为，关于世界一流企业成长规律的认识需要结合系统性和动态性的视角，不仅要注重其中的关键要素，还要从系统性的角度认识不同要素之间的组合可能产生的综合效益，以及从动态性的角度理解世界一流企业如何得以跨越时空情境，实现可持续发展。从系统性的分析视角看，任何要素都不可能独立存在、不受其他要素的影响，而是在一个系统中并存的、属于整体中的一部分，不同要素之间存在着关联互动。对世界一流企业的认识，需要从点到面，分析企业内部多种要素之间可能存在的协同、交互作用机制，如此才能更加深入理解企业要成为世界一流，需要从哪些方面投入、补充、提升和完善。从动态性的分析视角看，世界一流企业除了在一些要素上具有比较优势和竞争力之外，更需要通过时间检验来证明这些要素的确能够在特定社会背景下或环境中持续地发挥出决定性作用，并能够根据社会、市场发展的需要进行持续的演化和升级，从而解释世界一流企业如何灵活配置和利用各种要素来塑造持续的阶段性竞争优势。

四、何为世界一流企业

"世界一流企业"这一概念作为专有名词，使用已相当成熟和广泛，但在学术领域尚未有确切的定义和统一的标准。国内外相关机构和学者从不同角度对世界一流企业的定义进行了阐述，这些理论研究和实际探索为我们深刻认识世界一流企业的内涵作出了良好铺垫。

国外早期学者通常使用"卓越企业""一流企业"等概念，基于企业的发展目标或者优秀企业的经验来进行研究。例如，Drucker（1985）认为，一流企业就是那些深谙客户需求，并以满足消费者需求的方式来实现价值最大化的企业。

通常认为，世界一流企业的概念最早是被 Newman 和 Chen（1999）提出的，他们认为能够成为世界一流的企业往往符合规模合理、产品优质、服务周到、管理柔性化等特征，并且能够遵循国际市场秩序，具有保持核心竞争力的能力，有能力在国内外市场中参与到国际级企业之间的竞争。在美国《商业词典》中，"世界一流企业"被定义为"能够成为其他企业的标准和标杆"的企业。

国务院国资委对于"世界一流企业"的内涵阐述也有着逐步清晰的发展思路。2013 年，国务院国资委发布的《中央企业做强做优、培育具有国际竞争力的世界一流企业要素指引》中，确立了将我国中央企业培育成为世界一流企业的 13 个要素。2018 年 4 月，国务院国资委主办第二届"中国企业改革发展论坛"，其主题就确定为"培育具有全球竞争力的世界一流企业"，提出世界一流企业应该是有情怀、有质量、有特色、有创新、有底线、有口碑、有活力、有责任的企业。2018 年 6 月，围绕打造世界一流企业，国务院国资委组织了多个专题调研，分别在航天科技、中国建筑、中国石油召开三场座谈会。会议要求，要把培育具有全球竞争力的世界一流企业作为央企改革发展、建立中国特色现代企业制度的核心目标，坚持面上引导和重点培育相结合，充分发挥企业主体作用，积极发挥行业协会等对标引导、撬动助推作用。2018 年 9 月，一年一度的中国 500 强企业高峰论坛在陕西西安召开，大会的主题也是"争创世界一流"。与会人士提出中央企业要打造世界一流企业，要做到三个领军、三个领先、三个典范。2019 年 1 月，国务院国资委确定了包括国家能源集团在内的 10 家中央企业作为创建世界一流示范企业，并在《关于中央企业创建世界一流示范企业有关事项的通知》中，将世界一流企业归纳为"三个领军""三个领先""三个典范"。"三个领军"是指成为在国际资源配置中占主导地位的领军企业，成为引领全球行业技术发展的领军企业，成为在全球产业发展中具有话语权和影响力的领军企业。"三个领先"是指效率领先、效益领先、品质领先。"三个典范"是指成为践行绿色发展理念的典范，成为履行社会责任的典范，成为全球知名品牌形象的典范。2019 年 2 月，增加中国宝武集团为第 11 家示范企业。2022 年 2 月召开的中央全面深化改革委员会第二十四次会议，通过了《关于加快建设世界一流企业的指导意见》，提出要发展更高水平的社会主义市场经济，加快建设一批产品卓越、品牌卓著、创新领先、管理现代的世界一流企业，为如何加快建设世界一流企业指明了方向、提供了遵循。

业界相关机构关于"世界一流企业"的观点也同样值得借鉴。德勤华永会计师事务所撰写的《对标具有全球竞争力的世界一流企业》一书确立了 10 个世界一流企业要素（优秀的战略管理能力、良好的公司治理、领导力建设、管控与运营、国际化、人才管理、创新管理、品牌与客户、并购管理、数字化）。澳大利亚 NUM 机构（2010）认为世界级企业一定是健康和有竞争力的企业。美国波士顿公司（2006）认为世界级企业是社会公认度很高的优秀企业。澳大利亚工业组织（2006）认为世界级企业是能以市场需求为导向，不断创新和改进，拥有比竞争对手更高的生产率，符合道德和法规的企业。

我们认为，世界一流企业作为国家经济实力、科技实力、国际竞争力的重要体现，是引领全球产业发展和技术创新的关键力量。在定义与特征方面，世界一流企业应该具有"产品卓越、品牌卓著、创新领先、治理现代"等基本特质，体现在参与全球竞争、具备较为领先的市场竞争力、强大的产业和社会影响力、较强的创新能力、较强的盈利能力、优秀企业文化等具体特征；在组织方面，世界一流企业的特征通过"战略、组织、财务、技术、风险、人力资源、信息化"等环节逐一体现；在衡量标准方面，世界一流企业竞争力应该具有共性的衡量标准与个性的衡量标准，共性的衡量标准是可以应用于所有企业，个性的衡量标准仅仅适用于特定产业的企业。

我国创建世界一流企业的政策演进

一、萌芽阶段：企业集团的创建与发展（1978—2001 年）

党的十一届三中全会确定了实行经济改革和对外开放的总方针，决定对国民经济管理体制进行重大改革，让地方和工农业企业在国家统一计划的指导下有更多的经营管理自主权，精简各级经济行政机构，实行按经济规律办事。会后，一些部门和地区按专业化协作要求，各地相继组建了一些经济联合体，打破了由传统计划经济体制造成的地区封锁和部门分割，改革企业组织结构上的"大而全""小而全"，对发展专业化协作和规模经济，促进企业扩大规模提升整体质量，促进经济调整起到了重要的基础性作用。为了促进经济联合体的发展，1980 年 7 月，国务院颁布《关于推动横向经济联合的暂行约定》，明确"扬长避短、发挥优势、保护竞争、促进联合"的方针并提出企业实行横向经济联合发展的新思路。1986 年 3 月，国务院发布《关于进一步推动横向经济联合若干问题的规定》，提倡"以大中型企业为骨干，以优质名牌产品为龙头进行组织"，"通过企业之间的横向经济联合，逐步形成新型的经济联合组织，发展一批企业群体或企业集团"，这也标志着企业集团这一先进的企业组织形态正式在我国诞生。

1987年12月，国家体改委、国家经委印发《关于组建和发展企业集团的几点意见》，这是我国政府颁布的第一个关于发展企业集团的规范性文件，明确提出企业集团是适应社会主义有计划商品经济和社会化大生产的客观需要而出现的一种具有多层次组织结构的经济组织，其核心是自主经营、独立核算、自负盈亏、照章纳税、能够承担经济责任、具有法人资格的经济实体。自此，不少地方政府和企业率先进行了扩大企业自主权以及组建企业集团的试点工作，在构建以资产、主导产品生产技术协作、技术开发、项目成套为纽带的企业集团构建上进行了尝试，但这一阶段的企业集团大多还是以行政权力纽带为主。1991年12月，《国务院批转国家计委、国家体改委、国务院生产办公室关于选择一批大型企业集团进行试点请示的通知》提出，企业集团的核心企业和其他成员企业，各自都具有法人资格，要按照有利于发展生产力、开发新产品、提高效益、合理配置资源和技术力量的原则，以资产和生产经营为纽带，组成一个核心企业与紧密层企业之间建立资产控股关系的有机整体。为了促进企业集团健康发展，国务院决定选择第一批57家企业集体进行试点，取得了积极进展。主要表现在：试点企业进行了以资本为连接纽带、理顺企业集团内部关系的探索；扩展了企业集团功能，壮大了集团实力，深化了企业集团内部改革，促进了企业经营机制转变，提高了企业经营管理水平，初步形成了一批在市场上具有一定竞争力的企业集团，对促进经济结构调整和提高规模效益发挥了积极作用。

1992年，党的十四大确立了社会主义市场经济体制的改革目标。1993年，党的十四届三中全会明确了建立现代企业制度是国企改革的方向，还专门对发展企业集团作出重要规定。1995年起，国企改革成为整个经济体制改革的重点，企业集团试点工作也被列为国务院确定的四大试点工作之一。1995 年 9 月，党的十四届五中全会通过《中共中央关于制定国民经济和社会发展"九五"计划和 2010 年远景目标的建议》，提出对国有企业实施战略性改组，要以市场和产业政策为导向，把优化国有资产分布结构、企业组织结构同优化投资结构有机地结合起来，择优扶强，优胜劣汰，形成兼并破产、减员增效机制，防止国有资产流失。重点抓好一批大型企业和企业集团，以资本为纽带，连接和带动一批企业的改组和发展，形成规模经济，充分发挥它们在国民经济中的骨干作用。1997 年 4 月，《国务院转批国家计委、国家经贸委、国家体改委关于深化大型企业集团试点工作的意见的通知》，将试点企业集团从原有的 57 家扩大到 120 家。第二批试点工作在以下几方面取得了积极效果：一是在企业集团组织形式方面，建立了以资本为主要连接纽带的母子公司体制，明确试点企业集团母公司的出资人，建立出资人制度以及科学、民主的领导体制和决策体制，强调要根据现代企业制度要求和国家有关规定，进行劳动、人事、工资制度改革；二是在企业集团功能方面，进一步增强了试点企业集团母公司的投资、融资功能，享有自营进出口权和自建技术中心的权利；三是在企业结构调整方面，合理调整试点企业集团负债结构，建立资本金注入制度，积极支持试点企业集团对国有资产存量进行重组。1998 年国家经贸委出台《关于国家大型企业集团制定试点方案有关问题的通知》，要求试点企业集团制定试点方案和发展战略，推动集团内理顺产权关系，建立母子公司体制，试点工作得到深化，企业集团也成为中央管理企业采取的一种主要组织形式。1999 年，国家试点企业集团完成营业收入 2.05 万亿元，同比增长 20.97%，比面上企业集团增长 7.4 个百分点，利润总额 329.83 亿元，同比增长 48.06%，比面上企业集团增长 27.2 个百分点，经济效益明显提高，企业在规模和经营状况上都得到了持续增长。2001 年 12 月，中国正式加入世界贸易组织,顺应对外开放、经济全球化趋势,发展一批具有国际竞争力的企业集团,成为我国应对市场竞争国际化的必然要求。同年,《中华人民共和国国民经济和社会发展第十个五年计划纲要》进一步明确,"以资本为纽带,通过市场形成具有较强竞争力的跨地区、跨行业、跨所有制和跨国经营的大企业集团",为世界一流企业建设奠定了基本的组织基础。

二、发展阶段:国有经济布局优化与做强做大国有企业(2002—2016年)

2002年,党的十六大提出,建立中央政府和地方政府分别代表国家履行出资人职责,享有所有者权益,权利、义务和责任相统一,管资产和管人、管事相结合的国有资产管理体制。2003年,国务院国资委成立,标志着国企改革进入到以改革完善国资管理体制为主要内容的新阶段。为贯彻党的十六大、十六届三中全会和《中共中央关于完善社会主义市场经济体制若干问题的决定》关于"完善国有资本有进有退、合理流动的机制,进一步推动国有资本更多地投向关系国家安全和国民经济命脉的重要行业和关键领域,增强国有经济的控制力。发展具有国际竞争力的大公司大企业集团"的要求,积极推进中央企业重组调整,实现资源优化配置,提高企业整体实力和竞争力,2003年,国务院国资委对11组22家中央企业进行了联合重组,2004年,地方各级国资委也以深化国有资产管理体制改革为契机,加大企业战略性重组力度,北京、天津、山西、辽宁、上海、重庆等都组建了具有较强竞争力的大企业集团,随着联合重组热潮的持续推进,至2008年,中央企业户数降至143户,企业布局结构进一步优化,在国际上形成较大影响。

为贯彻党的十七大精神,深入推动中央企业"十二五"改革发展任务，2010 年，国务院国资委召开中央企业负责人会议，提出了"做强做优中央企业、培育具有国际竞争力的世界一流企业"的核心目标。时任国务院国资委主任的王勇同志在会上强调，做强做优是对每一个中央企业提出的要求，具体来说要做到"四强"，就是自主创新能力强、资源配置能力强、风险管控能力强、人才队伍强；"四优"就是经营业绩优、公司治理优、布局结构优、社会形象优。会议明确了世界一流企业的四个特征：一是主业突出，公司治理良好；二是拥有自主知识产权的核心技术和国际知名品牌；三是具有较强的国际化经营能力和水平；四是在国际同行业中综合指标处于先进水平，形象良好，有一定的影响力。这次会议是我国创建世界一流企业政策的萌芽，核心目标的提出为我国企业发展指引了方向。

2011 年，国务院国资委明确了"十二五"时期中央企业改革发展的总体思路，要求围绕"一大目标"，实施"五大战略"，加强"三大保障"。"一大目标"即做强做优中央企业、培育具有国际竞争力的世界一流企业。围绕这一核心目标，要重点实施转型升级、科技创新、国际化经营、人才强企、和谐发展这"五大战略"。同时，必须进一步深化国有企业改革、完善国资监管体制、加强和改进党的建设，为实现做强做优中央企业、培育世界一流企业的目标，提供持续的动力、体制和组织保障。总体思路的提出在政策方面对我国创建世界一流企业提供了有效指导。

党的十八届三中全会后，我国步入全面深化改革的新时代，随着国有企业改革的推进，我国创建世界一流企业的政策越发细化和完善。2013 年，国务院国资委印发《中央企业做强做优、培育具有国际竞争力的世界一流企业要素指引》（国资发改委〔2013〕7 号）和《中央企业做强做优、培育具有国际竞争力的世界一流企业对标指引》（国资发改委〔2013〕18 号），确立了将我国中央企业培育为世界一流企业的 13 个要素，分别为公司治理、人才开发与企业文化、业务结构、自主研发、自主品牌、管理与商业模式、集团管控、风险管理、信息化、并购重组、国际化、社会责任、绩效衡量与管理，其中，前 12 项为核心管理要素，最后 1 项为绩效要素，为我国中央企业进行世界一流企业建设提供了整体思考和落实的基本框架。

三、提升阶段：培育具有全球竞争力的世界一流企业（2017 年至今）

党的十九大报告强调，要完善各类国有资产管理体制，改革国有资本授权经营体制，加快国有经济布局优化、结构调整、战略性重组，促进国有资产保值增值，推动国有资本做强做优做大，有效防止国有资产流失。更进一步明确要深化国有企业改革，发展混合所有制经济，培育具有全球竞争力的世界一流企业。

2018 年 7 月，中央深改委明确提出"制定培育具有全球竞争力世界一流企业的指导意见"。2019 年 1 月，国务院国资委颁布《关于中央企业创建世界一流示范企业有关事项的通知》，提出把航天科技、中国石油、国家电网、中国三峡集团、国家能源集团、中国移动、中航集团、中国建筑、中国中车集团、中广核 10 家企业作为创建世界一流示范企业，明确了世界一流企业"三个领军""三个领先""三个典范"的标准。2019 年 2 月，增加中国宝武集团为第 11 家示范企业。11 家示范企业对这一工作高度重视，紧紧围绕"三个领军""三个领先""三个典范"的核心内涵，全面对标世界一流企业，找差距、补短板、抓改革、强创新，行业技术创新、全球资源配置能力增强，领军作用不断提升；产品服务、生产运营效益提升，领先优势不断夯实；社会贡献、品牌影响力加大，示范引领不断彰显。

2020 年 6 月，国务院国资委颁布的《关于开展对标世界一流管理提升行动的通知》明确对标管理提升八大重点任务，分别为战略管理、组织管理、运营管理、财务管理、科技创新管理、风险管理、人力资源管理、信息化管理，并细分 34 个对标提升领域，提出用 2—3 年的时间，推动中央企业和地方国有重点企业基本形成系统完备、科学规范、运行高效的中国特色现代国有企业管理体系，总体管理能力明显增强，部分企业管理达到或接近世界一流水平。该行动覆盖所有中央企业和地方国有重点企业。

2021 年 7 月，国务院国资委在京召开中央企业创建世界一流示范企业工作推进会，会议指出 11 家示范企业在创建世界一流企业的实践中开创了良好局面，取得了卓越成果，但与世界一流企业相比，我国中央企业整体上还有较大差距。一是"大而不强"问题仍较突出，盈利能力相对较弱、价值创造能力不强；二是"全而不优"问题仍较突出，创新资源集聚利用程度不够、关键核心技术存在"卡脖子"问题；三是"散而不精"问题仍较突出，全球配置能力不足、品牌影响力不强。在此基础上，此次会议强调，示范企业要进一步增强使命感、责任感、紧迫感，更加聚焦深化改革，增强核心竞争力，加快推动高质量发展；更加聚焦自主创新，催生新发展动能，努力实现科技自立自强；更快聚焦开放合作，畅通国内国际双循环，助力构建新发展格局，精准发力、苦干实干，在加快建设世界一流企业上体现更大担当、展现更大作为。会议表示，下一步国务院国资委将进一步健全以管资本为主的国有资产监管体制，着力研究解决重点难点问题特别是共性问题，适时对创建工作进行阶段性评估，及时总结有益做法，积极探索更多可复制可推广的经验模式，为创建世界一流企业创造良好氛围。

此次会议标志着我国创建世界一流企业政策越发走向成熟，为我国企业的发展指出清晰的前进方向，提供坚实的政策基础和保障。

从实践层面看，11 家创建世界一流示范企业勇于创新、积极探索、主动作为，在推动创建工作的实践中取得了重要阶段性进展。一是行业技术创新、全球资源配置能力增强，领军作用不断提升。在突破关键核心技术方面，航天科技成功发射首个航天器——天和核心舱，标志着我国空间站工程全面进入建设阶段。国家电网在特高压、大电网运行控制、高压电缆绝缘材料等领域取得重大成果，上海电力核心区域供电可靠率已比肩世界一流城市电网。中国移动建成全球最大规模 5G 网络，牵头国际标准关键项目 95 个，增强了我国 5G 发展话语权。在国际化运营方面，中国石油油气主营业务形成"三个一亿吨"格局，依托三大油气运营中心优化配置全球资源，积极开展基准油气交易，参与价格形成机制和市场运作的国际影响力和话语权显著提升。

二是产品服务、生产运营效益提升，领先优势不断夯实。示范企业聚焦主责主业、巩固长板优势，经营效益持续向好，成为实现高质量发展的生力军。中国三峡集团全员劳动生产率达到 394.4 万元／人，同比增长29.9%，在国际同行业中位居前列。中国建筑新签合约额达到 3.2 万亿元，营业收入跃上 1.6 万亿元新台阶，利润总额逼近千亿大关，各项指标均实现两位数增长。

三是社会贡献、品牌影响力加大，示范引领不断彰显。国家能源集团深入践行绿色发展理念，全面完成煤炭、煤电去产能任务，常规煤电机组100% 实现超低排放，清洁可再生能源装机占比提高到 26%，风电装机保持世界第一。中国中车集团聚焦品牌核心价值，全方位打造"高技术、高品质、高服务"的高端品牌形象，擦亮"中国中车"金字招牌。中航集团创新构建"航空 + 扶贫""8+2"模式，全力以赴协助定点帮扶地区打赢脱贫攻坚收官战，在疫情防控中，确保抗疫驰援不断线、重要航线不断航、全球供应不断链，积极履行载旗航空使命担当。

　　国务院国资委要求进一步深入推进世界一流企业创建的示范行动，挖掘样板典型，形成可复制、可推广的经验和做法；巩固深化对标世界一流管理的提升行动，以更大力度和更实的举措，推动既定方案和工作清单的落地，建立健全长效机制；高标准开展对标世界一流企业价值创造行动，加快实现从数量型、规模型向质量型、效益型的转变，从注重短期绩效向注重长期价值转变；组织实施中央企业品牌提升行动，创建一批管理科学、贡献突出、价值领先的卓越品牌。以上四个专项行动的要求也为下一阶段中央企业推进创建世界一流企业工作提出了具体的工作要求和行动参考。

世界一流企业的成功实践

为了更好地把握世界一流企业竞争力形成的产业背景、成长生态、发展理念和商业模式，总结提炼共性，为构建世界一流企业竞争力指标体系提供基础，本章将选择几家在全球范围内都受到肯定的典型企业来进行案例研究，通过对这些企业成功实践的分析，为我们总结提炼世界一流企业竞争力的核心要素提供基础。

一、典型企业的选择标准

为了使选择的典型企业能够在最大程度上具有可表征性，经过充分考量，本书选择了在各自行业内都具有较大影响力的国际商业机器（IBM）、壳牌（Shell）、通用电气（GE）以及丰田汽车（Toyota）作为研究样本，通过分析上述企业长期的发展实践和成长轨迹，对我们总结、提炼世界一流企业竞争力的基本特征带来一定的启示。选择上述 4 家企业的主要考虑是：第一，上述 4 家企业都是它们所在的特定经济（行业）领域的重要开拓者，在全球业界的认可度普遍较高，能够持续引领行业发展；第二，上述 4 家企业的国际竞争力和国际化程度普遍较高，具有非常深远的国际影响力；第三，上述 4 家企业的存续时间比较长，其发展轨迹虽不尽相同，但都经历了长期的实践积累和价值提升过程。

表 3—1 当前全球典型的世界一流企业情况

企业名称	成立时间	国别	行业	销售收入（亿美元）（2022 年）	国际化程度	500 强排名（2020 年）
Toyota（丰田）	1933年	日本	汽车	279337.7	生产企业 50 家，遍布全球 27 个国家	13
Shell（壳牌）	1890年	荷兰／英国	石油	272657	业务遍及 100 多个国家，12 个全球研发技术中心	15
GE（通用电气）	1878年	美国	航空器材	127004	业务遍及 100 多个国家，4 个全球实验室	64
IBM（国际商业机器）	1911年	美国	IT、计算机	72344	业务遍及 160 多个国家，36 个世界工厂，300 个运营中心	168

借鉴 Geriner（1972）的企业生命周期理论以及 Helfat 和 Peteraf（2003）针对能力生命周期中所提出的动态演化机制，通过追溯 Toyota、Shell、GE、IBM 这 4 家世界一流企业的发展历程，将世界一流企业的成长历程划分为创业阶段、增长阶段、转型阶段和超越阶段，并分析了它们在不同成长阶段中呈现出来的相关特征。

二、典型企业的成功实践

本研究充分借鉴企业生命周期理论以及针对能力生命周期中所提出的动态演化机制理论，通过分析 4 家典型企业的发展历程，我们发现，世界一流企业的成长一般都可划分为创业期、扩张期、转型期、超越期四个阶段，在不同的成长阶段，企业也呈现出比较一致的特征。

1. 日本丰田汽车（Toyota）

创业期（1937—1950 年）：在这一阶段，公司首创了 G 型自动织布机，并将该机器设计专利售卖，进而启动丰田 AA 型汽车的研发计划，于 1938 年设立母工厂进入量化生产；扩张期（1951—1965 年）：在这一阶段，公司出现了较大程度的劳资争议，逼迫公司必须进行精减员工计划，同时，公司持续拓展市场，加大新车型的研发工作，生产规模持续扩大并于 1965 年获得戴明奖；转型期（1966—1998 年）：在这一阶段，全球汽车市场都得到了迅猛的发展，公司也加快了全球扩张的步伐，尽管在日本国内受到了经济衰退的严峻挑战，但公司坚毅地度过了这一困难时期；超越期（1999 年至今）：公司先后在纽约和伦敦上市，全球扩展战略计划得到了较好的实施，同时，公司的治理结构也顺应全球化的脚步得到了充分的改进和调整。

2. 荷兰壳牌石油（Shell）

创业期（1890—1906 年）：在这一阶段，公司抓住了能源行业跨国贸易的机遇，从单纯的贸易企业转型为跨国石油贸易企业；扩张期（1907—1960 年）：在这一阶段，壳牌运输与贸易公司（英属）与荷兰皇家石油公司合并，产业遍布欧洲、北美洲、亚洲、非洲，成为名副其实的能源领域巨头；转型期（1961—2003 年）：在这一阶段，OPEC（Organization of the Petroleum Exporting Countries）成为决定国际石油价格走势的主导性力量，公司展现出惊人的危机处理能力，并得到了持续的扩张；超越期（2004年至今）：在这一阶段，公司更加强调社会责任、持续完善治理结构，企业经营理念从单纯的追求利润最大化向多个利益相关方价值平衡进行转变。

3. 美国通用技术公司（GE）

创业期（1878—1939年）：在这一阶段，公司从单纯的技术实验室迈入电子产品工业化，产业主要聚焦直流供电生产领域，成为发电系统、传输系统等专业领域的传统电气厂商；扩张期（1940—1970年）：在这一阶段，公司努力进行战略转型，从单纯的技术产品供应商转变为以技术为基础、拥有高度多元化产品的企业集团，在包括灯泡、冰箱、洗衣机、电风扇、音频广播、发电设备的研发与生产方面皆有涉猎；转型期（1971—2001年）：在这一阶段，公司持续推进国际化，并不断扩展新兴市场，形成了聚焦"全球化、服务、六西格玛和电子商务"的企业发展四大理念，同时进一步加快了多元化发展战略，在医疗、电力和照明领域取得突破；超越期（2002年至今）：在这一阶段，公司开始收缩资本规模，并加大了在新兴市场的投资力度，更加聚焦公司的传统核心业务，加大科技创新与研发力度，重塑公司制造业巨头的全球地位。

4. IBM 公司

创业期（1911—1956年）：在这一阶段，公司初步建立了IBM品牌，明确了公司的核心理念以及核心竞争力的来源，同时在文化塑造上，持续关注员工、顾客的服务品质；扩张期（1957—1992年）：在这一阶段，公司不断加快研发创新力度，新产品和新技术持续涌现；在市场开拓上也表现出惊人的成长力，以"蓝色巨人"的计算机行业霸主形象深入人心；转型期（1993—2002年）：在这一阶段，公司开始了企业文化、价值观、财务、市场、业务等各个领域的变革，启动了以 E-business 服务理念为核心的企业重塑；超越期（2003年至今）：在这一阶段，公司进一步加快从产品到服务的转型，持续开展"价值观"重塑，强调成就客户、创新为要和诚信负责。

基于对上述 4 家企业的成长历程的阶段性分析，我们发现世界一流企业在成长的不同阶段，对其持续发展产生驱动作用的关键要素存在明显的差异，但正是这些具有驱动性的关键要素持续交互、耦合、集成，构成了该公司在长期的发展过程中不可或缺的核心竞争力，帮助企业持续发展壮大，不断成长。

在创业期，是企业实现"从 0 到 1""从无到有"突破的阶段。企业所占有的优秀企业家、特殊资产和独有的专利技术等要素是决定企业能否走向成功的关键因素，其中，优秀的企业家资源则是核心。

在扩张期，是企业在完成原始积累，获得了一定的市场规模、客户资源和核心产品等优势的基础上，持续扩张规模的阶段；公司治理、管理能力、管理模式、创新能力等要素成为提升企业竞争优势的关键。

在转型期，是企业在数量和质量两个层面都实现了成长之后，开始追求和挖掘市场中新的机会的阶段；持续的业务升级、变革与转型、国际化、全球资源配置等要素提升是保证企业获得持续竞争优势的关键。

在超越期，是企业已经成长为具有一定国际影响力的跨国公司后，成功跻身世界一流企业并将承担更多社会责任和经济责任，更加积极地推动可持续发展的阶段；不断增强的人才队伍质量、国际化战略、持续优化的管理模式和公司治理结构、不断改进的核心竞争力，都在帮助企业持续开拓新的业务领域，在国际竞争中立于不败之地。

我们认为，在不同的发展阶段，企业对竞争力的要求在不断变化。通过对上述 4 家企业的研究，总的来说，世界一流企业的竞争力都具备以下12 个共同特征：

强大的企业家精神，是创立和发展世界一流企业的关键驱动要素，企业家精神的载体是企业家通过一代又一代的企业家得以延续和传承，如 IBM 的老小沃森、郭士纳，Toyota 的丰田喜一郎、丰田章男等。

优秀的企业文化，是构建世界一流企业发展的活力、基业长青的内在基因，世界一流企业组织文化通过共同价值取向、一致的发展目标和发展理念，塑造员工的观念与行为，让企业充满生机等。

优秀的治理结构，为世界一流企业可持续发展提供坚实的制度保障，典型特征为：多维度价值导向的平衡、治理主体的制衡、利益相关者的共同参与、奉行透明度原则和重视信息披露等。

卓越的战略管理能力，是世界一流企业应对复杂多变环境、调整自身发展方向的指南针、路线图，典型特征为：全球性战略思维、深度的产业洞察、清晰的战略管理体系、规划长远战略、重视战略引领、战略动态调整、专注核心业务、主动拥抱变化等。

卓越的创新能力，是世界一流企业持续发展的不竭动力来源，典型特征为：具有完备的创新体系、拥有支撑主业发展的核心技术、前瞻性和基础性技术研究实力、具备培育和创造市场的能力等。

强大的品牌影响力，塑造了世界一流企业在行业乃至全球领袖级企业的形象，典型特征为：卓越的产品和服务、财务业绩优秀、强烈的社会责任意识等。

全球化资源配置和管理能力，极大地延展了世界一流企业的优势资源、能力和商业生态，也是为了培养、获取和强化核心能力的必然选择。Shell、Toyota 和 GE 的跨国指数分别是 74%、59.1%、56.5%。

高效的组织管理水平，是世界一流企业实现组织高效运行的核心保障，典型特征为：适用于多区域、多文化、多业务领域的管理架构和权责分配体系、规范化、标准化的流程体系、高效的组织沟通与协同，持续的组织变革创新等。

　　高效的人才管理机制，为世界一流企业可持续发展提供了最核心的人才资源保障，充分激发了员工的主观能动性和创造力，典型特征包括：以尊重、信任为核心特点的人才理念、营造充分发挥人才潜能的氛围、多元的激励机制，以符合企业价值观、文化为基本前提的"慎重"招聘方式等。

　　价值创造型的财务管理模式，是世界一流企业持续提升价值创造能力的关键抓手，典型特征为：财务与战略的深度融合、财务与业务的深度融合、整合与精细化的财务管控、领先的财务管理运营模式等。

　　超强的抗风险能力，为世界一流企业稳定发展保驾护航，典型特征为：具备完善的风险管控系统、能够敏锐捕捉内外部环境变化，适时调整，有效防范风险发生，并具有能够从逆境中恢复、从危机中重生的能力等。

　　高水平的信息化建设，是世界一流企业持续提升综合竞争力的关键抓手，典型特征为：信息化手段与管理和业务的深度融合（如信息化工具支撑的端到端的流程），达到了全面集成和经营管理一体化的信息化水平，基于提升内部与外部客户体验和效率的数字化与智能化的持续升级，高效、高安全性的网络安全管理等。

三、启示

1. 产业视角下世界一流企业竞争力的形成过程

　　通过对 4 家世界级企业成长经历的分析，我们认为，企业所处的行业领域与该企业自身的发展规模是"水"和"鱼"的关系，"水大"才能"鱼大"，"水"大的行业领域才能成长出具有世界级体量的"鱼"，就像世界最大的哺乳动物（鲸鱼）是在海洋，而不是在江河中。大的产业领域，构成了世界一流企业形成竞争力的土壤，这个可以从世界 500 强企业所处的行业领域分析出来。

表 3—2　2013—2019 年世界 500 强企业所处行业领域

行业	2013 年	2014 年	2015 年	2016 年	2017 年	2018 年	2019 年
商业贸易	78	76	71	77	78	75	71
能源矿业	83	82	81	66	59	62	63
保险	51	52	54	56	59	58	55
银行	54	55	55	53	51	51	54
制造	48	45	48	49	51	53	54
汽车	32	33	34	34	34	34	34
航天军工	18	19	18	23	22	21	21
建筑材料	15	18	18	19	19	17	19
金属产品	17	16	16	13	12	15	19
交运物流	14	16	17	16	14	18	18
信息技术	12	13	13	14	18	18	17
电信	20	19	18	17	18	17	16
公用事业	18	18	18	18	18	18	16
医药生物	10	9	10	13	15	13	11
其他金融	6	5	5	6	8	9	9
化工	10	8	8	7	7	7	8
房地产	0	0	2	5	6	5	5
医疗设施	2	2	2	3	4	5	4
其他	12	14	12	11	7	4	6
合计	500	500	500	500	500	500	500

2. 数字化时代背景下世界一流企业竞争力的形成过程（以 IBM 为例）

产业规模深刻影响企业的发展速度、成长规模等，任何一家世界一流企业的成长脱离不了时代对产业的需求。从 2013 年至 2019 年世界 500 强企业所在行业领域分析，随着互联网和数字化时代的到来，信息技术行业（包括互联网服务和零售、信息技术服务、计算机软件、网络、通信设备等）得到迅猛发展，行业结构跟随时代特征和行业周期有所调整，其中信息技术行业上榜公司数量呈现整体上升的趋势；传统的金融、能源、制造、汽车行业上榜企业数量始终位于前列，而且相对比较稳定。

在数字化对经济与社会的影响逐步提升的时代背景下，企业的发展越发依托于技术创新、产业与信息行业的深度融合，本研究选取 IBM 为例，从这个在信息技术行业的领先企业的发展过程，探索在数字化时代背景下世界一流企业竞争力的形成过程。整个 IBM 发展的历史可以看作是一部科技创新的历史，从早期的信用卡磁条、条形码，到第一个高级设计语言 Fortran、关系数据库的构建，再到时下热门的人工智能、区块链、量子计算等技术，IBM 一直扮演着重要的推动者角色，并不断强调科学技术的应用和落地。

总的来说，IBM 从成立至今，大约经历了五次重大的变革，每一次的变革都伴随着重大的技术创新。

第一次变革，IBM 公司的创始人老沃森，确立了 IBM 的打孔机时代。1929 年，全球进入了经济大萧条时期。IBM 公司创始人沃森采取了两个关键行动：一是坚持继续生产，不解雇任何人。二是投入巨资 100 万美元（年收入的 6%）建设 IBM 首个企业实验室，专门进行研发工作。这间实验室的创立以及多个创新型成果的问世让 IBM 远远领先于任何潜在对手，也让它的产品比其他公司都更好、更快、更可靠，为此，IBM 获得了独家代理罗斯福新政会计项目的资格。从那时开始至 20 世纪 80 年代，IBM 都统治着数据处理行业。IBM 也身体力行地构筑了"尊重个人"的企业文化。

第二次变革，由小沃森确立的 IBM 计算机时代。1949 年，小沃森被任命为 IBM 的执行副总裁，并拉开了战略转型的序幕，公司主动放弃自动机械，专攻电子产品，并开发商用计算机。到 1956 年，IBM 已经在电子计算机领域占据了七成市场份额。到 1961 年，IBM"蓝色巨人"的企业形象深入人心。之后，小沃森开始进行兼容机"IBM 360 系统"的研制与开发，1964年4月7日，"IBM 360系统"横空出世，IBM进一步确立了在大型机领域的霸主地位。这一阶段，小沃森把努力工作，体面的工作环境，公平、诚实、尊重、无可挑剔的客户服务以及工作是为了更好的生活等这些个人的理念总结成"尊重个人、服务至上、追求完美"的企业文化。

第三次变革，由郭士纳确立的IBM电子商务时代（E-business）。1993年，郭士纳成为IBM的董事长兼CEO，上任之后郭士纳果断采取了多项措施帮助IBM成功转型：一是削减营业成本。上任半年，IBM裁员4.5万人，郭士纳任期内有10万多名员工被解雇，同时多个不赚钱的业务被舍弃。二是削减组织架构及职数。把董事会从18人减到12人，废除了"管理委员会"，创立了"执行委员会"，把全球128个首席信息官（CIO）减为1个。三是实行有秩序授权与分权。根据新的领导体制和地区子公司的改组情况，分层次有秩序地扩大授权范围和推进分级管理。四是重新制定工资待遇。首次向数万名员工授予股票期权，引入"浮动工资制"，废除家长式福利制度。五是变更核心业务结构。将业务从卖大型机转变为卖服务。六是持续并购。郭士纳任职CEO的10年时间里，IBM进行了70余次并购行动，这无疑给IBM的技术领域带来了新的空气。七是改变企业文化。使IBM由工程师文化转向销售文化，由自有产品研发转向解决方案集成并包；确定了尊重员工、为顾客提供最佳服务、不断追求卓越的"三条准则"。这一阶段，IBM股票市值上涨了10倍，成为全球最赚钱的公司之一。

第四次变革，由彭明盛确立的IBM"随需应变"（e-business on demand）。2002年，彭明盛接替郭士纳担任IBM的CEO，适时提出了电子商务随需应变的战略，同时，带领公司进行了大量的软件兼并和收购，使得IBM公司成为业界数一数二的企业软件供应商。在这一阶段，IBM开始向高附加值的业务转型，卖掉了包括PC业务在内的多个低附加值的业务，

为客户提供从企业战略、运营、流程，直至 IT 的全链条咨询服务。IBM
在全球范围内重新设计和分配自己的资源和运营体系，并获得了巨额的利
润空间，运营成本大幅削减，资源分配得到了优化。在此阶段，IBM 的文
化变更为"成就客户、创新为要、诚信负责"。

第五次变革，由罗睿兰确立的 IBM 云转型。2012 年，罗睿兰接替彭
明盛，担任 IBM 的 CEO，推动 IBM 从一家传统硬件、软件和服务公司转
向为客户提供认知解决方案及云平台的公司。到 2019 年，IBM50% 的产
品服务组合进行了重塑，2013 年，云业务仅占公司营收的 4%，这一比例
到 2019 年达到 27%，数据与 AI 方面的投资巩固了市场领导地位，为 95%
的《财富》500 强企业安全保驾护航，IBM 成为区块链解决方案的全球领
导者。

由此可见，任何一家世界一流企业的发展，都要顺应时代变迁的需
要，是时代背景下的产物。IBM 的几次深度转型，揭示了一个普遍的道理，
就是世界一流企业竞争力的打造是一个持续的过程，即便真正达到了世界
一流企业竞争力的水平与状态，对于竞争力的提升也不能懈怠，因为需求
在变化、技术在变化、竞争对手也在变化；企业的发展不能背离时代趋势，
没有永远成功的企业，只有不断适应时代的企业，从这个角度而言，世界
一流企业竞争力的提升永远在路上。

通过上述典型案例分析，我们认为，世界一流企业竞争力重点体现在
以下几点。

强大的企业家精神是持续的变革管理驱动力，IBM 百年的发展历史实
际上就是对一次次危机的应对过程，通过历任传奇 CEO 的强大危机处理
能力，推动 IBM 一次次成功转型。IBM 的成功实践告诉我们：企业永远
要紧随时代发展趋势，没有永远成功的企业，只有不断适应时代的企业。
任何一次转型和变革并不是单纯的战略调整，而是从战略、组织架构，到

团队行为的全方位、综合性转变，这需要模式、流程、机制全方位的配套升级。

优秀的企业文化是企业赖以生存的精神支柱，伴随着企业的发展，企业文化也在不断进行重新塑造。从老沃森时代的"尊重个人"，小沃森时代的"尊重个人、服务至上、追求完美"，郭士纳时代的"尊重员工、为顾客提供最佳服务、不断追求卓越"，彭明盛时代的"成就客户、创新为要、诚信负责"，IBM 的企业文化处于持续的重塑过程之中。

优秀的治理结构为实现可持续发展提供坚实的制度保障，IBM 公司治理结构经过多次的调整与改革，通过股东会、董事会、经理层这三者关系的权力制衡和利益协调，较好地解决了公司有效监督和灵活经营的问题，权力的制衡、市场的约束、有效的制度规范、可约束条件下的充分授权、强有力的激励机制等，成为一个优秀的治理结构所具备的基本特质。

卓越的战略管理能力确保企业始终顺应时代发展的趋势，IBM 转型变革史也是战略转型史，其背后是对时代、对产业的深度洞察，以及强有力的战略落地执行能力。

卓越的创新能力是企业持续发展的不竭动力来源，从小沃森的投入巨资研究第一代大型机"IBM 360 系统"，到总销售额 5% 以上的科研与技术开发方面投入，再到涌现出 6 个诺贝尔奖得主，6 个图灵奖得主，19 位美国科学院院士，69 位美国工程院院士，拿到 10 个美国国家技术奖和 5 个美国国家科学奖，这些都保障了其卓越的创新能力。

强大的品牌影响力，IBM 对于整个 IT 行业的贡献是有目共睹的，IBM 品牌在英国品牌咨询公司"品牌金融"（Brand Finance）发布的 2020 年全球最具价值品牌 500 强中排第 43 名、在福布斯发布的 2020 年全球品牌价值 100 强中排第 24 名、在国际品牌咨询机构 Interbrand 发布的 2020 年全球品牌 100 强榜单中排第 14 名、在 2020 年 BrandZ 最具价值全球品牌

100 强中排第 14 名。

全球化资源配置和管理能力，IBM 的研究和软件开发具备了全球配置资源的能力，公司在全球 15 个国家设立了 61 个实验室，2 万多名软件开发人员散布在全球各地；企业多个职能分布在不同区域，如全球采购在中国，全球 IT 服务支持在印度，支撑公司外部与内部互联网站的大部分服务移至巴西和爱尔兰，金融服务在巴西的里约热内卢，会计服务在美国俄克拉荷马州等。

高效的组织管理水平是企业实现组织高效运行的核心保障，IBM 的组织架构呈现多维矩阵形态，这种组织方式保证了任何一位 IBM 的现有或潜在顾客，都至少有两个 IBM 的员工在与之对接，一位来自行业（金融、交通、制造……），另一位则是来自业务（硬件、软件、咨询服务……）；每一位 IBM 的本地经理人都需要适应于两个主管协调工作，一位是地区主管，另一位则是业务或行业的 IBM 总部主管。IBM 这种多维矩阵组织保证了各个部门之间相对的独立和协调；每一个处于交叉点的人都要受到业务、区域、行业及职能四个不同方向的影响，每一个人的工作和其他人都相互作用，最大限度地发挥和利用了个人的价值。

高效的人才管理机制，为企业可持续发展提供了最核心的人才资源保障，IBM 对员工有非常详细的培训计划，这方面的投入占到公司营业额的 2%。同时，通过招募精英、入门培训、导师制度、自助餐式培训、国际化技能培训、经理培训、接班计划等实现人才的全过程管理；IBM 有着世界公认的极具吸引力的薪酬体系。IBM 为每一名"蓝色精灵"提供富有挑战性的发展空间，提供具有竞争力的浮动薪资、奖金，完善、周到的福利，以及公司股权。

价值创造型的财务管理模式，是企业持续提升价值创造能力的关键抓手。IBM 采取混合式的财务模式，把集中财务管理模式的规模经济、标准控制、大量关键技能的优点和分散财务管理模式的业务部门拥有所有权、快速反应等优势结合起来；将领先的 IBM 业务分析解决方案和财务流程进行充分融合，把财务人员的工作重心从管理转移到业务，实现在同一标准下进行广泛的数据挖掘和深刻的分析洞察，每个业务单元都有 CFO，其从预测到业务的洞察，能够对风险进行很好的管理，并且积极主动地参与到企业的决策当中来，帮助企业决策。

强劲的抗风险能力为企业稳定发展保驾护航，IBM 内部控制体系是支撑整个公司安全运转的根本保障。高效的财务、审计、风险控制机构和业务精深的专业人员，以及审计与业务流程深度结合的模式是其内部控制系统发挥作用的重要基础；IBM 是通过建立一个独特的体系，由首席审计官进行领导的内部审计和业务控制机构来实现公司的内控，该机构由 CFO 直接领导，通过 CFO 对 CEO 负责。

高水平的信息化建设是企业持续提升综合竞争力的关键抓手，前 IBM 高级副总裁 Linda Sanford 强调，推动 IBM 成功转型的三大引擎是流程改变、IT 技术和企业文化。流程改变和 IT 技术则是相互交织且同时进行的。作为世界领先的 IT 企业，IBM 往往把最新的研发技术应用在企业的流程转变中，仅有新的技术并不能实现变革或修正有缺陷的流程，但它可以加速进程。通过管理和业务流程与 IT 技术的深度融合，IBM 已经实现了基于流程的端到端组织，提升内部员工与外部客户的体验，以及建立了高效率、高安全性的网络安全管理等。

世界一流企业竞争力指标体系的构建与对标分析

一、企业竞争力指标体系构建与对标分析的原则与方法

企业竞争力指标体系构建的过程，本质上就是科学选取一定数量的指标对企业竞争力进行评价，即企业竞争力的评价标准的集合。郭淑娟和辛安娜（2011）将企业竞争力评价的方法分为三类：定性分析法、定量分析法和综合分析法。定性分析法包括因素分析法、专家评价法、矩阵法和标杆选取法等；定量分析法包括数据包络分析法、多目标决策法、边际分析法、灰色系统评价法、数理统计法、主成分分析法等；综合分析法包括模糊数学综合评判法、层次分析法、综合得分法等。其中，学者们较为青睐利用指标进行评价分析，为企业竞争力对标分析与对标管理提供了借鉴。

对于评价指标的选取与量化，陈佳贵和吴俊（2004）运用多维度综合评价法，选择区域影响力（包含销售收入和销售收入所占比重）、经营运作力（包含销售利润率和净资产收益率）和成长发展力（包含销售收入增

长率和净资产增长率）3 个方面的显性指标，对工业中小企业开展竞争力分析。丁伟斌和荣先恒（2005）在对苏州、杭州的部分企业的竞争力进行评价时，选取了人力资源、市场营销、技术创新、企业文化和组织管理共 5 个方面的评价指标。王东等（2006）利用单项指标评价法对美、日两国 500 强跨国公司开展研究，选择的指标为美、日在世界最大的 500 家跨国公司中的数量与美、日企业在世界最大样本企业所处行业的销售额及所占比重。庄思勇和冯英浚（2009）采用王毅（2002）设计的企业核心竞争力指标体系和多层次模糊综合评价方法对企业的核心竞争力进行评价，获得核心刚性与核心竞争力的综合评价值。该指标体系分为 3 个层次，分别为战略核心竞争力、组织核心竞争力和技术核心竞争力，共包含 18 个维度。

在确定评价指标的基础上，学者们在企业竞争力对标分析领域开展了探究。20 世纪 80 年代，美国公司最早提出对标管理。随后，国内外企业的管理实践经验丰富了企业竞争力对标管理的内涵。周鸿顺（2021）将对标定义为通过横向与国内外同行业中处于领先地位的企业进行管理方法、运营效率、技经指标等的对比，或纵向与企业自身的先进水平进行对比，找准差距与不足，明确需进一步改进的方向，提出补足短板、锻造长板的具体措施，逐步缩小与竞争对手的差距，扩大自身的竞争优势，不断提升企业核心竞争力，实现"超越自我、赶超一流、追求卓越"的一种良性循环的管理办法。

对于对标的具体过程，雷保林（2009）将其概括为以下 5 个步骤：第一，制订对标计划，确保对标计划与公司的战略一致。第二，建立对标团队，团队的结构取决于对标范围的大小、公司规模、对标预算、对标程序和环境等要素。第三，收集本公司与对标公司的流程表、客户反馈、程序手册等必要的信息数据。第四，分析业绩差距，在分析的过程中，充分利用利润率、投资回报率、服务质量等指标，根据经济规模、不同的管理思路和市场环境作出调整。基于分析结果，建立相应的战略目标，设计配套的行动计划、实施办法以及监督衡量标准。第五，保证对标管理的动态化，时常用衡量标准来监测实施的有效性。

综上，在构建指标体系与开展对标管理时，为了保证科学有效地衡量企业竞争力水平，需遵循以下 6 个原则。

一是科学性原则。王建华和王方华（2002）提出，竞争力指标体系应该准确地反映企业竞争力的实际情况，有利于企业同国内外竞争对手进行比较，挖掘竞争潜力。各指标应概念确切、含义清楚、计算范围明确，系统科学地反映企业竞争力的全貌。孙晓龙和王忠力（2020）提出，应在深入研究与科学论证的基础上确定对标企业，选择与自身的业务存在较强关联度的行业标杆企业作为对标的对象。

二是系统性原则。雷保林（2009）提出，指标体系应能全面地反映企业竞争力的整体情况，涵盖企业竞争力的各个要素，重点关注主要因素，以保证综合评价的全面性和可信度。

三是重要性原则。曾巧生（2002）认为，不同的指标反映不同的侧面和内容特征，且对于某项具体的经济活动所起的作用和影响也有较大的差别，选取指标时应考虑其对竞争力的重要性。重要性即特定因素对竞争力的贡献程度，重要性原则要求确保在对标中严格区分主次，取舍得当，突出直接反映企业竞争力的指标。

四是可比性原则。设计统计指标和指标体系，应考虑指标口径、计算方法在地区间和时间上的相互可比性。雷保林（2009）认为，应使所设计的企业竞争力指标，如资金利润率、产品市场占有率、资产负债率、资产增值率等指标既可与历史资料对比，又可用于企业间横向对比，从而帮助企业找出差距，取长补短，提高企业竞争力。孙晓龙和王忠力

（2020）认为，选择的对标企业战略、规模与业务等方面应具有相似性或可比性。

五是可行性原则。刘世彦和吴林江（2001）提出，指标体系的设置应尽量与现行的会计指标、统计指标和业务核算指标统一，使评估指标所需要的数据易于采集；指标体系要繁简适中，计算评估方法应简便、明确、易于操作；各项评估指标及其相应的计算方法、各项数据，都应满足标准化和规范化的要求，即设计的指标易于取得，便于操作。由于随着指标数量的增加，收集数据所花费的人力和财力也不断提高，给数据处理造成困难，因而需要删除重复的指标，简化指标体系。

六是定性与定量相结合原则。根据雷保林（2009）的观点，在构建评价指标体系时，为了实现综合评价，必须将反映企业竞争力基本特点的定性指标规范化。在所有评价指标中，应确保定性指标和定量指标各自占比合适，并尽量采用定量指标，以增加评价的客观性。

二、世界一流企业竞争力指标体系的构建

1. 构建思路

世界一流企业竞争力指标体系的构建，重点要解决三个关键问题。第一个关键问题是何为世界一流企业的竞争力，第二个关键问题是如何衡量竞争力，第三个关键问题是如何系统提升竞争力（即实现路径）。只有解决这三个关键问题，我们才能帮助企业从中发现与世界一流企业在竞争力上的差距以及如何通过系统提升缩小这种差距，进而逐步形成世界一流企业的竞争力。本文构建世界一流企业竞争力指标体系的逻辑如图4—1所示。

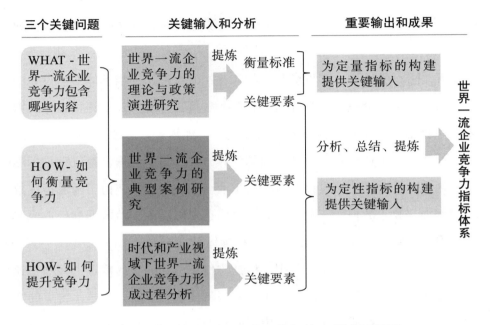

图4—1　世界一流企业竞争力指标体系构建逻辑图

在本书之前的章节中，我们研究了世界一流企业竞争力的理论与政策演进过程、典型企业的成功实践，进而又研究了时代和产业视角下的世界一流企业竞争力形成过程，这为我们通过定性和定量分析，提取指标体系的衡量标准和关键要素奠定了基础。接下来，我们要进一步聚焦如何衡量竞争力（即衡量标准）、如何提升竞争力（即关键要素）。总的来说，世界一流企业竞争力的衡量标准，从定量的角度分析，就是指与世界一流企业竞争力的差距在哪些方面，差距的程度；世界一流企业竞争力的关键要素，从定性的角度分析，就是指世界一流企业竞争力形成过程的关键要素，通过找到这些关键要素，就可以了解和掌握形成世界一流企业竞争力的现实路径。

2. 世界一流企业竞争力衡量标准的构建

在世界一流企业竞争力衡量标准方面，本书以世界一流企业竞争力的理论与特征、国务院国资委相关文件等为基础，以国务院国资委"三个三"（"三个领军、三个领先、三个典范"）为指引，以"产品卓越、品牌卓著、创新领先、治理现代"的 16 字要求为依据，以系统化、定量化为原则构建衡量标准。同时，通过国内外相关企业的数据测试，进一步优化衡量标准，以达到数据容易获取、指标的差异能够反映本质性的差距等效果。

综合前文对理论与实践相关问题的分析，以国务院国资委"三个三"为指引，我们提出，世界一流企业竞争力衡量标准分为三类，分别为："三个领军"类指标、"三个领先"类指标、"三个典范"类指标。

同时，紧密结合国务院国资委对中央企业考核所强调的"两利四率"指标，综合考虑基于与世界一流企业竞争力可对比与可量化的指标、基于适应未来发展的前瞻性的指标、基于承担社会责任类的指标，在"三个领军""三个领先""三个典范"的总体框架下科学选取评价指标。

以国务院国资委"三个三"为基础，选取关键的量化指标，如国际资源配置、科技创新、产业影响力、组织效率、人力效能、盈利能力、抗风险能力、绿色发展、社会责任、品牌影响力等；将国资委的"两利四率"指标纳入，包括全员劳动生产率、净利润、利润总额，营业收入利润率、资产负债率、研发投入强度等；基于与世界一流企业竞争力可对比、可量化的指标，如年度万人专利申请量、产业收入排名、跨国指数、全员劳动生产率、人均净利润贡献万元 /（人·年）、净资产收益率、世界 500 强品牌排名等；基于适应未来发展的、前瞻性的指标，如万元产值综合能耗（吨标煤）、万元产值温室气体排放（吨二氧化碳当量）等；基于承担社会责任类的指标，如安全投入占收入比重、公益慈善捐赠占收入比重等。

从而初步构建了世界一流企业竞争力的衡量标准，如表 4—1 所示。

表 4—1　世界一流企业竞争力的衡量标准 [①]

序号	国务院国资委"三个三"要求	指标分类	指标名称
1	"三个领军":成为在国际资源配置中占主导地位的领军企业;成为引领全球行业技术发展的领军企业;成为在全球产业发展中具有话语权和影响力的领军企业	国际资源配置	跨国指数
2		科技创新	研发投入强度
3			年度万人专利申请量
4		产业影响力	产业收入排名
5			营业收入
6			年均收入增长率
7	"三个领先":在全要素生产率和劳动生产率等方面领先;在净资产收益率、资本保值增值率等关键绩效指标上领先;在提供产品和服务品质上领先	组织效率	总资产周转率
8			存货周转率
9		人力效能盈利能力	全员劳动生产率
10			人均净利润贡献万元/(人·年)
11			净利润
12			营业收入利润率
13			营业净利率
14			净资产收益率
15		抗风险能力	流动比率
16			资产负债率
17	"三个典范":成为践行绿色发展理念的典范;成为履行社会责任的典范;成为全球知名品牌形象的典范	绿色发展	万元产值综合能耗(吨标煤)
18			万元产值温室气体排放(吨二氧化碳当量)

[①]　个别指标的特别说明:跨国指数(Transnational index,TNI),又称"跨国化指数",是指一家公司在海外的经营活动占其全部业务活动的国际化程度,即衡量企业跨国程度的指标。其计算公式为:跨国指数=(国外资产/总资产+国外销售额/总销售额+国外雇员数/总雇员数)÷3×100%。

世界500强品牌排名,世界品牌500强是由世界品牌实验室(World Brand Lab)编制的品牌排行榜,2004年第一次发布榜单,《世界品牌500强》排行榜评判的依据是品牌的世界影响力。品牌影响力(Brand Influence)是指品牌开拓市场、占领市场并获得利润的能力。

续表

序号	国务院国资委"三个三"要求	指标分类	指标名称
19	三个典范	社会责任	安全投入占收入比重
20			公益慈善捐赠占收入比重
21		品牌影响力	世界500强品牌排名

3. 世界一流企业竞争力关键要素的构建

在具体的路径探索上，本研究以"产品卓越、品牌卓著、创新领先、治理现代"的16字要求为依据，结合2020年国务院国资委发布的《关于开展对标世界一流管理提升行动的通知》提出的对标世界一流管理提升行动的8个方面和能力，构建了世界一流竞争力的关键要素，以此作为打造世界一流企业的路径探索。主要考虑是：一是"产品卓越、品牌卓著、创新领先、治理现代"是国务院国资委及国家有关部门在调研了国内外大量的企业基础上，将中国特色的管理实践与国际先进的管理经验高度相结合，体现了国有企业创建世界一流的现实要求和具体着力点；二是中央企业已经在按照16字要求和对标世界一流管理提升行动的8个方面制定了提升行动计划，部分中央企业已经进入了实施状态，以此作为构建行动路径的标准，更有利于与央企的实际工作进行对比分析，初步构建了世界一流企业竞争力的关键要素，如表4—2所示。

表4—2　世界一流企业竞争力的关键要素

序号	创建世界一流"16字"要求	指标分类	行动路径
1	产品卓越	产品运营与质量管控	精益管理理念在全流程、全链条中得到有效应用；集成化、集约化供应链管理机制；全生命周期的成本管控

续表

序号	创建世界一流"16字"要求	指标分类	行动路径
2	产品卓越	营销与服务管理	制定科学、有效的营销策略；社会认可程度高、创新性好的服务模式；持续提升产品服务质量
3		产品数字化、智能化	制定产品数字化、智能化发展战略规划；信息化平台为产品数字化转型提供支持；产品制造、功能等方面的数字化水平持续提升
4	品牌卓著	组织文化建设	社会责任履行规范、有力；持续提升的企业形象；凝聚力强、深入人心的组织文化建设
5		品牌建设	完备的品牌设计、宣传、规划策略；优秀的品牌美誉度和影响力；持续履行社会责任；服务国家重大战略
6		国际化建设	明晰的国际化战略；国际化经营的管理机制健全；优秀的国际化人才队伍建设；持续拓展的国际化市场
7	创新领先	科技创新	前瞻性的科技创新战略；科研资源配置合理、重点突出；研发投入高；持续增长的知识产权、专利数量
8		技术创新体系建设	机制完备的科研项目管理；科学合理的梯次研发体系；持续加强双创平台建设
9		协同创新	产学研一体化水平持续提升；全球创新网络融入度持续提升；创新技术与内部资源共享机制健全
10		创新激励	科技人才引进培养机制健全；创新长效激励机制健全；创新生态构建良好
11	治理现代	党的领导与公司治理深度融合	落实中央重大决策决议流程规范；有中国特色的现代企业制度建设持续强化；党管干部、党管人才落实落地；党建与业务深度融合
12		战略规划	战略定位、主攻方向、业务结构清晰；中长期资源分配方向明确、重点突出；动态战略管理体系完备

续表

序号	创建世界一流"16字"要求	指标分类	行动路径
13	治理现代	商业模式	完备的客户价值导向；具有核心竞争力的盈利模式；独特的核心资源和能力
14		财务管控	功能完备的一体化财务管控体系；成本费用控制科学、合理、资源配置效率高；资本结构良好；市值管理水平高
15		干部人才队伍建设	优秀的企业家精神及文化；市场化、公平的干部人才选用机制；科学合理的薪酬激励水平；持续加强的干部人才培养与梯队建设

4. 世界一流企业竞争力衡量标准和关键要素的关系与应用

通过构建世界一流企业竞争力的衡量标准和关键要素，我们初步完成了世界一流企业竞争力指标体系的构建。世界一流企业竞争力的衡量标准，反映的是竞争力的差距在哪些方面、差距的程度等；世界一流企业竞争力的关键要素，明确了竞争力提升的途径。通过世界一流企业竞争力的衡量标准和关键要素，形成了世界一流企业竞争力指标体系的"一枚硬币的两个面"，一面是揭示差距在哪里，另一面明确提升的途径；通过这种动态、持续的正向循环往复，持续缩小与世界一流企业竞争力的差距，进而接近或达到世界一流企业竞争力的水平与状态。世界一流企业竞争力的衡量标准和关键要素的关系，是形式和内容、表象和实质的关系。

综上，我们可以把世界一流企业竞争力衡量标准和关键要素的关系以表4—3的形式展现，同时也可以清晰地勾勒世界一流企业竞争力指标体系的内部逻辑。

表4—3 世界一流企业竞争力衡量标准和关键要素的关系

序号	世界一流企业竞争力指标体系		
	定量	定性	
	衡量标准（指标分类）	关键要素	
		直接相关	间接相关
1	国际资源配置	国际化建设	党的领导与公司治理深度融合战略规划
2	科技创新	科技创新、技术创新体系建设、创新激励	
3	产业影响力	营销与服务管理	
4	组织效率	组织文化建设	
5	人力效能	干部人才队伍建设	
6	盈利能力	商业模式、协同创新	
7	抗风险能力	财务管控	
8	绿色发展	产品数字化智能化	
9	社会责任	风险管理	
10	品牌影响力	品牌建设、产品运营与质量管控、财务管控	

三、世界一流企业竞争力指标体系的对标分析

1. 对标企业的选择

本书以中央企业及其对应行业的一流企业为参照，利用前文初步搭建的世界一流企业竞争力指标体系开展对标分析。2014年年底，国务院国资委结合不同国有企业在经济社会发展中的作用、现状和需要，明确将国有企业界定为商业类和公益类。商业一类处于充分竞争行业和领域的国企，提升资本回报、质量效益，全面推进市场化、国际化，勇当市场竞争的引领者，例如中国移动、国机集团、国投集团等；商业二类关系国家安全、国民经济命脉的重要行业和关键领域，或处于自然垄断行业，经营专项业务，承担重大专项任务，更好地服务国家战略、完成重大专项任务，争做

国有经济控制力、影响力的担当者，例如航天科技集团、中石油、国家能源集团等；公益类，以社会效益为导向，以保障民生，提供公共产品和服务为主要目标的企业，产品或服务必要时可以由政府制定，发生政策性亏损时政府给予补贴，例如中储粮、中储棉等。

2018 年，《国务院关于推进国有资本投资、运营公司改革试点的实施意见》确定了国有资本投资、运营公司的定位，并先后确定了 21 家试点中央企业名单，其中，19 家是投资公司的试点、2 家是运营公司的试点。国有资本投资公司试点中央企业有 19 家，分别为：国家开发投资集团有限公司、中粮集团有限公司、神华集团（国家能源投资集团有限责任公司）、中国宝武钢铁集团有限公司、中国五矿集团有限公司、招商局集团有限公司、中国交通建设股份有限公司、中国保利集团有限公司、中国航空工业集团有限公司、国家电力投资集团有限公司、中国机械工业集团有限公司、中国铝业集团有限公司、中国远洋海运集团有限公司、中国通用技术（集团）控股有限责任公司、华润（集团）有限公司、中国建材集团有限公司、新兴际华集团有限公司、中国广核集团有限公司、中国南光集团有限公司。

国有资本运营公司试点中央企业有 2 家，分别为：中国诚通控股集团有限公司、中国国新控股有限责任公司。

2019 年，国务院国资委选择 11 家中央企业创建世界一流示范企业，分别为：中国航天科技集团有限公司、中国石油天然气集团有限公司、国家电网有限公司、中国长江三峡集团有限公司、国家能源投资集团有限责任公司、中国移动通信集团有限公司、中国航空工业集团有限公司、中国建筑集团有限公司、中国中车股份有限公司、中国广核集团有限公司和中国宝武钢铁集团有限公司。

本书采用选择"产业类别＋国有资本投资、国有资本运营"复合分类的方式。在"产业类别"方面，主要侧重于关系国家安全、国民经济命脉的重要行业和关键领域。主要考虑是：第一，通过聚焦重要行业和关键领域，实现了研究深度与广度的有机统一。第二，通过加入"国有资本投资、国有资本运营"的分类方式，将以管资本为主改革国有资本授权经营体制的重要举措有机纳入。虽然采用这种分类的方式，在不同类别的中央企业之间还存在一定的重叠性，但是这种重叠性是不可避免的，这是由于中央企业在多个领域的产业属性以及被纳入不同试点、示范企业的政策属性所决定的。

在产业类别中，选择能源类、军工类、装备制造类、电子信息类中的典型的中央企业，作为该类中央企业的代表企业。同时，以业务领域相类似为原则，按照世界一流企业的定义与特征来选择国内外相适合的对标企业。

在能源类的中央企业中，选择"中国石油天然气集团有限公司、国家能源投资集团有限责任公司"作代表企业。其中，"中国石油天然气集团有限公司"，作为"央企创建世界一流示范企业"能源领域的骨干企业；"国家能源投资集团有限责任公司"作为"国有资本投资公司试点央企""央企创建世界一流示范企业"能源领域的骨干企业。

在军工类的中央企业中，选择"中国航天科技集团有限公司"作代表企业。"中国航天科技集团有限公司"属于"创建世界一流示范企业"军工领域的骨干企业、高科技企业。

在装备制造类的中央企业中，选择"中国机械工业集团有限公司"作代表企业。"中国机械工业集团有限公司"属于"国有资本投资公司试点中央企业"国际化的综合性装备工业集团、装备制造领域的骨干企业。

在电子信息类的中央企业中，选择"中国移动通信集团有限公司"作代表企业。"中国移动通信集团有限公司"属于"创建世界一流示范企业"电子信息领域的骨干企业，全球网络和客户规模最大。

在国有资本投资公司类中央企业中，选择"国家开发投资集团有限公司"作代表企业。"国家开发投资集团有限公司"属于"国有资本投资公司试点中央企业"商业一类，且是国有投资公司典范。

在国有资本运营公司类中央企业中，选择"中国诚通控股集团有限公司"作代表企业。"中国诚通控股集团有限公司"属于"国有资本运营公司试点中央企业"国务院国资委首批建设规范董事会试点企业和首家国有资产经营公司试点企业。

表 4—4　部分中央企业代表及相应的对标企业选择

类别		中央企业	对标企业
产业类	能源类	中国石油天然气集团有限公司	荷兰皇家壳牌石油公司
		国家能源投资集团有限责任公司	法国电力集团 EDF
	军工类	中国航天科技集团有限公司	波音（Boeing）公司
	装备制造类	中国机械工业集团有限公司	美国卡特彼勒
	电子信息类	中国移动通信集团有限公司	美国电话电报公司
国有资本投资公司类		国家开发投资集团有限公司	凯雷投资集团
国有资本运营公司类		中国诚通控股集团有限公司	丹纳赫集团

2. 基于世界一流企业竞争力指标衡量标准的对标分析及结论

通过所选择中央企业与其所处行业的世界一流企业进行具体全方位对标，发现、分析、总结中央企业的优势、差距，达到持续保持优势不断追赶差距的目的。

（1）中石油 VS 壳牌。

为了表述简洁的需要，对中国石油天然气集团有限公司简称"中石油"，荷兰皇家壳牌石油公司简称"壳牌"。两家企业对比分析情况见表4—5：

表4—5　2018—2020年中石油与壳牌竞争力衡量标准分析

指标分类	指标名称	2018 年	2019 年	2020 年
国际资源配置	跨国指数	−64.94%	−64.56%	−67.57%
科技创新	研发投入强度	129.65%	181.38%	117.06%
	年度万人专利申请量	−97.10%	−96.38%	−94.37%
产业影响力	产业收入排名	/	/	/
	营业收入（亿元人民币）	6.53%	17.31%	66.58%
	年均收入增长率	−27.57%	39.91%	−60.07%
组织效率	总资产周转率	−31.87%	−23.29%	7.23%
	存货周转率	−42.74%	−27.41%	−12.40%
人力效能	全员劳动生产率	−93.76%	−92.76%	−88.33%
	人均净利润贡献万元 /（人·年）	−98.38%	−96.61%	−102.34%
盈利能力	净利润（亿元人民币）	−72.31%	−45.08%	−133.41%
	营业收入利润率	100.94%	110.06%	−413.87%
	营业净利率	−74.01%	−53.18%	−120.06%
	净资产收益率	−75.29%	−51.40%	−126.78%
抗风险能力	流动比率	−11.40%	−8.08%	−1.34%
	资产负债率	119.07%	84.34%	51.97%
绿色发展	万元产值综合能耗（吨标煤）	177.41%	151.78%	94.40%
	万元产值温室气体排放（吨二氧化碳当量）	/	92.71%	43.60%
社会责任	安全投入占收入比重	/	/	/
	公益慈善捐赠占收入比重	/	/	/
品牌影响力	世界 500 强品牌排名	/	/	/

中石油与壳牌对标分析结论：

国际资源配置：在跨国指数方面，与对标企业相比，低 64% 以上，说明中石油在国际资源配置方面还存在较大差距。

科技创新：在研发投入强度方面，与对标企业相比，高 110% 以上，说明中石油在研发投入力度方面优势明显；在年度万人专利申请量方面，与对标企业相比，低 94% 以上，说明中石油在年度万人专利申请量方面还存在较大差距，在研发效率和效果方面还需要进一步提升。

产业影响力：在产业收入排名方面，与对标企业相比稳步上升说明中石油在产业收入排名方面具有优势；在营业收入方面，与对标企业相比，中石油高 6% 以上，说明中石油在营业收入方面优势明显；说明中石油在年均收入增长率方面有一定的优势。

组织效率：在总资产周转率方面，与对标企业相比，低 23% 以上（不考虑 2020 年特殊情况），说明中石油在总资产周转率方面存在一定差距；在存货周转率方面，与对标企业相比，低 27% 以上（不考虑 2020 年特殊情况），说明中石油在存货周转率方面差距比较明显。

人力效能：在全员劳动生产率方面，与对标企业相比，低 88% 以上，说明中石油在全员劳动生产率方面差距比较明显；在人均净利润贡献方面，与对标企业相比，低 96% 以上，说明中石油在人均净利润贡献方面差距比较明显。

盈利能力：在净利润方面，与对标企业相比，低 45% 以上（不考虑 2020 年特殊情况），说明中石油在净利润方面差距比较明显；在营业收入利润率方面，与对标企业相比，高 100% 以上（不考虑 2020 年特殊情况），说明中石油在营业收入利润率方面优势比较明显；在营业净利率方面，与对标企业相比，低 53% 以上，说明中石油在营业净利率方面差距比较明显；在净资产收益率方面，与对标企业相比，低 51% 以上，说明中石油在净资产收益率方面差距比较明显；总的来说，与对标企业相比，中石油在盈利能力方面差距比较明显。

抗风险能力：在流动比率方面，与对标企业相比，中石油无明显差距；在资产负债率方面，与对标企业相比，高51%以上，说明中石油在资产负债率方面差距比较明显。

绿色发展：在万元产值综合能耗方面，与对标企业相比，高94%以上，说明中石油在万元产值综合能耗方面差距比较明显；在万元产值温室气体排放方面，与对标企业相比，高43%以上，说明中石油在万元产值温室气体排放方面差距比较明显。

社会责任：缺乏相关数据支持，暂未进行对比分析。

（2）国家能源集团 VS 法国 EDF。

为了表述简洁的需要，国家能源投资集团有限责任公司简称"国家能源集团"，法国电力集团 EDF 简称"法国 EDF"。两家企业对比分析情况见表4—6：

表4—6　2018—2020 年国家能源集团与法国 EDF 竞争力衡量标准分析

指标分类	指标名称	2018 年	2019 年	2020 年
国际资源配置	跨国指数	−87.80%	−93.59%	−92.27%
科技创新	研发投入强度	−48.89%	−32.98%	−22.59%
	年度万人专利申请量	20.50%	14.80%	80.12%
产业影响力	产业收入排名	/	/	/
	营业收入（亿元人民币）	2.81%	0.95%	2.26%
	年均收入增长率	−5875.5%	−9.97%	364.31%
组织效率	总资产周转率	29.34%	35.46%	38.02%
	存货周转率	3735.41%	4079.58%	4556.71%
人力效能	全员劳动生产率	−49.64%	−49.82%	−48.28%
	人均净利润贡献万元／（人·年）	174.84%	−30.72%	469.41%

续表

指标分类	指标名称	2018 年	2019 年	2020 年
盈利能力	净利润（亿元人民币）	461.10%	39.37%	1025.87%
	营业收入利润率	−48.99%	−49.73%	−50.36%
	营业净利率	445.76%	26.09%	1001.02%
	净资产收益率	1338.06%	272.68%	2945.79%
抗风险能力	流动比率	−61.54%	−54.59%	−53.40%
	资产负债率	214.11%	199.20%	211.34%
绿色发展	万元产值综合能耗（吨标煤）	2592.65%	2823.75%	2567.24%
	万元产值温室气体排放（吨二氧化碳当量）	1275.97%	973.56%	1024.47%
社会责任	安全投入占收入比重	−18.22%	90.75%	72.74%
	公益慈善捐赠占收入比重	−35.18%	214.90%	130.33%
品牌影响力	世界 500 强品牌排名	/	/	/

国家能源集团与法国 EDF 对标分析结论：

国际资源配置：在跨国指数方面，与对标企业相比，低 87% 以上，说明国家能源集团在国际资源配置方面差距比较明显。

科技创新：在研发投入强度方面，与对标企业相比，低 22% 以上，说明国家能源集团在研发投入力度方面存在一定差距；在年度万人专利申请量方面，与对标企业相比，高 14% 以上，说明国家能源集团在年度万人专利申请量方面有一定的优势。由此可见，国家能源集团在研发效率和效果方面有一定的优势，但需要在研发投入强度方面作进一步提升。

在营业收入方面，与对标企业相比，略高于对标企业，说明国家能源集团在营业收入方面有一定的优势；在年均收入增长率方面，与对标企业相比，略高于对标企业（不考虑 2018 年特殊情况），说明国家能源集团在年均收入增长率方面有一定的优势。

组织效率：在总资产周转率方面，与对标企业相比，高 29% 以上，说明国家能源集团在总资产周转率方面优势比较明显；在存货周转率方面，与对标企业相比，高 3700% 以上，说明国家能源集团在存货周转率方面优势比较明显。

人力效能：在全员劳动生产率方面，与对标企业相比，低 48% 以上，说明国家能源集团在全员劳动生产率方面差距比较明显；在人均净利润贡献方面，与对标企业相比，高 170% 以上（不考虑 2019 年特殊情况），说明国家能源集团在人均净利润贡献方面优势比较明显。

盈利能力：在净利润方面，与对标企业相比，高 460% 以上（不考虑 2019 年特殊情况），说明国家能源集团在净利润方面优势比较明显；在营业收入利润率方面，与对标企业相比，低 48% 以上，说明国家能源集团在营业收入利润率方面差距比较明显；在营业净利率方面，与对标企业相比，高 440% 以上（不考虑 2019 年特殊情况），说明国家能源集团在营业净利率方面优势比较明显；在净资产收益率方面，与对标企业相比，高 1300% 以上（不考虑 2019 年特殊情况），说明国家能源集团在净资产收益率方面优势比较明显。

抗风险能力：在流动比率方面，与对标企业相比，低 53%，说明国家能源集团在流动比率方面差距比较明显；在资产负债率方面，与对标企业相比，高 199% 以上，说明国家能源集团在资产负债率方面差距比较明显。抗风险能力总结：与对标企业相比，国家能源集团抗风险能力差距比较明显。

绿色发展：在万元产值综合能耗方面，与对标企业相比，高 2500% 以上，说明国家能源集团在万元产值综合能耗方面差距比较明显；在万元产值温室气体排放方面，与对标企业相比，高 900% 以上，说明国家能源集团在万元产值温室气体排放方面差距比较明显。

社会责任：在安全投入占收入比重方面，与对标企业相比，高 70% 以上（不考虑 2018 年特殊情况），说明国家能源集团在安全投入占收入比重方面优势比较明显；在公益慈善捐赠占收入比重方面，与对标企业相比，高 130% 以上（不考虑 2018 年特殊情况），说明国家能源集团在公益慈善捐赠占收入比重方面优势比较明显。

（3）航天科技 VS 波音。

为了表述简洁的需要，对中国航天科技集团有限公司简称"航天科技"、波音（Boeing）公司简称"波音"。两家企业对比分析情况见表 4—7：

表 4—7　2018—2020 年航天科技与波音竞争力衡量标准分析

指标分类	指标名称	2018 年	2019 年	2020 年
国际资源配置	跨国指数			
科技创新	研发投入强度	−20.43%	−27.38%	−25.11%
	年度万人专利申请量	471%	442%	430%
产业影响力	产业收入排名	/	/	/
	营业收入 （亿元人民币）	−62.92%	−52.51%	−34.04%
	年均收入增长率	762%	0%	1655%
组织效率	总资产周转率	−33.93%	−8.98%	34.22%
	存货周转率	246%	281%	302%
人力效能	全员劳动生产率	146%	181%	202%
	人均净利润贡献 万元 /（人·年）	−77.2%	135.4%	711.4%
盈利能力	净利润 （亿元人民币）	−73.2%	238.4%	1044.7%
	营业收入利润率	37.74%	207.9%	402.8%
	营业净利率	−27.68%	86.5%	287.1%
	净资产收益率	−22.27%	79.1%	214%
抗风险能力	流动比率	41.67%	49.53%	10.8%
	资产负债率	−54%	−58.49%	−58.03%

续表

指标分类	指标名称	2018 年	2019 年	2020 年
绿色发展	万元产值综合能耗 （吨标煤）	/	/	656.92%
	万元产值温室气体排放 （吨二氧化碳当量）	/	/	/
社会责任	安全投入占收入比重	/	/	/
	公益慈善捐赠占收入比重	/	/	/
品牌影响力	世界 500 强品牌排名	/	/	/

航天科技与波音对标分析结论 [①]：

国际资源配置：缺乏相关数据支持，暂未进行对比分析。

科技创新：在研发投入强度方面，与对标企业相比，低 20% 以上，说明航天科技在研发投入力度方面存在一定差距；在年度万人专利申请量方面，与对标企业相比，高 400% 以上，说明航天科技在年度万人专利申请量方面优势比较明显。可见，航天科技投入少、年度万人专利申请量多，在研发效率和效果方面优势比较明显，但在研发投入力度方面还需要进一步提升。

产业影响力：在产业收入排名方面，低于对标企业，说明航天科技在产业收入排名方面有一定的差距；在营业收入方面，与对标企业相比，低 50% 以上，说明航天科技在收入规模方面差距比较明显；在年均收入增长率方面，与对标企业相比，高于对标企业，说明航天科技在收入增长率方面有一定的优势。

组织效率：在总资产周转率方面，与对标企业相比，低 33% 以上（仅对比 2018 年），但后续连年提升，至 2020 年，高于对标企业 34% 以上，

① 要充分考虑对标企业（波音）飞机业务由于技术及商业原因在 2019—2020 对盈利能力大的负面影响，所以主要对比 2018 年的数据。

说明航天科技在总资产周转率方面持续改进；在存货周转率方面，与对标企业相比，高 200% 以上，且连年提升，说明航天科技在存货周转率方面优势比较明显。

人力效能：在全员劳动生产率方面，与对标企业相比，高 146% 以上（仅对比 2018 年），且逐年提升，说明航天科技在全员劳动生产率方面优势比较明显；在人均净利润贡献方面，与对标企业相比，低 77% 以上（仅对比 2018 年），但此后持续改进，超过对标企业人均净利润贡献水平，说明航天科技在人均净利润贡献方面已具备一定优势。

盈利能力：在净利润方面，与对标企业相比，低 73% 以上（仅对比 2018 年），但此后逐年提升，已大幅赶超对标企业，说明航天科技在净利润方面已具备一定优势；在营业收入利润率方面，与对标企业相比，高 37% 以上（仅对比 2018 年），此后逐年提升，说明航天科技在营业收入利润率方面优势比较明显；在营业净利率方面，与对标企业相比，也同样逐年提升，说明航天科技在营业净利率方面也已具备一定优势；在净资产收益率方面，表现与营业净利率一致。

抗风险能力：在流动比率方面，与对标企业相比，高 10% 以上，说明航天科技在流动比率方面优势比较明显；在资产负债率方面，与对标企业相比，低 50% 以上，说明航天科技在资产负债率方面表现更好。

绿色发展：缺乏相关数据支持，暂未进行对比分析。

社会责任：缺乏相关数据支持，暂未进行对比分析。

品牌影响力：在世界 500 强品牌排名方面，与对标企业相比，差距比较明显。

（4）国机集团 VS 卡特彼勒。

为了表述简洁的需要，对中国机械工业集团有限公司简称"国机集团"，美国卡特彼勒简称"卡特彼勒"。两家企业对比分析情况见表 4—8：

表4—8 2018—2020年国机集团与卡特彼勒竞争力衡量标准分析

指标分类	指标名称	2018 年	2019 年	2020 年
国际资源配置	跨国指数			
科技创新	研发投入强度	−61.24%	−49.67%	−44.49%
	年度万人专利申请量	/	/	/
产业影响力	产业收入排名	/	/	/
	营业收入（亿元人民币）	−17.26%	−19.32%	−2.37%
	年均收入增长率	−52.97%	−74.32%	−77.45%
组织效率	总资产周转率	9.40%	14.74%	49.54%
	存货周转率	46.29%	53.96%	109.92%
人力效能	全员劳动生产率	−41.40%	−43.17%	−30.62%
	人均净利润贡献万元/（人·年）	−89.14%	−87.23%	−72.66%
盈利能力	净利润（亿元人民币）	−84.67%	−81.87%	−61.53%
	营业收入利润率	−89.09%	−87.98%	−84.42%
	营业净利率	−81.48%	−77.53%	−60.60%
	净资产收益率	−66.06%	−60.96%	−11.58%
抗风险能力	流动比率	−8.63%	−14.42%	−20.50%
	资产负债率	46.24%	36.81%	36.95%
绿色发展	万元产值综合能耗（吨标煤）	/	/	/
	万元产值温室气体排放（吨二氧化碳当量）	/	/	/
社会责任	安全投入占收入比重	/	/	/
	公益慈善捐赠占收入比重	−94.84%	−94.15%	−95.51%
品牌影响力	世界 500 强品牌排名	/	/	/

国机集团与卡特彼勒对标分析结论：

国际资源配置：缺乏相关数据支持，暂未进行对比分析。

科技创新：在研发投入强度方面，与对标企业相比，低 44% 以上，说明国机集团在研发投入力度方面差距比较明显；在年度万人专利申请量方面，由于缺乏数据，没有办法进行对比分析。

产业影响力：在产业收入排名方面，与对标企业相比，低于对标企业，说明国机集团在产业收入排名方面有一定的差距；在营业收入方面，与对标企业相比，低 2% 以上，说明国机集团在营业收入方面有一定的差距；在年均收入增长率方面，与对标企业相比，低 50% 以上，说明国机集团在年均收入增长率方面差距比较明显。

组织效率：在总资产周转率方面，与对标企业相比，高 9% 以上，说明国机集团在总资产周转率方面有一定的差距；在存货周转率方面，与对标企业相比，高 46% 以上，说明国机集团在存货周转率方面差距比较明显。

人力效能：在全员劳动生产率方面，与对标企业相比，低 30% 以上，说明国机集团在全员劳动生产率方面差距比较明显；在人均净利润贡献方面，与对标企业相比，低 72% 以上，说明国机集团在人均净利润贡献方面差距比较明显。

盈利能力：在净利润方面，与对标企业相比，低 60% 以上，说明国机集团在净利润方面差距比较明显；在营业收入利润率方面，与对标企业相比，低 84% 以上，说明国机集团在营业收入利润率方面差距比较明显；在营业净利率方面，与对标企业相比，低 60% 以上，说明国机集团在营业净利率方面差距比较明显；在净资产收益率方面，与对标企业相比，低 11% 以上，说明国机集团在净资产收益率方面存在一定差距。

抗风险能力：在流动比率方面，与对标企业相比，低 8% 以上，说明国机集团在流动比率方面有一定的差距；在资产负债率方面，与对标企业相比，高 36% 以上，说明国机集团在资产负债率方面差距比较明显。抗风险能力总结：与对标企业相比，国机集团在抗风险能力方面存在一定差距。

绿色发展：缺乏相关数据支持，暂未进行对比分析。

社会责任：在安全投入占收入比重方面，由于缺乏数据，没有办法进行对比分析；在公益慈善捐赠占收入比重方面，与对标企业相比，低94%以上，说明国机集团在公益慈善捐赠占收入比重方面差距比较明显。社会责任总结：与对标企业相比，国机集团在社会责任方面差距比较明显。

品牌影响力：在世界500强品牌排名方面，与对标企业基本持平。

（5）中国移动 VS 美国电话。

为了表述简洁的需要，对中国移动通信集团有限公司简称"中国移动"，美国电话电报公司简称"美国电话"。两家企业对比分析情况见表4—9：

表4—9　2018—2020年中国移动与美国电话竞争力衡量标准分析

指标分类	指标名称	2018 年	2019 年	2020 年
国际资源配置	跨国指数	−87.27%	−89.73%	−85.98%
科技创新	研发投入强度	−51.67%	−45.88%	−9.48%
	年度万人专利申请量	/	/	/
产业影响力	产业收入排名	/	/	/
	营业收入（亿元人民币）	−34.82%	−39.90%	−35.57%
	年均收入增长率	−53.36%	−97.17%	256.93%
组织效率	总资产周转率	49.42%	39.39%	36.07%
	存货周转率	−50.84%	4.39%	63.33%
人力效能	全员劳动生产率	−67.24%	−67.36%	−61.96%
	人均净利润贡献万元 /（人·年）	−55.19%	−43.54%	−340.09%
盈利能力	净利润（亿元人民币）	−10.83%	3.96%	−506.68%
	营业收入利润率	7.80%	−1.68%	293.60%
	营业净利率	36.80%	72.98%	−731.16%
	净资产收益率	98.68%	149.87%	/
抗风险能力	流动比率	41.30%	44.30%	36.71%
	资产负债率	−5.81%	8.33%	11.29%

续表

指标分类	指标名称	2018 年	2019 年	2020 年
绿色发展	万元产值综合能耗（吨标煤）	162.53%	211.55%	221.73%
	万元产值温室气体排放（吨二氧化碳当量）	220.12%	341.67%	387.44%
社会责任	安全投入占收入比重	/	/	/
	公益慈善捐赠占收入比重	−40.37%	−39.92%	−69.89%
品牌影响力	世界 500 强品牌排名	/	/	/

中国移动与美国电话对标分析结论：

国际资源配置：在跨国指数方面，与对标企业相比，低 85% 以上，说明中国移动在跨国指数方面差距比较明显。

科技创新：在研发投入强度方面，与对标企业相比，低 45% 以上（不考虑 2020 年特殊情况），说明中国移动在研发投入力度方面差距比较明显；在年度万人专利申请量方面，由于缺乏数据，没有办法进行对比分析。

产业影响力：在产业收入排名方面，与对标企业相比，低于对标企业，说明中国移动在产业收入排名方面有一定的差距；在营业收入方面，与对标企业相比，低 34% 以上，说明中国移动在营业收入方面差距比较明显；在年均收入增长率方面，与对标企业相比，低 50% 以上（不考虑 2020 年特殊情况），说明中国移动在年均收入增长率方面差距比较明显。

组织效率：在总资产周转率方面，与对标企业相比，高 36% 以上，说明中国移动在总资产周转率方面优势比较明显；在存货周转率方面，与对标企业相比，高 4% 以上（不考虑 2018 年特殊情况），说明中国移动在存货周转率方面有一定的优势。

人力效能：在全员劳动生产率方面，与对标企业相比，低 61% 以上，说明中国移动在全员劳动生产率方面差距比较明显；在人均净利润贡献方面，与对标企业相比，低 43% 以上，说明中国移动在人均净利润贡献方面差距比较明显。

盈利能力：在净利润方面，与对标企业相比，相差不多（不考虑 2020 年特殊情况），说明中国移动在净利润方面差距不明显；在营业收入利润率方面，与对标企业相比，相差不多（不考虑 2020 年特殊情况），说明中国移动在营业收入利润率方面差距不明显；在营业净利率方面，与对标企业相比，高 36% 以上（不考虑 2020 年特殊情况），说明中国移动在营业净利率方面优势比较明显；在净资产收益率方面，与对标企业相比，高 98% 以上（不考虑 2020 年特殊情况），说明中国移动在净资产收益率方面优势比较明显。

抗风险能力：在流动比率方面，与对标企业相比，高 36% 以上，说明中国移动在流动比率方面优势比较明显；在资产负债率方面，与对标企业相比，相差不多，说明中国移动在资产负债率方面差距不明显。

绿色发展：在万元产值综合能耗方面，与对标企业相比，高 160% 以上，说明中国移动在万元产值综合能耗方面差距比较明显；在万元产值温室气体排放方面，与对标企业相比，高 220% 以上，说明中国移动在万元产值温室气体排放方面差距比较明显。

社会责任：在安全投入占收入比重方面，由于缺乏数据，没有办法进行对比分析；在公益慈善捐赠占收入比重方面，与对标企业相比，低 39% 以上，说明中国移动在公益慈善捐赠占收入比重方面差距比较明显。

品牌影响力：在世界 500 强品牌排名方面，与对标企业相比，差距比较明显。

（6）国投 VS 凯雷。

为了表述简洁的需要，对国家开发投资集团有限公司简称"国投"，凯雷投资集团简称"凯雷"。两家企业对比分析情况见表 4—10：

表 4—10　2018—2020 年国投与凯雷竞争力衡量标准分析

指标分类	指标名称	2018 年	2019 年	2020 年
国际资源配置	跨国指数	−60.35%	−38.80%	−72.51%
科技创新	研发投入强度	/	/	/
	年度万人专利申请量	/	/	/
产业影响力	产业收入排名	/	/	/
	营业收入（亿元人民币）	655.41%	513.62%	651.64%
	年均收入增长率	446.96%	−725.74%	23.55%
组织效率	总资产周转率	11.48%	−8.19%	19.61%
	存货周转率	/	/	/
人力效能	全员劳动生产率	−72.26%	−78.07%	−71.74%
	人均净利润贡献万元/（人·年）	−72.55%	−92.90%	−74.96%
盈利能力	净利润（亿元人民币）	186.59%	−6.79%	201.47%
	营业收入利润率	64.91%	−37.34%	15.57%
	营业净利率	−1.05%	−67.64%	−11.41%
	净资产收益率	−22.82%	−79.34%	−37.92%
抗风险能力	流动比率	109.57%	232.68%	−46.44%
	资产负债率	−12.09%	−11.98%	−16.28%
绿色发展	万元产值综合能耗（吨标煤）		105596.40%	91305.30%
	万元产值温室气体排放量（吨二氧化碳当量）	/	/	/
社会责任	安全投入占收入比重	/	/	/
	公益慈善捐赠占收入比重	/	−81.82%	47.95%
品牌影响力	世界 500 强品牌排名	/	/	/

国投与凯雷对标分析结论：

国际资源配置：在跨国指数方面，与对标企业相比，低 38% 以上，说明国投在跨国指数方面差距比较明显。

科技创新：在研发投入强度方面，由于缺乏数据，没有办法进行对比分析；在年度万人专利申请量方面，由于缺乏数据，没有办法进行对比分析。

产业影响力：在产业收入排名方面，由于缺乏数据，没有办法进行对比分析；在营业收入方面，与对标企业相比，高 500% 以上，说明国投在营业收入方面优势比较明显；在年均收入增长率方面，与对标企业相比，高 20% 以上，说明国投在年均收入增长率方面优势比较明显。

组织效率：在总资产周转率方面，与对标企业相比，基本没有差距（不考虑 2020 年特殊情况），说明国投在总资产周转率方面基本没有差距；在存货周转率方面，缺乏相关数据支持，暂未进行对比分析。

人力效能：在全员劳动生产率方面，与对标企业相比，低 70% 以上，说明国投在全员劳动生产率方面差距比较明显；在人均净利润贡献方面，与对标企业相比，低 70% 以上，说明国投在人均净利润贡献方面差距比较明显。

盈利能力：在净利润方面，与对标企业相比，高 180%（不考虑 2019 年特殊情况），说明国投在净利润方面优势比较明显；在营业收入利润率方面，与对标企业相比，略有优势，说明国投在营业收入利润率方面略有优势；在营业净利率方面，与对标企业相比，低 11% 以上（不考虑 2018 年特殊情况），说明国投在营业净利率方面存在一定差距；在净资产收益率方面，与对标企业相比，低 20% 以上，说明国投在净资产收益率方面差距比较明显。

抗风险能力：在流动比率方面，与对标企业相比，高 100% 以上（不考虑 2018 年特殊情况），说明国投在流动比率方面优势比较明显；在资产负债率方面，与对标企业相比，低 11% 以上，说明国投在资产负债率方面有一定的差距。

绿色发展：在万元产值综合能耗方面，与对标企业相比，高 90000% 以上，说明国投在万元产值综合能耗方面差距比较明显；在万元产值温室气体排放方面，缺乏相关数据支持，暂未进行对比分析。

社会责任：在安全投入占收入比重方面，由于缺乏数据，没有办法进行对比分析；在公益慈善捐赠占收入比重方面，与对标企业相比，有高有低，说明国投在公益慈善捐赠占收入比重方面差距不明显。

品牌影响力：缺乏相关数据支持，暂未进行对比分析。

（7）中国诚通 VS 丹纳赫。

为了表述简洁的需要，对中国诚通控股集团有限公司简称"中国诚通"，丹纳赫集团简称"丹纳赫"。两家企业对比分析情况见表4—11：

表4—11　2018—2020年中国诚通与丹纳赫竞争力衡量标准分析

指标分类	指标名称	2018 年	2019 年	2020 年
国际资源配置	跨国指数	/	/	−96.53%
科技创新	研发投入强度	−94.46%	−92.01%	−91.44%
	年度万人专利申请量	/	/	/
产业影响力	产业收入排名	/	/	/
	营业收入（亿元人民币）	−9.93%	−14.14%	−19.72%
	年均收入增长率	5621.43%	71.43%	320.83%
组织效率	总资产周转率	15.26%	35.21%	7.06%
	存货周转率	20.30%	17.41%	33.00%
人力效能	全员劳动生产率	135.87%	85.29%	71.22%
	人均净利润贡献万元 /（人·年）	−73.09%	−64.40%	−20.65%
盈利能力	净利润（亿元人民币）	−89.72%	−83.51%	−62.79%
	营业收入利润率	−61.33%	−62.80%	−66.98%
	营业净利率	−88.59%	−80.79%	−53.66%
	净资产收益率	−87.54%	−79.92%	−50.25%
抗风险能力	流动比率	99.71%	−48.11%	41.32%
	资产负债率	−7.93%	−27.79%	0.20%
绿色发展	万元产值综合能耗（吨标煤）	790.30%	567.45%	/
	万元产值温室气体排放量（吨二氧化碳当量）	1056.72%	585.11%	/
社会责任	安全投入占收入比重	/	/	/
	公益慈善捐赠占收入比重	/	/	/
品牌影响力	世界 500 强品牌排名	/	/	/

中国诚通与丹纳赫对标分析结论：

国际资源配置：在跨国指数方面，与对标企业相比，低96%以上，说明中国诚通在跨国指数方面差距比较明显。

科技创新：在研发投入强度方面，低91%以上，说明中国诚通在研发投入强度方面差距比较明显；在年度万人专利申请量方面，缺乏相关数据支持，暂未进行对比分析。

产业影响力：在产业收入排名方面，缺乏相关数据支持，暂未进行对比分析；在营业收入方面，与对标企业相比，低9%以上，说明中国诚通在营业收入方面有一定的差距；在年均收入增长率方面，与对标企业相比，高71%以上，说明中国诚通在年均收入增长率方面优势比较明显。

组织效率：在总资产周转率方面，与对标企业相比，高7%以上，说明中国诚通在总资产周转率方面优势明显；在存货周转率方面，与对标企业相比，高17%以上，说明中国诚通在存货周转率方面优势明显。

人力效能：在全员劳动生产率方面，与对标企业相比，高71%以上，说明中国诚通在全员劳动生产率方面优势比较明显；在人均净利润贡献方面，与对标企业相比，低20%以上，说明中国诚通在人均净利润贡献方面差距比较明显。

盈利能力：在净利润方面，与对标企业相比，低62%以上，说明中国诚通在净利润方面差距比较明显；在营业收入利润率方面，与对标企业相比，低61%以上，说明中国诚通在营业收入利润率方面差距比较明显；在营业净利率方面，与对标企业相比，低53%以上，说明中国诚通在营业净利率方面差距比较明显；在净资产收益率方面，与对标企业相比，低50%以上，说明中国诚通在净资产收益率方面差距比较明显。

抗风险能力：在流动比率方面，与对标企业相比，有一定的优势，说明中国诚通在流动比率方面有一定的优势；在资产负债率方面，与对标企业相比，有一定的优势，说明中国诚通在资产负债率方面差距有一定的优势。

绿色发展：在万元产值综合能耗方面，与对标企业相比，高 500% 以上，说明中国诚通在万元产值综合能耗方面差距比较明显；在万元产值温室气体排放方面，与对标企业相比，高 500% 以上，说明中国诚通在万元产值综合能耗方面差距比较明显。

社会责任：在安全投入占收入比重方面，由于缺乏数据，没有办法进行对比分析；在公益慈善捐赠占收入比重方面，缺乏相关数据支持，暂未进行对比分析。

品牌影响力：缺乏相关数据支持，暂未进行对比分析。

（8）综合对标分析结论。

关于 7 家中央企业对标的数据是通过专业的数据挖掘公司获得的，用于对标的全部数据基础基于企业公开发布的相关数据。综合 7 家央企对标分析的结果，在衡量标准的差距情况大致可以分为三类。

第一类：7 家中央企业普遍差距比较明显的指标，这些指标为：国际资源配置、绿色发展，差距为 38% 以上。

第二类：7 家中央企业中，约 5 家（70%）企业差距比较明显的指标，这些指标为：科技创新、人力效能、盈利能力、抗风险能力、社会责任，差距 20% 以上。

第三类：7 家中央企业中，约 3 家（40%）企业差距比较明显的指标，这些指标为：产业影响力、组织效率、品牌影响力，差距 10% 及以上。

通过这 7 家中央企业对标分析实践，能够体现出中央企业与对标企业在竞争力上的差距；当然，对于具体央企而言，其差距的方面和程度是不同的，部分央企甚至在一些指标方面具有非常大的优势；基于衡量标准能够体现出央企与世界一流企业竞争力的差距方面、差距程度，也就是说明衡量标准是非常有效的，能够反映本质性的差异。

本文认为，通过不设定权重的衡量标准更能反映出具体央企与对标企业实质性的差距，因为 7 家央企与对标企业的差距既有共性的地方，也有个性的方面，如果设定统一的考核权重会削弱、模糊企业之间实质性的差异，也可以为企业更加清晰地找到存在的差距和改进的方向。

3. 对中央企业提升竞争力的相关建议——基于世界一流企业竞争力关键要素的视角

虽然中央企业各自所在的行业领域、业务竞争力、拥有资源等方面具有显著的差异性，但是在竞争力提升的关键要素方面是相同的，所不同的是每家央企的提升侧重点、提升节奏。

依托国务院国资委《关于开展对标世界一流管理提升行动的通知》核心思路与内容，基于本书提出的构建世界一流企业竞争力的指标体系，尝试为参与本次对标的 7 家央企提升竞争力提供如下建议。

（1）有效决策，持续提升智力水平。

充分发挥党的领导核心作用，把方向、管大局、促落实，优化治理结构以提升决策质量、决策效率。

在党的领导方面，从落实中央重大决策决议、党管干部、党建与业务深度融合等维度进行加强，充分发挥党的领导核心作用，把方向、管大局、促落实；以贯彻执行党的路线方针政策和上级党组织重要决定的重大措施，按照干部管理权限决定干部任免与奖惩，紧紧围绕业务抓党建实现以党建促业务发展。

在公司治理方面，从党委会、董事会、监事会、经理层、利益相关者等维度进行加强，提升企业管理市场化、法治化水平，为企业持续发展提供坚实的制度保障；确保"三重一大"有效落实，系统地处理好企业有效监督和灵活经营的问题。

（2）找准方向，有效规划战略选择。

紧紧围绕落实国家战略和提升核心竞争力的要求，强化战略规划的刚性约束和有效落实。

在战略管理方面，从战略规划、商业模式、主业管理、国际化经营、投资全周期管理等维度进行加强，紧紧围绕落实国家战略和提升核心竞争力的要求，完善战略管理、重视战略的引领作用，切实强化战略规划的刚性约束和有效落实；聚焦主业，强化对主业的资源配置力度；实施积极稳妥的"走出去"的国际化经营，有序融入世界产业链和创新生态圈，不断增强全球话语权和影响力，全面提升全球化资源配置和管理能力。

（3）强化管理，持续提升经营能力。

建立组织高效运行和卓越运营管理模式，持续提升财务的价值创造能力，持续提升自主创新能力，提升合规经营与抗风险能力，构建高效的人才管理机制，充分发挥信息化在提升综合竞争力中的驱动引领作用。

在组织管理方面，从总部组织管理、授权放权、组织流程机制、组织文化建设等维度进行加强，确保组织高效运行、快速响应；建立适合于业务发展特点的管理架构和权责分配体系；优化工作流程，构建规范化、标准化的流程体系；加强文化建设，着力培育传承国有企业优良传统、体现时代特征的企业文化，让企业充满生机，塑造良好企业形象，不断增强企业凝聚力、向心力和软实力。

在运营管理方面，从精益管理、供应链管理、营销与服务管理等维度进行加强，构建卓越运营管理模式；树立精益管理理念，并将精益管理运用到研发设计、生产制造、供应链管理、营销服务等全流程全链条；着力优化供应链管理，实现采购优质优价和全生命周期总成本最低；完善营销管理和用户服务体系，不断提升服务质量和品牌形象，提高客户忠诚度、满意度和全过程体验。

在财务管理方面，从一体化财务管控体系、财务资源、资本管理体系、市值管理等维度进行加强，持续提升财务的价值创造能力。构建一体化财务管控体系，实现精细化的财务管控，实现财务信息贯通和管控落地；充分挖掘和有效利用财务资源，持续优化资本结构，加强成本费用管控，不断提高资源配置效率；优化资本管理体系，有效利用多层次资本市场，通过股权运作、并购重组等多种方式，提高资本的流动性和回报率，促进国有资本保值增值；加强市值管理，依托上市公司平台有效整合资源、盘活存量资产，提高上市公司透明度，不断提升价值创造能力。

在科技管理方面，从科技创新战略规划、技术创新体系、协同创新水平、创新激励机制等维度进行加强，持续提升自主创新能力、构建企业持续发展的不竭动力来源；强化科技创新战略规划，强化新兴技术和战略必争领域前瞻性布局，加大研发投入，提升知识产权工作水平，打造长板优势；完善技术创新体系，通过研发平台建设、产学研用合作、积极融入全球创新网络、双创平台建设、共性技术研发平台和技术创新战略联盟等方式全面提升技术创新能力和创新效率；完善科技创新体制机制，强化人才引进、培养、考核激励机制，促进科技成果转移转化，营造良好创新生态。

在风险管理方面，从内部控制体系、合规管理、责任追究体系等维度进行加强，提升合规经营与抗风险能力，为企业稳定发展保驾护航；加强内控体系建设，构建全面、全员、全过程、全体系的风险防控机制；健全合规管理制度，推进合规管理全面覆盖、有效运行；加强责任追责体系建设，明确职责分工与工作流程，充分发挥警示惩戒作用。

在人力资源管理方面，从企业家精神、市场化选人用人机制、薪酬分配激励机制、人才培养和梯队建设等维度进行加强，构建高效的人才管理机制，为企业可持续发展提供最核心的人才资源保障；弘扬企业家精神、发挥企业家示范作用、造就优秀企业家队伍；充分发挥市场作用，围绕人力资源的获取、配合、利用保留和开发等核心环节持续探索创新，提高人力资源对企业战略目标的支撑作用；健全薪酬分配激励机制，深化推行岗位绩效工资制度，统筹运用多种中长期激励方式，充分激发员工的主观能动性和创造力；加强人才培养和梯队建设，把握不同类别人才特点因才施策，持续优化人才成长路径和队伍结构，全面提升人才队伍素质。

在信息化管理方面，从企业数字化智能化升级转型、内部业务数据互联互通、业务与信息化深度融合等维度进行加强，充分发挥信息化在提升综合竞争力中的驱动引领作用；以企业数字化智能化升级转型为主线，强化顶层设计和统筹规划，全面提升内部与外部客户体验和效率；实现业务数据互联互通，打通信息"孤岛"，统一基础数据标准；推进业务与信息化深度融合，实现业务流程再造，形成全面集成和经营管理一体化的信息化水平，为企业生产经营管理和产业转型升级注入新动力；实现高效率、高安全性的网络安全管理，确保不发生重大网络安全事件。

受样本企业比较少、自身经验与视野等原因所限，在中央企业的世界一流企业竞争力指标体系方面还存在很多待完善之处，需要在后续的实践之中继续完善与优化，使指标体系更能符合中国的国情特色以及更能适应中央企业的自身特点。同时，中央层面对创建世界一流企业的政策也在不断修订、完善的过程中，这对于构建世界一流企业竞争力指标体系将提出更加明确的要求和方向。

中央企业的世界一流企业竞争力指标体系是时代发展所提出的新命题，这跟很多新生事物类似，需要一个持续的迭代与升级过程，方可能形成一个既符合中央企业实际情况，又有很强的理论高度的指标体系。因此，在此过程之中，既需要中国学术界理论研究的突破，又需要中央企业的实践创新，更需要以国务院国资委为代表的政府部门高瞻远瞩的谋划、全方位的统筹推进。

国家能源集团创建世界一流示范企业的典型实践与对策建议

近年来，国有企业在管理基础与创新上不断强化，取得了很多积极成效，但是与世界一流企业相比，在管理制度、机制体系、执行力度等方面依然存在着诸多不足，进而对国有企业的发展质量和效益产生一定影响。在充分认识当今世界新形势的前提下，选取世界一流企业进行对标分析，对提升国有企业管理水平，提高核心竞争力具有重要意义。通过对标分析，企业可以通过补齐短板弱项和做强优势领域双管齐下，进一步加强管理体系和管理能力建设，促进国有资产保值、增值，推动国有资本和国有企业做大做强。

2019 年，国家能源集团入选国务院国资委提出的中央企业创建世界一流示范企业名单，作为"国有资本投资公司试点央企""央企创建世界一流示范企业"的能源骨干企业，不仅是国有经济的重要承担者，还与国家安全和国民经济命脉息息相关。该企业拥有煤炭、火电、水电、新能源、运输、化工等 8 个产业板块，具有较为独特的煤、电、路、港、航、油、化一体化和产、运、销一条龙发展模式，产业分布在全国 31 个省区市以及美国、加拿大等 10 多个国家和地区，是目前全球最大的煤炭供应商、火电运营商、风电运营商和煤制油煤化工生产商。全球规模最大的煤炭生产公司、火力发电公司、风力发电公司和煤制油煤化工公司，2021 年位于财富世界 500 强企业中第 101 位。在加快世界一流示范企业建设方面，集团确立"一个目标、三型五化、七个一流"企业发展战略，制定实施创一流推进方案及专项方案 20 余项，扎实开展对标世界一流管理提升行动。目前神东煤炭、准能集团、龙源电力被国务院国资委确立为管理标杆企业，一体化发展的能源企业生产运营协同调度系统入选标杆项目。

　　本章以国家能源投资集团有限责任公司为例，首先，利用前文研究形成的世界一流企业竞争力指标体系，选取法国电力集团 EDF（简称"法国电力"）作为国家能源集团的世界一流对标企业，同时将中国石油天然气集团有限公司、荷兰壳牌公司作为能源类对标企业，将航天科技、国投集团、美国电话电报公司等 10 家企业作为非能源类对标企业，通过对各企业 2018—2020 年竞争力衡量标准的比较分析，梳理国家能源集团的优势与不足；其次，对神东煤炭、准能集团、龙源电力等国家能源集团系统企业开展案例研究，梳理总结国家能源集团创建世界一流企业的有效路径和现实经验；最后，对国家能源集团创建世界一流能源集团的实践路径和重点工作举措提出意见建议。

一、总体工作部署

　　国家能源集团明确提出"一个目标、三型五化、七个一流"发展战略，其中，"一个目标"是指建设具有全球竞争力的世界一流能源企业，这既是对习近平总书记"培育具有全球竞争力世界一流企业",又是对党的十九届四中全会"增强国有经济竞争力、创新力、控制力、影响力、抗风险能力"重要部署的具体践行。"创建世界一流示范企业"是国家能源集团的阶段性目标,在此过程中,建立起一套科学的世界一流能源企业评价指标体系,并以"创新型、引领型、价值型"为导向确立了国家能源集团创建世界一流企业的主要目标。

1. 建设创新型企业

根据国务院国资委提出的创建世界一流企业"三个三"要求,国家能源集团致力于全球行业领军技术研发与应用、智慧化企业建设、改革与管理创新、一流人才建设等,尤其是更要关注国家能源集团两大支柱产业的发展。对于煤炭产业,要以全球行业领军者为目标,坚持安全发展、清洁发展、高质量发展,长期保持全球第一、国内第一。近期目标是建成世界一流示范煤矿,安全治理体系更加完善、价值创造水平持续引领、生态环保动态达标、智能开采基本实现,煤炭产业高质量发展初见成效,如建成20处世界一流示范煤矿,20处国家级绿色矿山,4处以上智能矿山;拥有一批核心技术成果、一流产品品牌,在全球的行业影响力和话语权进一步增强。长期目标是煤炭产业实现世界一流,煤炭产业高质量发展基本实现。

对于火电产业,要以全球行业领先者为目标,加快产业布局优化和产能结构调整,做好"煤电大事",打造"绿色电站"品牌。近期目标是装机规模、营业收入、利润总额居世界可比企业前列;超临界机组容量占比超过60%,百万千瓦级机组达到39台,煤电机组供电煤耗同类占比领先;煤电机组主要污染物排放绩效世界领先;火电产业实现本质安全、清洁高效、创新引领、管理规范的高质量发展。长期目标是安全环保管控水平、市场竞争力、运营智能化水平、风险防控能力全球领先;境外资产规模不断扩大，具有显著的品牌影响力和话语权，并建成一批世界领先的火电企业，集团的火电产业成为全球火电行业的领先者。

科技环保产业是国家能源集团未来发展的新引擎。创建一流企业，应强化创新驱动，加强重大科技攻关，提升节能减排水平，提高治污能力水平，推动传统产业转型升级，打造国家能源集团战略新兴产业的培育孵化平台。长期目标是形成一批具有市场竞争力的核心技术，科技成果转化优势明显，节能、环保进入国内第一方阵，形成以能源领域为核心的科技环保全产业链的一体化运营模式，并为国家能源集团支柱产业提供保障。

2. 建设引领型企业

根据国务院国资委提出的创建一流企业"三个三"要求，致力于党的建设、发展战略、全球资源配置、话语权和影响力、品牌形象等方面，以一流党建引领一流企业建设，国家能源集团发展战略契合"四个革命、一个合作"能源安全新战略和全球能源发展趋势，并重点推进新能源产业和化工产业的发展。

新能源产业是国家能源集团绿色发展的主攻方向。创建世界一流企业，应加大优质项目开发，巩固风电领先优势，做大做优光伏，积极推动氢能、储能、海洋能等战略性新兴产业，基本确立新能源产业的全球领先地位。新能源板块国际竞争力明显提升，获得全球能源领域和国际资本市场的认可；风电、太阳能等新能源规模增长20%以上、风电装机保持全球首位；着力培育世界一流水平的新能源公司，在风电场、光伏电站层面建成一批世界一流水平的示范单位。

化工产业是国家能源集团煤炭清洁高效利用的重要途径。创建一流世界企业，应强化提升煤制油化工产品及技术的全球引领优势，进一步延长产业链、提升价值链，加大塑料降解产业的研发力度，实现差异化、精细化和高端化发展。近期目标是达到每年煤制油530万吨，煤制烯烃380万吨，煤制乙醇 40 万吨的产能；建立一套符合煤制油化工产业特色的评价指标体系，示范企业全部达标并保持行业领先；煤制油化工产业在规模、效益、资源利用效率指标均优于行业基准值；煤直接液化、浆态床煤间接液化和煤制烯烃三大主要产业领域保持技术领先、规模领先、效益领先、安全领先、环保领先。

3. 建设价值型企业

根据国务院国资委提出的创建一流企业"三个三"要求，主要涉及运营和投资效率领先、经济效益领先、清洁化发展、履行社会责任典范等方面，具体目标为：实现国务院国资委考核 A 级，国有资本保值增值率不低于 115%；实现营业收入超过 5500 亿元，净利润超过 500 亿元，经济增加值（EVA）超过 100 亿元；新能源发电装机增长率不低于 20%；建成国家级绿色矿山不少于 20 处，火电机组污染物排放控制水平达到世界一流水平。在挖掘国家能源集团产业价值方面，除煤炭、火电、新能源等核心产业外，水电产业、运输产业和金融产业也需要国家能源集团重点推进，为公司增加效益。

水电产业是国家能源集团清洁绿色发展的重要方向。国家能源集团应科学有序发展水电，加大项目储备，加强优化设计，加快优质项目开发，强化生产经营管理，不断提升水电装机规模和质量效益，增强行业话语权和影响力，推动水电产业健康可持续发展。近期目标是水电装机达到 1875 万千瓦，核准开工 600 万千瓦，年发电量约 690 亿千瓦时。中期目标是在净资产收益率、全要素生产率、劳动生产率等指标方面显著缩小与先进企业的差距，部分指标达到行业领先水平。长期目标是将国家能源集团水电产业打造成管理一流、效益稳定、生态和谐的清洁能源品牌，成为集团绿色发展的重要支柱产业。

运输产业是国家能源集团效益的重要源泉和煤电一体化优势的重要保

障。按照国家能源集团《关于建设现代化运输产业的指导意见》要求，持续提升运输产业的核心竞争力，打造安全智慧高效绿色的现代化运输大动脉、提升一体化保障力。近期目标是基本建成具有全球竞争力的世界一流运输产业，将朔黄铁路、黄骅港务打造成具有世界一流水平的运输企业，培育朔黄铁路原平分公司、朔黄铁路肃宁分公司等 6 个基层单位成为具有世界一流水平的示范单位。长期目标是价值创造能力、智能重载运输技术、运营管理水平达到世界一流水平；运输规模、社会化服务、节能环保方面进入世界前列；智慧重载运输技术、运输管理体制改革力争取得突破。

金融产业是推动国家能源集团高质量发展的重要支撑和利润增长的重要来源。国家能源集团应坚持产业金融的定位，持续提升服务国家能源集团发展战略、服务国家能源集团主业的能力，完善管控体系，防范金融风险，产融结合、产融协同、以产兴融、以融促产。近期目标是初步建立起适应和支撑国家能源集团实体产业创新驱动发展的金融矩阵；保持现有高水平全系统资金归集率，基本解决"存贷双高"问题。重点任务是深化体制改革，加快推进金融板块重组整合；持续提升服务主业能力，以融促产，逐步形成支持国家能源集团主业创新与产业升级的投资机制和中介服务体系。

国家能源集团在创建世界一流企业的过程中，国有资本投资公司改革试点、混合所有制改革、三项制度改革等取得明显成效，人才队伍结构合理、充满活力，管理效能明显提升，一体化运营优势得到最大限度发挥。到 2030 年，全面建成具有全球竞争力的世界一流能源集团，成为创新型、引领型、价值型的世界一流能源企业；到 2050 年，国家能源集团成为综合实力、全球行业话语权和国际影响力全面领军的现代能源企业。

二、对标分析

1. 对标单位选择

按照对标选取的完备性、可比可得、独立、动态调整等基本原则，我们以全球企业为坐标系，基于财富500强、普氏能源250强等主流企业排行榜单，选取本领域本行业的世界一流企业进行对标。总体按照规模相当、产业结构相似、企业先进程度总体一致等原则来进行对标单位选择，最终选定法国电力集团（EDF）作为国家能源集团的核心对标单位。主要考虑以下几点。

第一，从企业性质看，国家能源集团与法国电力均属国有企业。法国电力成立于1946年，2005年整体上市，为国有控股企业，2019年底法国政府持股83.6%。国家能源集团是国有独资企业。

第二，从主营业务看，国家能源集团与法国电力具有一定可比性。法国电力涵盖电力发输配售一体化、天然气供应、工程设计与咨询服务等，在核电领域享誉全球，同时在新能源、水电、能效管理、能源服务等领域也具有强劲竞争力。此外，还积极参与电动车能源供应服务。国家能源集团以煤炭和发电为主业，拥有独特的煤电路港航油一体化和产运销一条龙发展模式，加快新能源高质量发展，拓展金融、科技环保等领域发展。

第三，从规模看，国家能源集团与法国电力资产规模、营业收入基本相当。截至2020年底，法国电力资产总额2.37万亿元，年营收5447亿元，2020年世界500强排名第110位。国家能源集团资产总额1.75万亿元，营收5561亿元，2020年世界500强排名第101位。

第四，从行业地位看，国家能源集团与法国电力均为行业领先企业。法国电力是欧洲最大的能源公司，也是全球低碳能源的引领者。截至2019年底，法国电力总装机容量1.223亿千瓦，核电、水电以及新能源装机占比合计达到 84%，EDF 碳排放强度为 55gCO$_2$/kWh。国家能源集团是全球最大的煤炭供应商、煤电运营商、风电运营商和煤制油煤化工企业。总装机容量 2.46 亿千瓦，煤炭产量 5.15 亿吨，销量 6.7 亿吨，煤制甲醇生产能力 884 万吨 / 年，煤制油 526 万吨 / 年，煤制烯烃 388 万吨 / 年，但清洁能源装机比重偏低，仅为 25.8%，碳排放水平高。

同时，我们也选入了业内比较公认的优秀能源企业——中国石油天然气集团、荷兰壳牌公司与法国电力集团一起，作为能源类企业的代表，选取航天科技、国投集团、美国电话电报公司等 10 家企业作为非能源类企业的代表，与国家能源集团进行了对标，通过对各企业 2018—2020 年竞争力衡量标准的比较分析，梳理国家能源集团的优势与不足（对标报告见附件 1 ）。

2. 对标结果

通过国家能源集团与法国电力集团的对标，我们发现，国家能源集团与法国电力集团均属于电力行业的龙头企业，但二者有较多明显的业务差异，例如，国家能源集团的电力业务以煤电为主，法国电力集团以核电为主；国家能源集团的主要服务对象以中国本土为主，法国电力集团的主要服务对象以法国本土、欧洲为主并辐射全球其他多个地区。该等差异本身，会带来部分指标的差异性，如绿色发展方面的能耗和温室气体排放、跨国性等。

国家能源集团的全球影响力、科研创新力方面，与法国电力集团各有优劣，在行业领导力、资源配置力方面，国家能源集团整体表现领先；但在环境持续力方面，国家能源集团整体表现落后，但已明显表现出稳中向好的趋势。

2020 年，对比法国电力集团，国家能源集团领先的指标有 12 项：年度万人专利申请量、营业收入、三年年均收入增长率、总资产周转率、存货周转率、人均净利润贡献、净利润、营业净利率、净资产收益率、资产负债率、公益慈善捐赠占收入比重、世界 500 强品牌排名。国家能源集团落后的指标有 7 项：跨国指数、研发投入强度、全员劳动生产率、营业收入利润率、流动比率、万元产值综合能耗、万元产值温室气体排放量。

总的来看，国家能源集团虽然在研发效率和效果、营业收入、年均收入增长率、组织效率、人均净利润贡献、盈利能力、社会责任方面具有一定优势，但与对标企业法国电力相比，在国际资源配置、研发投入强度、产业收入排名、全员劳动生产率、抗风险能力、绿色发展方面还有明显的差距，仍需要国家能源集团结合自身发展确立合理的发展战略，有效实施对标提升行动方案，不断加强企业组织管理、风险管理、财务管理、运营管理和人力资源管理等能力。

通过国家能源集团与法国电力集团、中国石油天然气集团、荷兰壳牌公司等 3 家能源类企业对标，我们发现，国家能源集团整体处于上、中、下的位置均有：在产业影响力、组织效率、人才效能、盈利能力、抗风险能力等方面，国家能源集团整体处于偏上的位置；在国际资源配置、科技创新方面，国家能源集团整体处于中等的位置；在绿色发展、社会责任、品牌影响力方面，国家能源集团整体处于偏下的位置。

2020 年，对比其他 3 家能源类企业，国家能源集团位列首位的指标有 6 项：三年年均收入增长率、存货周转率、人均净利润贡献、净利润、营业净利率、净资产收益率。国家能源集团位列中间的指标有 8 项：世界500 强品牌排名、研发投入强度、年度万人专利申请量、营业收入、总资产周转率、全员劳动生产率、营业收入利润率、资产负债率。国家能源集团位列末位的指标有 4 项：跨国指数、流动比率、万元产值综合能耗、万元产值温室气体排放量。

通过国家能源集团与军工类（航天科技集团、美国波音公司）、装备制造类（国机集团、美国卡特彼勒公司）、电子信息类（中国移动通信集团、美国电话电报公司）、国有资本投资类（国投集团、美国凯雷投资集团）、国有资本运营类（诚通控股集团、美国丹纳赫集团）等 5 个行业的 10 家非能源类企业对标，我们发现整体上国家能源集团无明显领先或落后的表现，以居中为主。

2020 年，对比其他 10 家非能源类企业，国家能源集团位列前三的指标有 6 项：世界 500 强品牌排名、营业收入、存货周转率、净利润、营业收入利润率、安全投入占收入比重。国家能源集团位列中间的指标有 10 项：跨国指数、研发投入强度、年度万人专利申请量、三年年均收入增长率、总资产周转率、人均净利润贡献、营业净利率、净资产收益率、资产负债率、公益慈善捐赠占收入比重。国家能源集团位列后三的指标有 4 项：全员劳动生产率、流动比率、万元产值综合能耗、万元产值温室气体排放量。

国家能源集团与法国电力集团、能源类企业、非能源类企业三个维度的指标对比发现，见表 5—1：

表 5—1　2020 年国家能源集团与法国电力集团、
能源类和非能源类企业指标对比

	指标分类	指标名称	与法国电力集团	与能源类	与非能源类
三个领军	国际资源配置	跨国指数	□	☆	☆☆
	科技创新	研发投入强度	□	☆☆	☆☆
		年度万人专利申请量	■	☆☆	☆☆
	产业影响力	产业收入排名	—	—	—
		营业收入（亿元人民币）	■	☆☆	☆☆☆
		三年年均收入增长率	■	☆☆☆	☆☆

续表

指标分类		指标名称	与法国电力集团	与能源类	与非能源类
三个领先	组织效率	总资产周转率	■	☆☆	☆☆
		存货周转率	■	☆☆☆	☆☆☆
	人力效能	全员劳动生产率	□	☆☆	☆
		人均净利润贡献万元 /（人·年）	■	☆☆☆	☆☆
	盈利能力	净利润（亿元人民币）	■	☆☆☆	☆☆☆
		营业收入利润率	□	☆☆	☆☆
		营业净利率	■	☆☆☆	☆☆
		净资产收益率	■	☆☆☆	☆☆
	抗风险能力	流动比率	□	☆	☆
		资产负债率	■	☆☆	☆☆
三个典范	绿色发展	万元产值综合能耗（吨标煤）	□	☆	☆
		万元产值温室气体排放量（吨二氧化碳当量）	□	☆	☆
	社会责任	安全投入占收入比重	—	—	☆☆☆
		公益慈善捐赠占收入比重	■	—	☆☆
	品牌影响力	世界 500 强品牌排名	■	☆☆	☆☆☆

注：国家能源集团：1. 与法国电力集团对比，高于法国电力集团为■，低于法国电力集团为□；2. 与能源类企业对比，排名位列 4 家公司首位给☆☆☆，排名位列中部两位给☆☆，排名位列末位给☆；3. 与非能源类 10 家企业对比，排名位列前三给☆☆☆，排名位列前三和后三之间给☆☆，排名位列后三给☆；4. 产业收入在上表可比性不强；5. 安全投入占收入比重和公益慈善捐赠占收入比重在上表与部分企业可比性不强。

三、路径探索

我国能源的高质量发展离不开能源企业的高速发展，企业发展的主题是加强管理，而管理的有效途径是对标提升。国家能源集团以对标提升为契机，系统推进集团发展战略落地，实施一系列加快建设具有全球竞争力的世界一流能源集团的具体行动方案，推出以"清洁化、一体化、精细化、智慧化、国际化"为路径，整体推进运营水平升级。运营是企业发展商业模式的关键，一流的运营能力和水平是建设世界一流企业的重中之重。结合之前的对标分析结果，我们认为，国家能源集团需结合自身实际，抓住全球能源发展机遇，扬长处、补短板、强弱项，从以下五个方面展开提升工作。

1. 战略引领，推进产业清洁化

国家能源集团通过加强战略引领，强化战略思维、拓宽视野角度，提升战略管理水平，把内部形势与外部环境结合起来，把解决具体问题与解决深层次问题结合起来，把局部利益与全局利益统一起来，把近期需要与长远规划统一起来，对战略管理的方法与流程进行优化和完善，并重点研究煤炭资源接续、煤电稳健发展、煤化工转型发展、清洁可再生能源优化发展以及清洁能源和战略性新兴产业布局方向，提高清洁能源规模及占比和污染物排放绩效等。坚持自我开发与兼并收购并举，扩大有效投资，聚焦主业，顺应经济发展趋势，加大结构调整和转型升级力度。坚持煤炭绿色开采，推进煤炭全生命周期、全产业链的清洁利用，实现传统能源清洁化和清洁能源规模化发展。

2. 产业协调，完善产业一体化

一体化运营是国家能源集团产业的核心竞争力，加强产业协调、市场协同、统筹平衡，发挥协同效力，实现国家能源集团利益最大化。一是应巩固集团一体化优势，加强产业协同运行监管。强化资源共享、深度合作、低成本运营；拓展一体化新内涵，完善集团一体化管理模式，从管理制度、采购制度、考核机制和企业文化等引导内部产业协同；打造世界一流的生产运营指挥调度体系，使得产业链上下游无缝衔接，实现集团各产业板块的高效协同和高质量一体化运营。二是加强国家能源集团核心产品营销工作。对于煤炭营销，应制定煤炭营销规划和策略，建设覆盖面广、多层级的市场分析和营销决策支持系统，完善煤炭中长期协议机制和管控体系，创新煤炭贸易模式和交易体系。对于电力营销，制定电力营销规划和策略，建设、完善电力营销信息系统，做好电力市场分析；加强体制机制，研究推进电力营销区域一体化，建立健全各电力板块间协同营销机制。对于化工品营销，优化化工品市场信息研究体系；加强化工品物流体系建设，完善化工品营销网络和营销制度体系；引导各单位在市场信息、物流仓储、价格管理等方面建立对标机制等。三是加强一体化运营服务支持产业的协同运作。基于集团效益最大化原则，围绕国家能源集团产业体系，一方面是推动金融资源在产运销各环节的科学调度和高效配置，通过满足集团实体产业项目投资、资本运作、国际化运营等金融服务需求，发挥金融服务的支撑作用；另一方面是加大科技环保产业的基础研究和研发投入，鼓励和支持科技环保新产品和新技术的应用推广，通过一体化协同运作，降低交易成本，提高协同效率，充分发挥科技环保产业对集团主业的支撑和服务作用。四是规范物资采购管理。构建"集中统一、廉洁高效、智慧协同、保障有力"的采购与物资管控体系；加强采购业务标准化、制度化、规范化、信息化建设；强化质量管控与考核，优化物资存库结构，并推进智能化仓库建设。

3. 对标对表，推进企业管理精细化

倡导业务精益求精，崇尚管理精准细严，完善制度与流程，促进企业系统化、法治化、精细化运行，保证质量、提高效率、降低成本。首先，

深入开展对标，加强公司治理。优化管理制度和流程，注重价值创造，强化关键指标管控，提高全员劳动生产率和流程效率等；以国家能源集团内外部先进企业为标杆，加强先进管理、先进技术的交流和推广；强化考核管理，推动"精益求精、止于至善"的精细化管理理念融入企业文化。规范国家能源集团董事会建设，完善子公司董事会运作制度，落实董事会职权，推行"以专为主，专兼结合，外部补充"的派出董事模式，建立健全派出董事选聘、考核与培训机制，并建立健全派出董事人才库等。其次，强化财务管理工作，提升财务管理资源配置能力。加强财务标准化、集约化和信息化建设，持续优化财务集中管控模式，提升财务信息质量、财务监督管理水平和决策支持能力；以财务共享服务为抓手，聚焦"安全、合规、集约、高效、增值"，构建会计集中核算、资金集中结算、账户集中管理的"三集"新模式；强化结构性降杠杆、减负债、压"两金"工作，优化融资结构，切实解决"存贷双高"问题；重组财务公司，充分发挥资金归集、结算、监控、服务四个平台的作用，最终形成以集中管控、价值创造为特征的世界一流集团型财务共享体系。再次，推进项目发展精准化和工程建设精细化。完善机会发掘、研究咨询、投资决策、项目实施"四步"开发机制，把控影响质量和效益的薄弱环节与关键点，把控好"组织管理关"和"关键环节验收关"，努力把每一个项目都打造为安全可靠、指标一流、绿色环保的高质量精品工程。最后，推进法治工作建设。完善法治工作机制体制，加快两级法务平台、完善信息化平台建设，形成区域法律资源共享、业务协同新机制等，全面提升依法治企能力，打造"法治国家能源集团"。

4. 加快信息化建设，推进企业智慧化

贯彻落实国家能源集团《关于加强网络安全和信息化工作的指导意见》，研究区块链技术应用，推动国家能源集团在资源配置、业务运营、决策机制、组织架构、商业模式等方面的数字化转型。一是构建企业智慧管理体系。遵照"六统一、大集中"的原则，建设世界一流的全业务链智慧系统；优化实施 ERP 系统为核心的一体化经营管控平台，建立健全国家能源集团战略管控平台，打造协同调度平台，建设贯通产供销一体的电子商务模式；推动产业链、价值链、供应链、资金链的有效对接联动，实现信息融合、数据共享、业务集成支撑下的管控纵向贯通、产业横向协同，为创新业务模式赋能。二是构建企业智能生产体系。推动信息化与能源生产深度融合，充分应用信息新技术升级改造传统产业，推进企业生产方式、工艺流程、生产装备的自动化、信息化和智能化；研发和应用新技术，创新驱动全产业转型升级，培育发展新动能，占领"互联网＋清洁能源"技术制高点；建设和推广智能矿山、智能电站、智能运输、智能化工等工程，推动能源综合利用服务和能源互联网建设，全面提升企业生产的质量和效率，建设一流智能生产企业。三是构建企业智能支撑体系。首先，构建统一的信息化基础支撑平台。以"业务云端化、数据资源化、服务智能化"为建设目标，统一部署大数据、物联网等基础平台，构建基于云端协同的"国家能源集团智慧云"，支持国家能源集团全面实现数字化、智慧化。其次，构建智慧企业数据智能支撑体系。建设多产业统一的生产经营数据感知、聚集、存储、应用的智能运营监测中心，对内外部数据资源进行统一管理和利用；通过数据监控企业生产运营状态，提升生产效能和安全管理能力，构建数据驱动的业务闭环和管理变革，推动企业数字化转型；开展人工智能研究，搭建人工智能基础平台，推进国家能源集团人工智能应用建设。最后，构建安全可靠的智慧化网络支撑。落实国家网络和信息安全法律法规，实施网络安全等级保护制度，推进关键信息基础设施保护能力建设；基于"大集中"原则，综合运用先进技术，统一建设网络安全态势感知及监管平台，优化内部贯通、联动联防的纵深防御体系；进一步推进清洁能源大数据安全技术研究中心实验室建设，推广应用工控安全防护系统，国家能源集团网络安全实现自主可控。

5. 加强合作与交流有序推进国家能源集团国际化

围绕国家总体外交战略，洞悉国内外能源行业发展趋势，结合国家能源集团自身发展需要，有序推进国际业务，加强国际合作与交流，持续提升国家能源集团的话语权和影响力。第一，加强顶层设计，研制国家能源集团中长期国际化发展战略及相应行动方案，提升国家能源集团的国际资源配置。第二，整合内外部资源，完善国际业务管理体系，建立协同有序的国际化经营风险长效管控机制，并构建境外投融资、资金归集、外汇风险管理服务平台，不断提升抗风险能力。第三，及时总结海外项目成功经验，建立交流共享机制，推动一批示范项目的建设，如继续深耕印度尼西亚、加拿大、南非等市场，拓展风电、煤电、煤炭等投资区域，全面推进国家能源集团国际化水平整体提升。第四，以技术经济研究院、新能源研究院、低碳研究院等为载体，建设能源领域的高端智库，参与能源管理；深化与国际组织的合作，发布全球性权威能源报告，参与相关国际标准、规则制定；积极参加外交活动，代表中国企业、能源行业提出中国见解，讲好国家能源集团故事，促使国家能源集团国际形象和品牌知名度显著提升，助力建设国际一流能源企业。

四、国家能源集团创建世界一流示范企业的典型实践

1. 神东煤炭集团：发挥大专业化服务优势，建设世界一流示范企业

神东煤炭集团（以下简称神东）是国家能源集团的骨干煤炭生产企业，地处陕、蒙、晋三省区能源富集区，主要负责集团在神府东胜煤田骨干矿井和山西保德煤矿，以及配套项目的生产运营。自 1984 年神东矿区开发

建设以来，神东煤炭秉持"艰苦奋斗、开拓务实、争创一流"的神东精神，始终坚持规模领先、效率优先，市场占有率、经济效益和品牌知名度位居煤炭行业前列，成为行业发展的风向标。神东煤炭现已建成千万吨矿井群、2亿吨煤炭生产基地，为我国大型煤炭基地建设作出神东示范。截至2020年底，保有资源储量123.3亿吨，剩余可采储量77.1亿吨，累计生产煤炭31.04亿吨，实现利税4535.72亿元，其中利润总额2596.88亿元、缴纳税费1938.84亿元。资产总额1230亿元，实际运营资产342亿元，企业多项技术经济指标达到国内第一、世界领先水平，为公司创建世界一流示范企业奠定良好基础。

神东煤炭认真贯彻落实党中央和国家能源集团党组决策部署，坚决践行国家能源集团"一个目标、三型五化、七个一流"发展战略，坚持清洁低碳、安全高效和绿色智能发展，以煤炭生产专业化、经营管理精益化和煤矿建设智能化为抓手，走绿色发展和人才强企之路，重点推进煤炭安全生产、提质增效、创新驱动、绿色转型、干部人才建设和党建等各项工作，在煤炭行业充分发挥大专业化服务优势，为国家能源集团建设成具有全球竞争力的世界一流能源企业而努力奋斗。

（1）煤炭生产专业化。

煤炭生产是神东的主业，规模化安全生产、专业化服务与管理是神东的强项，也是神东煤炭发展的基因，以下将从煤炭安全生产和专业化管理模式两个方面具体阐述神东如何走精干高效安全发展之路。

第一，始终强化安全生产意识。首先，神东长期坚持安全发展，坚持"生命无价、安全为天""瓦斯超限就是事故""无人则安"等安全理念，扎实开展安全生产专项整治行动，建立并动态更新"两个清单"，持续推动矿长、队长、班组长"三长"联动抓安全，全面提升了现场安全管理水平。其次，神东严格落实安全管理责任，坚持"管生产必须管业务、管业务必须管安全"原则，落实"党政同责、一岗双责、失职追责"，对从公司领导到岗位操作人员实行分级管理、分线负责的五级安全生产责任体系。最后，神东首创煤矿风险预控管理体系，对岗位、设备故障、系统、区域安全风险开展常态化评估，制定重大风险管控清单，构建了点、线、面风险管控体系，目前风险防控体系全网覆盖神东，为神东的安全发展奠定基础。此外，神东也不断加大对安全科技和装备改善的资金投入，全面提升系统的安全保障能力，培育具有特色的安全文化。

通过安全生产现场控制、生产问题追责以及建立风险防控体系等，神东的百万吨死亡率控制在 0.005 以下，创出了连续安全生产 975 天、产煤5.1 亿吨最高纪录，煤矿百万吨死亡率、千人负伤率和职业健康等关键指标赶超世界先进水平，树立了行业标杆。

第二，推行大专业化生产管理模式。神东煤炭采用"做实煤矿主业、做精专业化服务、做强世界领先"发展思路，聚焦主业、集中力量、发挥优势。神东煤炭提出了"四条线"（基建生产、辅助生产、生活服务、多种经营）的管理思路，具体做法如下：首先，神东将综采搬家、生产准备、洗选装运等业务进行剥离，建立了专业化服务体系，促进矿井专注煤炭生产。其次，煤矿负责井下生产，专业化单位负责开拓准备、搬家倒面、洗选加工、设备配套和维修、后勤服务等业务，集中人才、资源等优势，提高了设备、人员工作效率。最后，神东将专业化与社会化相结合，以"市场化"为导向，将非关键环节、技术含量低的非核心业务，实行服务外包，降低管理成本，提升运营效率。

在全面总结完善内部"专业化、市场化和社会化"运营模式上，主动对接外部市场，多方位推进对外专业化服务，力争为同行业提供生产、技术和管理等全方位解决方案，推动企业由生产型向生产服务型转变，努力把专业化队伍的优势转化为发展优势和竞争优势，持续保持行业领先水平。

（2）经营管理精益化。

第一，始终坚持效益优先发展。神东坚持把精益高效作为一切生产经营活动的出发点和落脚点，开展精细化管理活动，持续提升经营质量，增加企业效益。首先，从细从实提质增效，强化煤质全过程现场管控，实施矿井、洗煤厂和化验室单元链考核，并积极对接市场需求，提升原煤入洗率，细化产品结构，优先高附加值煤种发运，确保公司效益最大化。其次，从严从紧管控成本，强化"两利三率"考核，注重发挥预算引领和约束作用，制定落实降本增效措施，加大月度量本利考核兑现，强化成本关键要素控制，确保除业务量、生产接续变化等造成的成本变动外，其他成本费用不增加。最后，从精从细管理资产，对标先进企业，优化固定资产管理系统，应用"大云物移"新技术和二维码资产标签，实现资产从入库、领用、使用到报废清理的全生命周期监控管理，同时严格控制保险成本，构建完善的资产安全保障体系。此外，公司在技术创效和管理创效方面也取得显著成效，使得掘进成本和"两金"净额都有所下降。

第二，实施市场化运作与精益化运营。神东在大专业化管理模式的基础上，构建覆盖全公司核心业务的"五级四层"劳动定额体系，横向以矿井为中心，将内部定额价格标准与市场价格接轨，生产过程中每道工序、工艺和每一种物品、材料进行定额标价，专业化单位与矿井单位建立契约式服务网络；纵向实行量化包干结算机制，公司对矿井、矿井对区队、区队对班组、班组对岗位工按照市场规则逐级核算、考核、奖罚兑现，深入挖掘管理潜力，形成公司内部运行机制健康发展的良性循环，而且将党建引领权重调增到20%，用考核指挥棒推动党建工作与生产经营融合促进。为持续消除生产过程中的损失浪费，提高企业运营效率，将精益管理理念融入企业经营实践。以"提高生产效率"为目标，通过现场的精益生产、精心组织、精细管控，最大限度地提高生产效率和运营效益，不断降低运营成本，实现公司整体运营效率和效益稳步提高，进而为高质量发展提供经济基础。

（3）煤矿建设智能化。

第一，科技创新构筑未来竞争新优势。神东坚持创新发展，探索形成了"五高四化"神东模式，创立了千万吨矿井建设与生产技术体系，构建了"两个体系、一个平台"的科技创新组织架构，创造了新纪录百余项，获得国家科技进步奖8项，授权专利1210项，为行业发展提供了神东方案。创新使神东煤炭一直站在采掘技术前沿，"国字号"的8.8米超大采高智能工作面创日产原煤6.55万吨世界纪录，不到一年半时间，安全回采1854万吨煤炭，赋予了神东高产高效新内涵。

创新在安全生产和井下清洁运输方面也取得显著成效，如成功研发"神东煤炭集团井下煤矿逃生通道及紧急避险逃生技术与装备"，集合了车载救援提升系统及安全控制技术及新型井下快速接力逃生技术，这项成果不仅完善了国内紧急避险装备的技术不足，还降低了井下避险设施建设的投入成本；神东煤炭另一个有开创性的科技创新重点项目是让电动汽车开到井下，发挥了矿用电动车"零排放、低能耗、低噪音、低故障、高寿命、易维护"的强大优势，改善了矿井作业环境，开启了井下辅助运输新时代。此外，大断面巷道智能化快速掘进成套装备研制、井下履带式探测机器人等重大创新项目也在扎实推进。

第二，推进数字化和信息化管理融合。创新是神东煤炭发展的最强引擎，创新理念从不局限于技术，而是渗透于企业管理的各个方面，促使信息化、数字化和智能化矿山建设从蓝图转向实景。神东研发将智能照明系统应用在地面厂房和煤矿井下，与矿井人员定位系统融合，实现人员定位和"一网一站"通信，使得这两大系统形成互通互补关系。神东研发移动生产控制平台和智能电动防爆巡检车，实现"移动巡检"，而且实现井下 4G 无盲区全覆盖，并构建了矿区全时全融合数据仓库，创建了数据共享、信息互通的矿井综合数字化管理平台，数字化和信息化管理融合效果显著。

神东煤炭制定了智能矿山建设实施方案及智能化选煤厂建设技术规范，建成 15 个智能综采工作面，1 个智能化选煤厂，智能掘进工作取得突破性进展，此外，"神东牌"智能化无人割煤机新技术亮相国际展览，这些成果不仅推进信息化、数字化、智能化与安全生产融合，还向世人展示了神东人的不懈追求与探索，彰显了中国制造、民族工业的底气与自信。

（4）绿色发展之路。

神东矿区自开建以来，坚持开发与治理并重，走出了一条神东绿色发展之路，逐渐将神东建设成为以"生态矿区、绿色矿井、清洁煤炭"为特征的大型煤炭基地，具体建设措施主要有以下三个方面：一是打造生态矿区，通过构建"三期三圈"生态环境防治体系，建立采煤沉陷区生态修复技术体系，培育生态经济产业链条，构建了持续稳定的生态系统，使得 13 座煤矿全部达到绿色矿山建设标准，成为国家生态文明工程和全国唯一的采煤沉陷区科技示范园；二是建设绿色矿井，坚持"源头减少、过程控制、末端利用"理念，通过创新技术与管理对煤炭生产中产生的废气、废水、废渣进行治理，全面建设绿色矿井；三是生产清洁煤炭，所有矿井配套建设选煤厂，原煤全部清洗，并采取在线监测、自动取样检验等措施，对煤质全过程全流程控制，确保产品优质、清洁。

（5）人才强企之路。

神东始终坚持向生产一线、向关键核心人才、向苦脏累险岗位倾斜，向价值高、绩效优、技能高的岗位倾斜的分配原则，薪酬激励机制更加健全，发挥了价值创造和业绩贡献的正确导向作用，走出了一条"人才强企"

之路，具体举措包括以下几个方面：一是加大人才培养力度，神东建立了公司、矿井、区队、班组四级培训体系，针对性开发培训课程，通过脱产培训、考察办学和联合办学等实施订单式培养，有针对性地优化劳动用工；二是加强领导干部考核管理，考核结果与评先、培训、提拔挂钩，促进领导干部履职尽责，并完善"一领三创"组织绩效管控体系，实施关键指标离差和联动考核，促进了战略落地；三是实施多元化激励，通过岗位梳理与评价，确立了以岗位价值为基础、凸显个人能力、收入与业绩贡献挂钩的薪酬分配体系，加大技术和管理创新奖励力度，通过培养劳模、成立高技能人才工作室等方式鼓励员工岗位成才。此外，神东还向其他子分公司输送各类专业管理技术人才，锻造出一支技能领军型人才队伍，塑造了新的神东人形象。

（6）开启二次创业新征程。

经过30多年的稳步发展，神东已成为世界煤炭企业的领跑者。迎着新时代的曙光，神东以党的十九大精神为指引，坚持贯彻落实能源战略和树立行业发展新理念，顺应煤炭行业"安全、高效、绿色、智能"时代发展潮流，全面开启"二次创业"新征程，以建成一流煤炭企业为目标，构建神东煤炭集团发展新格局。未来神东仍需深入推进对标管理提升工作走实走深，借鉴吸收不同行业、企业的先进理念和经验，在智能矿山建设、绿色开采、低碳发展等关键领域创新突破，解决行业转型发展难题，提升神东话语权和影响力，构建引领煤炭行业发展的新格局。未来神东仍需做大做优做强煤炭企业，保障国家能源安全，积极落实碳达峰碳中和目标，构建服务国家及区域发展战略的新格局，最终在国家能源集团创建世界一流示范企业的实践中谱写神东新篇章！

2. 龙源电力集团：专注新能源业务，创建世界一流示范企业

龙源电力集团股份有限公司（以下简称"龙源电力"）成立于1993年，

当时隶属国家能源部，后历经电力部、国家电力公司、中国国电国家能源集团，现隶属于国家能源集团。2009 年，在香港主板成功上市，被誉为"中国新能源第一股"。目前，龙源电力已发展成为一家以开发运营新能源为主的大型综合性发电集团，拥有风电、光伏、生物质、潮汐、地热和火电等电源项目，构建了业内领先的新能源工程咨询设计、前期开发、发展研究、行业公共服务、碳资产开发管理、职业培训、网络安全等十大技术服务体系，业务分布于国内 32 个省区市以及加拿大、南非、乌克兰等国家。截至 2020 年底，公司拥有 35 家发电企业及 6 家专业化技术服务公司，控股装机 2468 万千瓦，清洁能源占比 92%，其中风电装机 2230 万千瓦、风电场 389 个、风电机组 13610 台，自 2015 年以来，连续保持世界第一大风电运营商地位，公司也曾荣获全国文明单位、全国五一劳动奖状、中国证券金紫荆奖最具投资价值上市公司、最佳上市公司等荣誉，连续八年被评为全球新能源 500 强企业。

龙源电力坚持以"四个革命、一个合作"能源安全战略为指导，深入贯彻落实国家能源集团"一个目标、三型五化、七个一流"总体发展战略，秉持"开发清洁能源，建设美丽中国"的职责使命，专注新能源业务建设，不断开拓创新，锐意进取，坚持公司高质量发展；开展生产数字化转型、变革新能源运检模式，推动企业管理标准化和专业化提升，走上新能源快速发展之路，成为新能源领域标杆样板，引领行业发展方向和技术进步，为国家能源集团建设成为具有全球竞争力的一流企业作出贡献。

（1）专注新能源业务建设。

龙源电力成立以来与我国新能源产业"同频共振"成长发展，主要表现在以下三个方面：一是坚持战略引领，加速业务布局覆盖全国。率先在西藏建成世界海拔最高风电场、在安徽建成国内首个大型低风速示范风电场、在江苏和福建先后建成亚洲最大海上风电基地及国内最大单体近海风电场,截至 2020 年年底,发电业务覆盖除港澳台外我国所有省级行政区,海上风电总装机居全国首位,陆上风电装机在 9 个省级行政区突破百万千瓦。二是坚持质效优先,推进提质增效举措落地。做强做优增量项目开发建设,努力打造精品工程;做精做细存量项目管理,科技赋能挖潜增效;实施多层次融资战略,把握"资金集约化、成本最优化"运作导向,构建多元化立体融资体系。三是坚持对标对表,推行精益管理理念转化。以创建世界一流新能源示范企业为目标,扎实推进对标提升行动;创新构建风险、内控、合规"三位一体"体系,深化制度标准化建设;融合 ERP 系统建设,规范管理权限、业务流程和风险控制措施,实施内控监督全要素评价,健全完善责任追究体系;深化"三标一体"建设,引入国内外先进的质量监管、职业健康安全和环境管理体系;积极探索完善投资者关系维护体系,规范制度建设、渠道设计、工作流程。

龙源电力作为我国最早开发风电的专业化公司,一直专注清洁低碳业务,主动服务国家战略,积极拓展全球布局。在国内新能源领域,公司建设水平长期领跑、运营水平行业领先、资金成本保持行业领先,成为国内新能源上市公司样板,多次获得"最佳公司治理上市公司""'十三五'最具投资价值上市公司""最具品牌价值上市公司"等奖项,成为清洁能源规模化发展主力军和排头兵,为全球能源绿色低碳发展和可再生能源利用作出积极贡献。

(2)开拓创新,锐意进取。

龙源电力在国家推动落实"双碳"目标进程中,不断开拓创新,锐意进取,以"一大、两海"为重点发展方向,创新开发理念,多领域、多层次、多渠道全面推动企业增速发展。其中,"一大"是指新能源大基地项目开发,公司正在稳步推进内蒙古等区域千万千瓦级综合能源基地开发,同时还自主筹划多个百万千瓦级的新能源基地项目,如广西 260 万千瓦一体化项目及甘肃 50 万千瓦光伏治沙项目获得批复并已开工建设。"两海"分别指海上风电项目和海外新能源项目开发，一方面，公司大力参与沿海各省海上风电项目竞争性配置投标，对已规划大型海上风电基地省份提前布局，抢占国内市场；另一方面，积极践行"一带一路"倡议，依托加拿大德芙林、南非德阿和乌克兰尤日内等已有项目，加大滚动发展力度，做大做强东欧乃至欧洲市场，稳步扩大北美市场，推进南北非两翼齐飞，稳妥开发中亚和南美市场，跟踪关注澳洲和东南亚市场。此外，公司积极推进"整县推进"光伏项目，全面推动"新能源 +"项目建设，与建筑、农业、渔业进行多方位、多角度结合，使得新能源分布式、分散式项目开发速度全面提升。

龙源电力不仅在项目开发方面表现出强有力的创新发展优势，还始终坚持创新驱动，加强科技创新顶层设计，引领行业技术发展方向。公司累计承担国家"863"计划、"973"计划及科技支撑计划项目 8 项、国家重点研发专项 2 项，首创碳资产交易平台系统，与装备企业联合研制出国内首艘海上风电专业施工船及全球最大自升式海上风电施工平台，并编制了《潮间带风电新型单桩基础设计与施工技术》等。而且，公司在已有十大新能源技术服务体系基础上，持续强化新能源项目全生命周期技术支撑，同时积极履行风潮专委会、风电运维标委会等行业公共服务职能，带动产业链上下游转型升级，为国家可再生能源行业持续健康发展作出重要贡献。

（3）开展生产数字化转型。

龙源电力为缓解释放设备治理难度递增、平价竞价上网等内外部压力，以问题为导向，大力开展生产数字化建设，打造全球同业务领域数据规模最大一体化数字平台，不断推动前沿信息技术与新能源发电技术深度融合，积极引领新型电力系统构建，主要从以下三个方面展开。

一是实行设备、视频、人员行为数据全量采集，开启数字监管模式，消除管理盲区。编印实施《新能源生产数字化转型三年规划》，打造包括生产管控系统与生产监控系统的生产数字化平台，通过"三级共管、平台共用、人机结合、全面监督"，布置 23 个在线监管模块，如为 4000 余名现场工作人员、540 余台作业车辆和船舶配备定位工卡、手环和定位模块，将人员、车辆和船舶实时定位信息接入系统，实现全时段、全方位、全过程智能监管，而且通过开发外包安全管理模块、施工现场全员在线打卡以及开展公司级远程监督检查等，对工作人员实施严格管理和考核。

二是深入开展平台数据分析，全面挖掘数据价值。以高质量数据为依托，自主培养数字化团队，开发部署 94 个预警分析模型，完成 8.4 万台次机组性能筛查，发现异常 3000 余台次，累计发出预警超 3500 条，准确率约 75%，而且针对设备可靠性、风电机组性能、人员行为、功率预测、故障预警五个方面指标开展多维度立体对标，精准定位故障多发场站、机型和部件，并通过对控制系统异常、大部件亚健康、机组性能降容和传感器故障等进行诊断，实现被动检修向预知维护转变。

三是智能功率预测，创新监管方式。开发具有知识产权的新能源场站功率预测系统，并将智能功率预测与集中监控调度融合，电网两个细则考核明显减少。开发智能算法，创新监管方式：第一是采用"中心训练、边缘计算"系统架构，在本部数字化平台部署中心训练模型，现场前端设备采集视频数据，将自动获取或主动收集的图像素材上传至数字化平台进行模型训练，然后再通过专线将算法模型下发至现场进行边缘计算与智能识别，最终识别结果将推送至省级监控中心或公司本部；第二是实现人脸检测、区域入侵和停车检测等 12 项智能算法，确定安全带检测、出舱提醒和渗漏油检测等 20 项智能算法需求，并按照正常与异常 3∶1 比例收集算法测试所需视频和图片数据，逐渐完善智能算法，提高智能识别精度。

龙源电力通过以上生产数字化建设举措，已打造出行业领先的"三通"

数字化平台：人机价值"互通"、经验传承瓶颈"疏通"、作业人员自由"流通"，使得企业生产管理效率大幅提升。随着数字化平台建成投运，不仅推动了组织发生变革，风电场组织界限自然消除，30 个风电场再无须员工值守，而且还培养了一支数字化团队，通过开展故障预警龙虎榜、功率预测红蓝队竞赛，数据分析能力大幅提升，故障预警准确率约为 75%，功率预测准确率达 89%，处于行业领先水平。

（4）变革新能源运检模式。

在传统"自给自足"新能源运检模式下，龙源电力也面临着新能源行业普遍存在的问题，如资源利用效率偏差大、设备基础维护不到位、管控效能提升乏力和生产队伍结构梯队不稳等。针对以上问题，龙源电力积极转变管理理念，加快推进集控运行和数字化转型，成功打造出具有"省级监控、市县运检、少人值守"和"预知维护、无人值守"等鲜明特色的新能源发电企业运检新模式，具体创建实施路径如下。

一是重构区域维护、运检分离新模式，推动管理专业化。首先，运行与检修分离推动专业化管理，持续优化人力资源配置，整合区域内管理、技术、人力、物力资源，打破场站间壁垒、挖掘人力资源潜能，解决场站间忙闲不均、设备维护不到位、管理和技术水平不均衡等问题。其次，不断深化专业化分工，构建"区域维保中心＋集中监控中心＋技术培训中心"模式，维保区域设置维护、消缺等专业化班组，培养系统控制、继电保护、信息化专业队伍，充分发挥"专业人干专业事"优势。最后，将现场运行监判工作转移至监控中心集中完成。

二是管理层与执行层分离，实施管理标准化。新型运检模式一个很重要的特征是标准化管理，主要体现在以下三个方面：其一是构建起包含标准操作卡、巡视维护作业卡、部件更换卡和故障处理卡在内的标准化作业体系；其二是启动新一轮标准化作业"票卡包"编制，完成风电机组常规工作（风机巡视、定期维护、消缺）、大部件检修、输变电设备相关标准"票卡包"样本编制；其三是通过标准化作业"票卡包"方式将安全措施、风险预控、施工工艺、质量管控融入作业全过程各环节，生产人员以清单化方式实施作业，既提高了作业过程人身安全性，又保障了设备检修维护质量。

三是深化新运检模式改革，全面实施三项重点规划。其一是全面推行质量、环境、职业健康"三标"体系建设，有效识别、更新和执行"三标"体系法律法规及相关标准要求；其二是创建全年无故障示范风电场，采用外联主机厂商、内促精准治理方式，共整改问题 240 余项（合建 70 余项、自建 170 余项），设备稳定性明显提升；其三是全面提升机组发电性能。开展"场站分布式光伏""上大压小"、设备性能提升改造项目，落实倍增、跃升、挖潜差异化电量提升措施。

龙源电力创建实施新能源发电企业运检新模式以来，已取得显著成效，主要有以下表现：一是发电设备指标与工作效率普遍改善，运营效率明显提升；二是新模式优化新能源场站员工集中封闭作息方式，区域维保中心和集中监控中心根据工作任务量灵活安排员工倒休班，专业化管理释放人力资源潜能，资源效率明显提升；三是"三标"体系建立健全，管理流程进一步规范，而且突出"管理层制定标准、执行层执行标准"职能分工，员工解决设备问题能力不断提高，现场作业工艺质量显著改善，作业人员安全系数明显增强，管理水平明显提升；四是故障停机频次大幅下降，连续运行机组成倍增加，平均利用小时数显著提高，无故障风电场示范效应显著。

（5）勇担社会责任，树立行业典范。

龙源电力始终坚持主动服务国家战略，积极履行央企社会责任，通过主动承担新疆塔城无电地区、新疆博州无电地区的电力建设工作，发放户用光伏独立设备，共解决 13410 户无电人口用电问题，在一定程度上提高了新疆地区电力普及服务水平；通过投资建设新疆吐鲁番示范区建筑一体化并网型光伏发电及微电网项目以及在新疆阿里地区建设开发 10 兆瓦光伏项目，不仅提高电网稳定性、降低用电成本，还为改善边疆地区人民生活作出积极贡献。此外，龙源电力积极响应国家脱贫攻坚号召，定点帮扶山西省右玉县，深入推进扶贫开发，精准施策，重点实施绿色生态帮扶、光伏帮扶、教育帮扶、医疗帮扶和产业帮扶等项目，将企业高质量绿色发展与助力地方经济发展、满足人民美好生活需要紧密结合，在新能源领域树立行业典范，得到国家能源集团的充分肯定和社会各界广泛认可，为国家能源集团创建世界一流示范企业赢得良好品牌声誉。

3. 准能集团：煤电路一体化运营，助力创建世界一流示范企业

准能集团有限责任公司（以下简称"准能集团"）是国家能源集团下属的全资子公司，是集煤炭开采、坑口发电、铁路运输及煤炭循环经济产业于一体的大型综合能源企业。公司位于内蒙古自治区经济发展最具活力的呼包鄂经济圈，地处鄂尔多斯市准格尔旗薛家湾镇，蒙、晋、陕交界处。公司拥有煤炭资源储量 30.85 亿吨，因其煤炭具有"两高、两低、一稳定"的独特品质，被誉为"绿色煤炭"。公司拥有年生产能力为 3400 万吨的黑岱沟露天煤矿、3500 万吨的哈尔乌素露天煤矿及配套选煤厂，装机容量 960 兆瓦的煤矸石电厂，年产 4000 吨的粉煤灰提取氧化铝工业化中试工厂，以及生产配套的供电、供水、通信、计算机网络、污水处理等生产辅助设施。截至 2020 年底，资产总额 499.28 亿元，累计生产商品煤 7.69 亿吨、发电 618.92 亿度，累计实现利润 533.53 亿元、累计上缴税费 484.73 亿元。

准能集团以习近平新时代中国特色社会主义思想为指导，全面贯彻党的一系列会议精神，认真落实国家能源集团"一个目标、三型五化、七个一流"的发展战略，始终坚持"煤炭开发与生态环境保护"并重的指导方针，探索煤炭企业"科技引领、绿色发展、低碳高效、综合利用、和谐共赢"的科学可持续发展道路，通过煤炭开采、铁路运输、坑口发电、伴生资源利用一体化产业的链接和耦合，打造出"准格尔模式"，走出准能循环经济之路，助力国家能源集团建设具有全球竞争力的世界一流能源企业。

（1）煤电路一体化运营，打造准格尔模式。

谈起准能集团的发展，就要追溯准格尔项目的开发建设，1986年6月21日，国务院批准准格尔项目立项，12月8日，国务院核准准格尔项目划归煤炭工业部直接管理，接着煤炭部批准准格尔煤炭工业公司成立，是煤炭部直属的大型企业，实行煤炭开采、坑口发电和铁路运输综合经营，而煤电路一体化运营的"准格尔模式"发展大致经历了两个阶段：第一阶段是历经艰难险阻完成准格尔项目一期工程建设。1990年7月17日，丰准铁路开工，开启了准格尔项目一期工程建设；1992年12月和1993年8月，坑口电厂两台机组先后建成投运并网发电，为缓解当时蒙西电网供不应求的紧张局面以及支援内蒙古西部经济建设作出巨大贡献；1996年9月28日，黑岱沟露天煤矿及配套选煤厂投入试生产；1997年6月28日，大准铁路全线电气化牵引开通，国内首条企业自备电气化铁路建成投运，三大主体工程陆续建成并相继投产，同时配套的供电、供水、计算机网络等生产辅助设施和中心区建设工程也先后交付使用；1999年底，准格尔项目一期工程项目正式移交投产，一座现代化的能源基地崛起，开创了煤、电、路一体化经营管理模式的先河，打造出"准格尔模式"，成为准能集团的核心竞争力。

第二阶段是以"准能速度"跨越式发展，创造了准能奇迹。跨入新世纪以来，准能集团发展迈入快车道，煤炭产量实现跨越式增长，从2003年的1400万吨增加到2012年的6000多万吨；2011年，黑岱沟露天煤矿成为国内第一个单矿生产 3000 万吨的特大型露天煤矿；铁路运量由 10 年前的不足 2000 万吨增加到 7600 多万吨；发电装机容量增长 4 倍多；此外，循环经济项目也取得突破性进展。公司紧紧抓住国家产业政策调整的历史机遇，适时调整企业整体发展规划，实现了由煤电路一体化经营的"准格尔模式"向煤炭开发、循环经济、铁路运输综合开发利用的"准格尔区域经济新模式"的企业经营模式的重大转变。

"准格尔模式"突破了计划经济的框定，彻底改变了路矿分离、煤电脱节的局面，实现了资源合理配置以及综合经济效益最大化，第一次在我国煤炭行业形成了煤电路同步建设、统一管理、统一经营的格局。煤电路一体化经营模式作为企业在特定条件下对产业形态的一种突破，具有很强的抗风险能力，优势互补性和独特的规避风险的协同效应，不仅促进准能集团快速发展壮大，还成为其他企业争相效仿的典范，显现了突出的示范意义。

（2）班组管理标准化，筑牢安全作业基础。

人的安全是最基本也是最重要的，对于煤炭企业而言，安全生产、安全管理的重点在班组，难点也在班组，准能集团作为特大型综合能源企业，拥有班组的数量大，班组行业跨度大，管理难度大，夯实班组管理基础，有助于推动准能集团高质量发展。2009 年，在神华集团原"五型"企业管理理念的启发下，准能集团创建"五八二一"班组建设体系，经过几年发展，形成了以安全为核心，兼顾煤、电、路、循环经济多元特性的班组管理，通过实施矿长、队长、班组长"三长"负责制，层层抓落实、层层补短板、层层促提升。准能集团这么多年来积累了许多班组标准化建设经验，主要表现在以下五个标准化。

一是基础台账标准化，是指以安全管理标准化示范班组评定标准为依据，分为静态标准和动态标准两类，前者包括班组安全管理目标和安全生产责任制等 19 项，形成岗位有职责、作业有程序、操作有标准的班组管理台账；后者包括安全活动记录和安全检查记录等 9 项，形成过程有记录、绩效有考核、改进有保障的全过程管控。二是班前会标准化，作为安全生产的第一道防线，班前会上做到"三查三交三学习"，即明确班前会上班组长要查看职工精神状态、查看劳动防护用品准备情况、查询职工安全意识；要交代工作任务、交代危险源辨识、交代安全防控措施；要学习安全技术操作规程、学习岗位标准作业流程、学习应急处置；同时，班前会实施"一问一答一确认"的准军事化形式，实现生产任务和安全事项当场确认。三是危险预判标准化，把危险源辨识五步工作法、STOP（停止）行为观察法转化为动态危险源辨识、不安全行为观察标准作业流程，通过在作业前观察作业现场的危险源和不安全行为，提前发现潜在的隐患，保障安全作业。四是岗位作业标准化，全面推广应用岗位标准作业流程，推进流程与体系融合，逐步实现现有作业必有标准、有标准必有危险源辨识。五是应急处置标准化，在职工应急处置卡的基础上，编制应用应急处置、消防器材使用、急救 3 类 19 条流程，有力提升职工现场应急处置能力，夯实安全生产的最后一道防线。

班组建设标准化是班组安全管理的基础，通过实施班组管理标准化流程，可增强职工安全意识，规范职工现场作业，减少"三违"行为，延长了安全生产周期。近年来，黑岱沟露天煤矿、哈尔乌素露天煤矿均被评为国家一级安全生产标准化露天煤矿，准能集团连续荣获全国安全管理标准化示范班组创建优秀组织单位，多次荣获国家能源集团班组建设优秀组织单位等，而且《"五八二一"班组管理体系的构建与应用》等四项荣获中国煤炭工业管理创新成果奖。

（3）耕耘"黑色沃土"，收获"绿色动力"。

在我国经济高速增长向高质量发展转换的攻坚时期，准能集团牢固树立并践行新发展理念，加快发展绿色开采技术与装备，科学合理高效利用煤炭及其伴生资源，不断推进清洁生产、资源节约和循环利用，实现煤炭由传统能源向清洁能源的转型发展。在开采"金山银山"时守住"绿水青山"，在耕耘"黑色沃土"时收获"绿色动力"，形成人与自然和谐共生的矿山发展新格局。准能集团如何破解煤炭开采与环境保护的矛盾难题，具体可从以下四个方面找到答案。

一是以环保带动开发，解决好水土流失问题。从 20 世纪 90 年代初，公司秉承小流域综合治理的理念，采取整体包围、分层阻拦泥沙的办法，将黑岱沟露天煤矿作为一个整体，在建设用地边界自然水流出口修建坝体工程，在矿区周边的上游修建拦洪坝 20 座，下游修建拦渣坝 10 座，在北排、东排、西排土场共修建临时性拦水坝 16 座，做到层层设防、沟沟建坝，构筑起水土保持的宏观防御体系，也成为全国水土保持及生态环境建设示范区。

二是复垦绿化，实现绿色增值效益。公司先后投入 14.2 亿元用于矿区复垦绿化、水土保持和生态重建，完成复垦绿化总面积 2320 公顷，种植各种乔木、灌木 6440 万株，植被平均覆盖率达 80% 以上，土地复垦率达 100%；在黑岱沟露天煤矿东排和西排土场种植土豆、玉米等农作物 500 亩左右；2017 年建成"万亩草场千头良种肉牛繁育及育肥基地"等，实现矿区在开发中保护、在保护中开发，为矿区复垦绿化探索出一条绿色增值的发展道路。

三是煤炭"吃干榨净"，实现高效循环利用。准能集团充分发挥准格尔煤田"高铝、富钾"煤炭资源优势，遵循"减量化、再利用、资源化"的原则，建设氧化铝循环经济产业项目，打造"煤—煤矸石发电—粉煤灰提取氧化铝—电解铝—铝型材，镓、硅等系列产品"一体化循环经济产业链，实现了产业链到价值链的融合，是循环经济、节能减排模式的一次革命，也成为公司实现可持续性发展的重要技术创新和产业变革。

四是"采复牧园"协同发展，打造国家矿山公园。准能集团坚持"绿水青山就是金山银山"的发展理念，首创露天矿"采—复—农—园"四位一体的绿色协同开发模式，形成了系统的具有代表性的准格尔露天开采绿色开发理论和技术，而且还积极探索企地共建模式，初步形成集旅游观光、生态养殖、现代农业于一体的现代生态农牧业示范园区。2014 年 7 月，哈尔乌素露天煤矿申报入选"第四批国家级绿色矿山试点单位"；2014 年 8 月，黑岱沟露天煤矿顺利通过了"首批国家级绿色矿山试点单位"验收工作；2017 年 12 月，内蒙古准格尔矿山公园入选第四批国家矿山公园，计划在 2 年内建成以露天煤矿遗迹、遗址为主题，展现露天开采工艺流程、矿山环境恢复治理过程等，给后人留下丰富的矿业遗迹和珍贵史籍。

准能集团全面落实开发建设与生态保护、水土保持"三同时"原则，剥开了沟壑纵横的"鸡爪子"荒山，既开采出大量的"绿色煤炭"，又通过土地复垦、植被覆盖和生态园建设等措施改造出万亩沃土良田。植物根系在土壤中纵横分布，不仅有效防止土壤侵蚀，还保持了水土，为地方经济发展和民生建设筑起新的绿色生态平台。由于生态环境的改善，许多动物也开始在这里栖息繁衍，矿区生态系统结构由简单趋向复杂，植被种群也由单一趋向多样化，生态系统正向良性循环发展。

（4）产学研深度融合，构建技术创新体系。

准能集团作为国家能源集团的骨干企业，是中国露天采矿行业的重点企业，把握住中国经济发展转型的机遇，加快走创新驱动道路，坚持以科技进步为动力，着力推动煤炭市场供给侧结构性改革，尝试破解目前煤炭行业遭遇的难题。虽然煤炭行业具有资源密集型和资本密集型特点，科技创新工作任重道远，但为了保持持续的科技创新动能，准能集团初步建立了产学研深度融合的技术创新体系：以研发中心和分布于各二级单位的多个创新工作室为科技创新平台，以企业科技工作者为主体，在准能集团科学技术委员会领导下开展科技创新工作。公司大力支持有条件的创新工作室申请组建实验室，加大与高校、科研机构的合作力度，逐步组建高水平科研团队，形成多层次企业技术创新体系，将企业市场优势、高校人才优势和科研机构优势进行深度融合。

创新的核心要素是科技创新人才，准能集团重视培养高质量创新人才队伍：首先，培养一线创新人才。准能集团一线职工占据较大比例，许多合理化建议、技术改革及科技创新项目的概念等都是一线员工提出来的，因此，公司会多鼓励一线职工参与到企业技术创新体系中，并给予相应的科研训练，提高其发现问题、解决问题的能力，为技术创新体系提供更多的创新灵感，形成良性循环。其次，激活专业技术人才。准能集团拥有庞大的专业技术人才队伍，具有丰富的工作经验和一定的科研能力，因为这些专业技术人员大都与生产联系紧密，也具有很大的科研优势，公司通过评价机制和激励机制对专业技术人才进行引导和激励，鼓励他们到科技创新平台开展科研工作。最后，引进高端顶尖人才。准能集团加强与高校、科研机构等人才高地的合作，正积极打造高级别实验室、高水平科研团队和博士后工作站等高端科研平台，增强自身人才吸引力。

（5）深耕善用大数据，构建准能大智慧。

准能集团作为"数字露天煤矿"示范项目的先行者，利用人工智能、边缘计算等前沿技术实现矿山各系统智能联动，推进智能开采、智能运输、智能洗选等项目建设，实现生产智能化；加快形成国家能源集团级数字技术赋能平台，实现露天煤矿生产各环节数据的自动采集、测量和监测，并与经营、管理数据相衔接，建立集中统一的"数据中心"，实现运营数字化；深入推进大数据全面收集、整合、分析与应用，整合、完善生产经营信息管理、产运销一体化决策支持等系统建设，逐步实现从数据层到信息层、知识层、智慧决策层的数据价值链，打造"智能矿山、智慧园区、智通管理"，全面建设智慧型企业，实现管理智慧化。

五、举措建议

对照"一个目标、三型五化、七个一流"的发展战略，国家能源集团坚持效益优先，持续提升企业精细化管理能力、创新驱动发展能力等，实现价值创造最大化和高质量发展。虽然国家能源集团在建设世界一流示范企业进程中已取得卓越成绩，但在集团发展战略落地过程中，仍存有执行不平衡不深入、实施强度有待加强问题，"三型五化"仍需要走深走实。

基于 2020 年的各项数据，我们对国家能源集团与法国电力集团、3 家能源类企业和 10 家非能源类企业进行了对比，发现国家能源集团在研发投入强度、营业收入利润率、跨国指数、全员劳动生产率、流动比率、万元产值综合能耗、万元产值温室气体排放量七项指标上处于落后状态。因此，国家能源集团应把对标世界一流管理提升行动方案有机整合到国家能源集团的长远发展当中，不断加强集团的国际资源配置、科技创新、人力效能、盈利能力、抗风险能力、绿色发展等，以期集团在安全、质量、效益、技术、人才、品牌和党建方面出台新举措，助推集团持续提升竞争力，持续加快世界一流企业建设。

1. 加强战略引领，推动高质量发展

战略是企业行动的先导，决定企业的长远和可持续发展，应持续加强集团战略引领能力，推动高质量发展，具体有以下几点建议：首先，认真贯彻落实中央精神，夯实一流党建工作。坚持把政治建设摆在首位，牢牢把握习近平新时代中国特色社会主义思想的世界观、方法论和贯穿其中的立场观点方法，深刻领会"两个结合""六个坚持"，始终用马克思主义中

国化时代化最新成果武装头脑、指导实践、推动工作，坚决执行习近平总书记重要指示批示和党中央决策部署，特别是关于国资国企和能源行业的部署要求，将"增强维护国家安全能力""加快构建新发展格局，着力推动高质量发展""推动绿色发展，促进人与自然和谐共生""加快建设现代化经济体系，着力提高全要素生产力，着力提升产业链供应链韧性和安全水平，推动经济实现质的有效提升和量的合理增长"等理念贯穿于企业管理全过程，健全长效机制；各级企业可将党建与中心工作结合起来，建立管理台账，经常对标对表、精准调校，把党的领导融入公司治理各环节，为国家能源集团创建世界一流企业提供坚强政治保障。

其次，强化战略管理意识，积极践行集团战略。深入学习贯彻"四个革命、一个合作"能源安全新战略，在保障国家能源战略安全方面，要统筹发展和安全，严格执行《中华人民共和国安全生产法》，全面开展重大安全风险专项整治，切实做到安全管理"标准、责任、执行、考核"四个到位，助力构建中国特色安全生产管理体系，保持安全生产形势稳定，实现以煤炭保能源安全，以煤电保电力安全。在集团内部管理方面，以聚焦主业、强化核心竞争力为标准，健全落实国家能源集团发展战略的有效运行机制，推动发展战略有效转化为具体的工作方案和规章制度，完善考核评价体系，并鼓励各单位、各部门争做战略的践行者、推动者，努力走在世界一流企业建设的最前沿。在集团国际合作方面，应认识到国际能源体系、格局和秩序面临着重塑问题，特别是新冠疫情加速了这一重构过程，致使全球能源消费增速进一步放缓、能源结构调整进一步加速等。为应对百年未有之大变局，国家能源集团作为中国能源领域的骨干企业，要统筹处理好能源安全、经济和生态之间的关系，同时为均衡原有传统能源因地理属性未能业务布局全局的问题，应在新能源领域抢占全球市场先机，拓展海外项目和业务，进而提高集团的跨国经营和国际资源配置能力。

最后，聚焦主责主业，科学实施发展规划。深度对接国家、区域、地方经济社会发展和能源发展规划，聚焦转型升级，大力推动煤炭清洁高效开发利用，优化布局大型高效煤电机组，推动煤化工高端化多元化低碳化发展；统筹结构调整、污染治理和生态保护，加快建设智能矿山建设与绿色发展；突出重点领域和重大项目，科学编制公司发展规划，细化量化主要指标和重点任务；各单位要切实增强项目谋划的主动性和紧迫感，多谋划、多获取、多投产，持续推进结构调整和布局优化；将公司规划纳入地方发展规划，并分层分级有效实施各项发展规划，而且将项目获取和落地情况与主要负责人绩效挂钩，加强规划的刚性约束作用；积极融入区域协调发展战略、区域重大战略，稳健推进国际化发展。

2. 促进改革融合，发挥整体联动效应

深入贯彻中央深化改革精神，全面落实党中央、国务院关于国有企业改革的工作部署，坚持以改革促管理，以管理保改革，打好改革重组融合的组合拳，激发企业活力和动力，充分发挥改革带来的联动效应。具体可重点关注以下几个方面：

一是深入推进国有资本投资公司改革试点，推进中国特色现代企业制度建设。根据国资委关于国有资本投资公司试点工作的总体安排和时间要求，落实集团投资公司改革试点方案的各项举措；以服务国家战略、优化国有资本布局、提升产业竞争力为目标，提出中长期产业调整优化方案，而且立足核心产业，积极推动央企和地方国企产业重组整合；进一步优化总部职能定位，建立符合国家能源集团产业和区域分布实际的高效管控模式；加强产业平台建设，完善专业化管理模式。巩固拓展集团"总部机关化"整改成果，落实大部制要求，优化管理流程，动态完善以公司章程为基础的制度体系；坚持"两个一以贯之"，在完善公司治理中加强党的领导，强化各级董事会能力建设和规范运作，加大授权放权力度，强化资本纽带关系。

二是深入开展质量和效率提升行动，探索建立容错机制。健全质量管理基本制度和标准体系，推动质量管理和品质上台阶，全面提升国家能源集团产品质量、工程质量和服务质量；建立完善质量提升激励约束机制，加大监督检查和考核力度；规范优化会议管理和公文运转管理，改进会风文风，解决文多、会多、检查多问题，提高运转效率。准确把握和坚持"三个区分开来"，研究制定国家能源集团容错制度，建立健全干部澄清保护机制；合理"容错"，鼓励广大干部改革创新、勇于担当，鼓励员工奋发有为，充分释放出人力效能。

三是深入推进人力资源改革，集聚培育一流人才。坚持党管干部、党管人才原则，推进人才体制机制改革创新，加强高素质人才队伍建设，为国家能源集团创建世界一流企业提供人力支撑。为缩小与对标企业在全员劳动生产率指标上的差距，提高集团人力效能，国家能源集团应深化劳动用工制度改革，建立科学、合理的劳动定员额定标准体系，创建精干高效的劳动用工模式。按照"三能"方向，深化三项制度改革，落实"效益增工资增、效益降工资降"的分配政策，构建精准考评机制；建立基于"胜任素质能力模型"、注重实绩、程序规范的选人用人机制；支持双百、混改、员工持股、科改示范行动等企业先行先试，尽快取得突破；创新人才培养、引进、使用、评价、激励机制，注重人才梯队建设，统筹用好各年龄段人才，弘扬企业家精神，建设经营管理、科技、技能三支人才队伍，切实激发人才创新活力。

3. 推动管理创新，提高精细化管理

创新是国家能源集团高质量发展的引擎，落实国家创新驱动发展战略，建设一流的科研院所，培育一流的科技创新能力，掌握一流的核心技术，为一流的产业运行和管理水平提供支撑。未来可从以下几个方面进一步推进管理创新工作：

　　第一，加强科技创新管理，促进集团绿色发展。推进科研体系改革，构建高效研发体系，加快完善科技创新体系，坚持开放协同创新模式，核心技术自主研发，应用技术面向全球整合科技资源集成创新。打造高水平科研机构和研发平台，做强科技管理平台，建好国家级研发平台，并形成与世界一流企业相匹配的科技管理体制机制。具体展开工作时，一方面应加大科技研发投入和奖励力度，建立研发投入持续增长的长效机制，健全激励约束考核机制，对不同类型企业的科技创新进行分类考核激励并加大奖励力度，而且对于关键核心紧缺科技人才，还应加大引进力度，尽快缩小与对标企业在研发投入强度指标的差距；另一方面应加大重大技术攻关投入力度，在与集团业务相关的关键技术领域创新应用，加大核心技术攻关力度，支撑国家能源集团产业转型升级，提升化石能源清洁化和清洁能源规模化水平，降低集团万元产值综合能耗和万元产值温室气体排放量水平，树立能源行业绿色发展典范。

　　第二，加强数字化创新管理，提高集团盈利能力。数字化深刻影响企业的商业模式、组织管理、资源配置以及业务演化，也是企业应对科技革命和产业变革的重要方式。抓住"两新一重"发展机遇，深入推进"两化融合"，有序推进大统一和全覆盖的新 ERP 系统建设；将企业生产要素数字化，不断扩大信息化和数字化覆盖范围；充分利用生产运营数据，分析市场供需变化，为科学决策提供支持；在全面数字化基础上，加快智能技术研发和应用，加速国家能源集团数字化、网络化、智能化转型升级，并且将数字技术和各业务领域充分融合，形成数字技术融合创新体系，完善与数字相适应的运营体系，构建国家能源集团领军的能源行业数字经济格局。

　　第三，加强企业文化创新管理，提升集团品牌影响力。企业文化是世界一流企业不可或缺的软实力，有不可替代的传播力、影响力和吸引力。践行社会主义核心价值观，总结提炼优秀文化基因，坚持以政治文化为引领，完善企业使命、愿景、核心价值观、企业精神等理念体系；围绕集团战略目标和中心任务，包容创新，制定完善具有集团特色的企业文化体系，加强文化宣贯，注重文化阵地建设，丰富基层文化活动，持续推进文化融合。以可持续发展为核心，强化企业履行社会责任理念，培育和打造一批有影响力的实践典型，最大限度创造经济、社会、环境综合价值，塑造负责任的企业形象；增强品牌意识，积极参与中央企业品牌建设活动，推广典型案例，讲好品牌故事，提高品牌管理专业化水平，不断增强国家能源集团的品牌影响力。

4. 提升价值创造，提高整体效益水平

坚持质量第一效益优先，紧盯国资委考核指标，向管理要效益、要价值、要质量，具体从以下几个方面加强企业管理，提升价值创造能力，提高国家能源集团整体效益水平。

一是加强高质量协同管理。健全一体化协同模式，深入推进煤电、煤化、产运、运销等业务领域协同发展，切实充分发挥一体化优势，大力推动产业协同、科融协同、量价协同、区域协同，没有纳入一体化经营的产业，要加大融入一体化力度。优化经营管理机制，创新商业模式，强化产业协同和区域协调；加强市场营销管理，理性有序参与竞争，提升企业价值创造能力。

二是实施高水平精细化管理。抓好安全生产专项整治，尤其是抓实现场管理，加强承包商安全管理，加强安全监管等，夯实安全基础。强化成本管控，严格落实节源开流、增收节支等措施，提高营业收入利润率和净利润率。优化供应链管理、提升采购集约化、规范化、信息化、协同化水平，实现优质优价和全生命周期总成本最低。抓实有效投资，有效利用多层次资本市场，加大股权运作力度，盘活存量资产，进一步提高总资产周转率和存货周转率。强化重点企业提级管理，树立"减亏也是价值创造"

理念，建立亏损治理长效机制，一企一策制定减亏扭亏，巩固"处僵治困"成果，加大低效无效资产退出力度，降低资产负债率。

三是完善全方位风险防控管理。为缩小与对标企业在流动比率指标上的差距，全面提升抗风险能力，国家能源集团应强化风险防控意识，完善落实风险管控和隐患排查治理双控机制，健全完善重大风险监测预警、识别评估、处理处置等机制，全面推进标准作业流程和标准化建设，坚决杜绝较大以上安全事故。推进法治国家能源建设和企业经营管理深度融合，严格遵守国家和地方法律法规，加强企业诚信经营管理；把住重大法律风险防范关，将涉法重大决策的合法合规前置审查要求落到实处，并构建一流的合规管理体系。加强内控风险管理，完善国家能源集团内控风险管理制度流程，建立健全内控风险管理体系和运行机制；坚持以严的基调强化正风肃纪反腐，落实各级单位管党治党责任，督促领导干部严于律己、严负其责、严管所辖，一体推进"三不腐"同时发力、同向发力、综合发力。

管理实践篇

国家能源集团"世界一流企业竞争力"对标分析报告

本报告基于世界一流企业竞争力指标体系所选取的衡量指标（如表6—1所示），以国家能源集团作为代表，选取法国电力集团、中国石油天然气集团、荷兰壳牌集团作为能源类对标企业，以及航天科技、美国波音公司、国机集团、AT&T 等 10 家企业作为非能源类对标企业，针对每一个衡量指标分别进行对标分析，梳理国家能源集团的优势与不足。所选取的包括国家能源集团在内的 14 家企业按照行业属性，分属能源、军工、装备制造、电子信息、国有投资、国有运营等 6 大类，代表了中央企业的重点行业领域。

一、报告说明

1. 研究期限

本报告的研究周期以 2018—2020 年为主，部分内容或根据分析需要作时间范围的扩展。

2. 汇率对比

本报告涉及企业以美元和欧元计的货币单位，如果指标对比需要转换为人民币（CNY）时，转换汇率如表 6—1：

表 6—1　币种换算率

币种	2018 年	2019 年	2020 年
美元 / 人民币	6.62	6.85	6.94
美元 / 欧元	0.83	0.87	0.88

3. 中英文表述

本报告中涉及英文常用语的，在尽量遵循业内惯例的前提下，将统一表述为"中文描述 + 对应英文"的表述方式，例如范围一（Scope 1）。如遇特殊不便按此规则表述的，将进行注释。部分英文或将直接采用英文表述，在不影响理解的前提下，不再译作中文，例如公司名字 Macrotrends LLC、第五代移动通信技术 5G、国内生产总值 GDP、二氧化碳、信息技术 IT、EU-SysFlex 项目等。首次出现词语将用中英文表述（如国际货币基金组织，简称 IMF），其后再次出现或将单独使用纯中文或纯英文表述（如国际货币基金组织或 IMF）。

4. 指标选取

按照国资委"三个领军""三个领先""三个典范"的总体要求，本报告在充分研究的基础上，形成了世界一流企业竞争力指标体系，其中，作为定量研究的衡量标准中，选取了 3 大指标、10 个指标分类、21 个细分指标作为对标的参考。10 个指标分类分别为：国际资源配置、科技创新、产业影响力、组织效率、人力效能、盈利能力、抗风险能力、绿色发展、社会责任、品牌影响力。21 个细分指标分别为：跨国指数、研发投入强度、年度万人专利申请量、产业收入排名、营业收入、年均收入增长率、总资产周转率、存货周转率、全员劳动生产率、人均净利润贡献、净利润、营业收入利润率、营业净利率、净资产收益率、流动比率、资产负债率、万元产值综合能耗、万元产值温室气体排放量、安全投入占收入比重、公益慈善捐赠占收入比重、世界 500 强品牌排名。

表 6—2　世界一流企业竞争力衡量指标

序号	指标	指标分类	指标名称（细分指标）
1	"三个领军"	国际资源配置	跨国指数
2		科技创新	研发投入强度
3			年度万人专利申请量
4		产业影响力	产业收入排名
5			营业收入（亿元人民币）
6			年均收入增长率
7	"三个领先"	组织效率	总资产周转率
8			存货周转率
9		人力效能	全员劳动生产率
10			人均净利润贡献万元 /（人·年）
11		盈利能力	净利润（亿元人民币）
12			营业收入利润率
13			营业净利率
14			净资产收益率
15		抗风险能力	流动比率
16			资产负债率
17	"三个典范"	绿色发展	万元产值综合能耗（吨标煤）
18			万元产值温室气体排放量（吨二氧化碳当量）
19		社会责任	安全投入占收入比重

续表

序号	指标	指标分类	指标名称（细分指标）
20	"三个典范"	社会责任	公益慈善捐赠占收入比重
21		品牌影响力	世界 500 强品牌排名

来源：公开信息整理。

5. 行业和企业选取

行业维度选取 6 类，分别为：能源企业类、军工企业类、装备制造企业类、电子信息企业类、国有资本投资企业类、国有资本运营企业类。其中为便于对比，能源类又细分为油气类和电力类两个小类。

企业共选取了 14 家公司，其中国内本土企业 7 家，国外企业 7 家。7家国内企业分别为：国家能源投资集团有限责任公司、中国石油天然气集团公司、中国航天科技集团有限公司、中国机械工业集团有限公司、中国移动通信集团公司、国家开发投资集团有限公司、中国诚通控股集团有限公司；7 家国外企业分别为：法国电力集团（Électricité de France S.A. 缩写为 EDF S.A.）、荷兰皇家壳牌公司（Royal Dutch Shell Plc）、美国波音公司（The Boeing Company）、美国卡特彼勒公司（Caterpillar Inc.）、美国电话电报公司（AT&T Inc.）、美国凯雷投资集团（The Carlyle Group Inc.）、美国丹纳赫集团（Danaher Corporation）。

本报告所指的 6 个行业并非指全行业，而是分别为：能源类仅指国家能源集团、法国电力集团、中国石油天然气集团和荷兰壳牌公司，其中国家能源集团和法国电力集团归为电力类，中国石油天然气集团和荷兰壳牌公司归为油气类。军工类仅指航天科技集团和美国波音公司、装备制造类仅指国机集团和美国卡特彼勒公司、电子信息类仅指中国移动通信集团公司和美国电话电报公司、国有资本投资类仅指国投集团和美国凯雷投资集团、国有资本运营类仅指中国诚通控股集团和美国丹纳赫集团。

表 6—3　世界一流企业对标的行业和企业

NO.	行业类别	国内企业	国外企业
1	能源类	国家能源投资集团有限责任公司	法国电力集团
		中国石油天然气集团公司	荷兰皇家壳牌公司
2	军工类	中国航天科技集团有限公司	美国波音公司
3	装备制造类	中国机械工业集团有限公司	美国卡特彼勒公司
4	电子信息类	中国移动通信集团公司	美国电话电报公司
5	国有资本投资公司类	国家开发投资集团有限公司	美国凯雷投资集团
6	国有资本运营公司类	中国诚通控股集团有限公司	美国丹纳赫集团

来源：公开信息整理。

此外，为方便阅读，本报告部分名词的表述将利用缩写，对应缩写表如 6—4 所示：

表 6—4　名称缩写表

NO.	缩写	全称
1	国家能源集团	国家能源投资集团有限责任公司
2	中国石油天然气集团	中国石油天然气集团公司
3	航天科技集团	中国航天科技集团有限公司
4	国机集团	中国机械工业集团有限公司
5	中国移动通信集团	中国移动通信集团公司
6	国投集团	国家开发投资集团有限公司
7	诚通控股集团	中国诚通控股集团有限公司
8	荷兰壳牌公司	荷兰皇家壳牌公司（Royal Dutch Shell Plc）
9	美国波音公司	美国波音公司（The Boeing Company）
10	法国电力集团	法国电力集团（Électricité de France S.A. 缩写为 EDF S.A.）
11	美国卡特彼勒公司	美国卡特彼勒公司（Caterpillar Inc.）
12	美国电话电报公司	美国电话电报公司（AT&T Inc.）

续表

NO.	缩写	全称
13	美国凯雷投资集团	美国凯雷投资集团（The Carlyle Group Inc.）
14	美国丹纳赫集团	美国丹纳赫集团（Danaher Corporation）
15	中国神华能源公司	中国神华能源股份有限公司
16	国有投资类	国有资本投资公司类
17	国有运营类	国有资本运营公司类

来源：公开信息整理。

二、国际资源配置

通过对 2018—2020 年公开数据进行充分分析，在国际资源配置方面，一是考虑到国外企业进入市场的时间明显早于国内企业，在全球进行广泛布局，同时考虑到原有资源地理属性，国内企业的跨国指数普遍低于 20%；二是由于主营业务所属领域的不同，在能源领域，石油属于战略性资源，相关企业跨国指数远高于其他行业。国家能源集团近三年的平均跨国指数在国内企业中仅低于中国石油天然气集团和国家开发投资集团两家公司，符合行业规律；同时石油属于不可再生资源，目前壳牌已明显出现下滑趋势，预计可再生能源等新兴能源领域或将成为未来新的增长点。

跨国指数是指一家公司在海外的经营活动占其全部业务活动的国际化程度，即衡量企业跨国程度的指标。其计算公式为：跨国指数＝〔（国外资产／总资产＋国外销售额／总销售额＋国外雇员数／总雇员数）÷3〕×100%。

由于本报告选取的 14 家企业数据可获取性存在差异，为更好地体现企业该指标的可比性，对部分企业跨国指数指标算法做了调整，调整之处均将在报告中有单独说明。

1. 不同行业间对标分析

从行业角度看跨国指数，14 家企业中的国内和国外公司存在一定的特征：首先，国外企业均有披露本公司的跨国性关联数据，而部分国内的企业则未见有披露该指标，如军工类和装备制造类。其次，从已有数据的可比值看，国外企业跨国指数的数值更高，表明其国际化程度更高。各行业的国内公司虽然已有一定的跨国性，但是相对较低。选取的 6 大行业中，相对电子信息行业和国有资本运营较低的跨国性，国内的能源行业和国有资本投资行业的跨国性更高；国外行业，电子信息类跨国性较低，其他行业均较高。6 个行业的跨国指数对比如图 6—1：

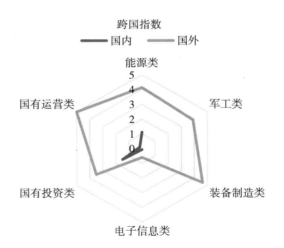

图 6—1　不同行业间指标对比，按跨国指数

（已按模型化处理，数字表示得分值）

注：数据的模型方式为，分别将国内和国外的企业按 2018—2020 年度的数据取均值，将最大的数值设定为满分 5 分，其他值同比扩大或缩小，分值越高表示该指标越高，分值越低表示该指标越低，下文其他雷达图亦然，不再另作说明。
来源：公开信息整理。

2. 国家能源集团与能源类企业对标分析

能源类对标企业的跨国指数，存在以下特征：

从企业看，国家能源集团的跨国指数最低，荷兰壳牌公司跨国指数最高；从时间看，2018—2020年，各企业的跨国指数变化不大，波动较小；从行业看，国内企业均低于国外对标企业，即电力行业的法国电力集团跨国指数，要高于国家能源集团；油气类行业的荷兰壳牌公司跨国指数，要高于中国石油天然气集团；从国别看，国外对标企业，明显高于国内企业。

在能源类4家企业的跨国指数对比中可以看出，国家能源集团的跨国指数在能源类4家企业中最低，由于采用的是其子公司中国神华能源股份有限公司指标，中国神华能源公司主要从事煤炭采掘和发电业务，并有铁路、港口、航运、煤化工等业务，主要业务分布在中国境内，故其跨国指数较低。

成立于1907年的荷兰壳牌公司，以约75%的跨国指数，远远领先于其他3家企业，如果仅仅将其本土总部定义为荷兰，跨国指数显然会更高，但由于并未发现该公司详细披露荷兰的雇员数据，故将欧洲定义为其本土，欧洲以外的各指标占总量的比定义为跨国指数。

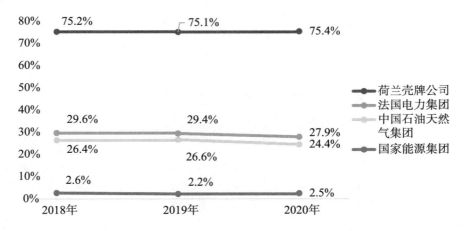

图6—2　2018—2020年国家能源集团和能源类企业跨国指数对比

注：1. 国家能源集团的跨国指数采用中国神华能源股份有限公司的数据，是指［境外市场的对外交易收入／总收入＋境外（含中国香港、澳门、台湾）／总资产＋境外员工人数（含中国香港、澳门、台湾）／员工总人数／3］×100%；2. 法国电力集团的跨国指数指［（法国以外员工占比＋法国以外收入占比）/2］×100%，其中法国以外收入指法国—发电和供应（France-Generation and supply activities），以及法国—受监管的活动（France-Regulated activities）二者之外的收入之和；3. 中国石油天然气集团的跨国指数是指［海外员工占比、原油产量（万吨）海外（权益）占比、天然气产量（亿立方米）海外（权益）占比3者的均值］×100%；4. 荷兰壳牌公司的跨国指数是指［（非欧洲人数占比＋非欧洲收入占比＋非欧洲资产占比）/3］×100%，其中资产含无形资产、财产、厂房和设备、合资企业和联营企业。

来源：公开信息整理。

国家能源集团：

国家能源集团产业分布在美国、加拿大等10个国家和地区。拥有南非德阿风电项目、中蒙跨境能源基地、扎舒兰露天煤矿、印度尼西亚爪哇发电等项目。2020年该集团新签7份对外战略合作协议，包含中国首个中外合资海上风电项目—法国电力集团的502兆瓦江苏东台海上风电项目。在第三届进博会上该公司与全球15个国家的39家供应商签订战略合作协议和采购合同。由于未见该集团以及其子公司中国国电集团公司公开披露与跨国指数相关的数据，故采用了其子公司中国神华能源股份有限公司的指标作为参考，需要指出该指标并不能完全反映国家能源集团的跨国性。

从国家能源集团的主要子公司中国神华能源公司来看，其国际化经营、国外项目建设和运营均在持续开展。2020年，该公司营收占国家能源集团的42%，但其绝大部分业务均在中国国内，境外业务量规模较小。以2020年境外指标为例，境外资产（含中国港澳台）占4.6%，主要是在中国香港发行美元债券形成的资产以及在印度尼西亚的发电资产；境外（含中国港澳台）雇员占0.4%；境外市场的对外交易收入占2.5%，由于该公司2020年印度尼西亚爪哇7号发电项目单机商业运营，导致境外市场的对外交易收入同比增长92.0%，故往年该指标更低。此外，其他可反映其跨国性的指标也较小，例如，2020 年，该公司存放于境外的银行存款款项总额仅占 3.1%，并且人民币币种占 96%；煤炭按销量出口占 0.2%、境外销量占 0.3%，总发电量境外（印尼）占 1.2%。除印尼外，该公司在美国宾州页岩气项目有 29 口正常生产的井。从以上多个维度的指标可以看出，中国神华能源公司的跨国性较低，国际化业务较少。

法国电力集团：

作为国家能源集团对标公司的法国电力集团，2020 年法国以外员工占比 20.3%，法国以外收入占比 35.4%，以 28% 左右的跨国指数，数十倍于国家能源集团的 2.5%。法国电力集团跨国指数远远高于国家能源集团，跨国性相对更高。此外，由于对标的法国电力集团是一家整体上市公司，其信息披露更为详尽，从其他维度的数据亦可反映出部分跨国性，例如 2020 年，该集团的法国以外纳税约占 13%，法国以外冷却水抽取约占 20%，法国以外蒸发的冷却淡水约占 3%，法国以外运营和维护的兆瓦约占 87%。

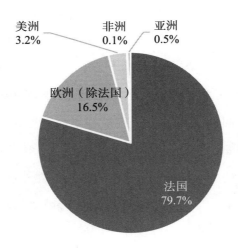

图 6—3　2020 年法国电力集团雇员分布，按地区

数据来源：公开信息整理。

从发电装机容量（表6—5）也可以看出，法国电力集团的跨国程度较高，法国以外装机量占比27%，该公司主要业务在发达国家和大型经济体，燃气（含热电联产）在法国以外装机量大、可再生能源（含水电）在法国以外装机国家多。该公司在全球五大洲的24个国家均有装机。以2020年为例，从业务所在国经济规模（按GDP计）看，该公司在全球前二十大经济体中（按国际货币基金组织排名）的14个国家（70%）有发电装机业务，其截至2020年的装机量中96%位于前二十大经济体中；从业务所在国的发展程度（发达国家）看，该公司的24个业务分布国中有50%是发达国家（按综合世界银行、国际货币基金组织、联合国开发计划署、美国中央情报局等综合指标），但装机量的94%在发达国家，剩余6%的装机量分布在12个发展中国家；从装机量的能源类别看，法国以外占比分别为核能15%、化石燃料（煤和燃油）35%、燃气（含热电联产）73%、可再生能源（含水电）32%；然而，尽管可再生能源（含水电）装机量占比不大，但是在法国以外的装机国家数量最多，除越南和荷兰外，法国电力集团在其余22个国家均开展可再生能源（含水电）的装机业务。

表6—5 2020年法国电力集团全球发电装机容量（兆瓦）及占比，
按地区和能源类别

No.		核能	化石燃料（煤和燃油）	燃气（含热电联产）	可再生能源（含水电）	总计
欧洲	法国	61370	5525	3658	22802	93355
	英国	7138	1987	1333	394	10852
	意大利	0	0	4393	1433	5826
	比利时	768	829	0	450	2047
	希腊	0	0	395	250	645

No.		核能	化石燃料（煤和燃油）	燃气（含热电联产）	可再生能源（含水电）	总计
欧洲	荷兰	0	0	435	0	435
	德国	0	0	0	249	249
	葡萄牙	0	0	0	205	205
	瑞士	0	0	0	122	122
	波兰	0	12	16	16	44
美洲	美国	2020	0	0	3790	5810
	巴西	0	0	937	642	1579
	加拿大	0	0	0	661	661
	智利	0	186	185	188	559
	墨西哥	0	0	0	282	282
亚洲	中国	1050	0	2000	367	3417
	老挝	0	0	0	432	432
	越南	0	0	402	0	402
	印度	0	0	0	276	276
中东	土耳其	0	0	0	298	298
	以色列	0	0	0	220	220
	阿联酋	0	0	0	170	170
非洲	南非	0	0	0	56	56
	埃及	0	0	0	65	65
全球		72346	8539	13754	33368	128007

数据来源：公开信息整理。

　　此外，法国电力集团在全球的能源装机类型中，中国是其除欧洲本土（法国和英国）外唯一一个 4 种能源类型全覆盖的国家，其在中国的布局为：持股 30% 的广东台山核电站（2×1750 兆瓦的核反应堆）、持股 49%

的江西抚州采用"超超临界"技术的燃煤电厂（2×1000兆瓦）、持股65%的河南灵宝生物质热电（35兆瓦），以及与国家能源集团合资建设的法国电力集团持股37.5%的江苏东台502兆瓦海上风电。另有2016年和中国大唐集团共同成立持股65%的河南三门峡城市供热项目。

中国石油天然气集团：

尽管中国石油天然气集团的跨国指数已维持在25%左右，已有一定的跨国性，但对标的荷兰壳牌公司跨国指数更高，是中国石油天然气集团的近3倍。可以看出，荷兰壳牌公司这家历史悠久的油气企业跨国性极高，是一家名副其实的跨国企业。近年来，中国石油天然气集团在稳步推进国内油气对外合作，同时也积极参与国际油气合作，该公司已基本建成五大海外油气合作区、四大油气战略通道和三大国际油气运营中心，使其跨国指数表现稳定。在雇员方面，该公司采用本土化员工的策略，即大量雇佣投资地当地员工，近年约有90%的海外员工本土化。中国石油天然气集团原油产量（万吨）海外（权益）占比约43%，而天然气产量（亿立方米）海外（权益）占比约20%，由于考虑效益导向，该公司2020年海外油气权益产量有所下滑，海外原油和天然气权益产量分别同比下降3.6%和5.4%。中国石油天然气集团在海外35个国家和地区有油气投资业务，主要投资区域在中亚—俄罗斯、中东、非洲、拉美和亚太五大国际油气合作区，重点持续推动"一带一路"沿线海外油气合作，不断提升全球化运营管理能力。

此外，从中国石油天然气集团的原油和天然气储量，亦可部分反映该公司的跨国性。证实开发储量中，原油及凝析油海外占比14%、天然气海外占比3%，二者合计占比8%；证实未开发储量中，原油及凝析油海外占比30%、天然气海外占比1%，二者合计占比3%。可见，从中国石油天然气集团公司原油和天然气储量海外占比看，不同分类间的跨国性差别较大，但整体仍旧很小，海外占比约6%。

表6—6　2020年中国石油天然气集团公司全球原油和天然气储量

类型	区域	原油及凝析油（百万桶）	天然气（10亿立方英尺）	合计（油当量百万桶）
证实开发储量	国内	3987.0	40732.3	10775.8
	海外	666.6	1344.4	890.6
	总计	4653.6	42076.7	11666.4
证实未开发储量	国内	387.9	34062.0	6064.9
	海外	164.6	298.4	214.3
	总计	552.5	34360.4	6279.2

数据来源：公开信息整理。

荷兰壳牌公司：

相比中国石油天然气集团公司2020年的124万余人的雇员，荷兰皇家壳牌公司雇佣人数仅约8.7万人，仅相当于中国石油天然气集团的7%。尽管雇员数量相对较少，但其雇员的全球化分布程度较高，2020年，荷兰皇家壳牌公司欧洲的雇员人数仅占31%，全球其他多地均有雇员，如亚洲（36%）、大洋洲（3%）、非洲（5%）、北美洲（23%）、南美洲（2%）。因为致力于打造成为一个更精简、更具竞争力的组织，以便更灵活、更有能力应对客户，荷兰皇家壳牌公司"重塑"计划的一部分便是裁员，预计到2022年底，该公司将减少7000至9000个工作岗位。从资产的跨国指数看，以无形资产、财产、厂房和设备、合资企业和联营企业为衡量标准，荷兰壳牌公司欧洲本土资产仅占15%，欧洲以外的资产占比高达85%，分别为亚洲、大洋洲和非洲（41%）、美国（25%）、其他美洲国家（19%）。从收入的跨国指数看，以第三方收入来源为衡量标准，荷兰壳牌公司欧洲本土资产占28%，欧洲以外的资产占比高达72%，分别为亚洲、大洋洲和非洲（36%）、美国（28%）、其他美洲国家（8%）。

从荷兰壳牌公司的全球石油天然气可供出售的石油和天然气产量，也可以反映出该公司的跨国指数之高。2020 年，荷兰壳牌公司可供出售的原油和液化天然气欧洲本土产量仅占 8%，92% 位于欧洲以外，其中亚洲占比 34%、北美洲占比 27%、南美洲占 22%、非洲占 9%；可供出售的天然气产量中，欧洲本土占 13%，亚洲占 37%、大洋洲占 19%、北美洲占32%、非洲占 10%、南美洲占 8%。

表 6—7 2020 年荷兰壳牌公司全球可供出售的石油和天然气产量

原油和液化天然气 / 千桶	2020 年	天然气 / 百万标准立方英尺	2020 年
意大利	11342	德国	35918
挪威	6914	荷兰	131648
英国	30061	挪威	187627
其他	1693	英国	65012
欧洲总计	50010	其他	13005
文莱	17481	欧洲总计	433210
哈萨克斯坦	37769	文莱	180871
马来西亚	18494	中国	46750
阿曼	74854	哈萨克斯坦	86999
俄罗斯	29866	马来西亚	226791
其他	37730	菲律宾	40549
亚洲总计	216194	俄罗斯	146719
尼日利亚	48620	其他	530132
其他	8485	亚洲总计	1258811
非洲总计	57105	澳大利亚	654226
美国	165169	大洋洲总计	654226
加拿大	8128	埃及	104946
北美总计	173297	尼日利亚	190982
巴西	131339	其他	27438

原油和液化天然气 / 千桶	2020 年	天然气 / 百万标准立方英尺	2020 年
其他	5801	非洲总计	323366
南美总计	137140	美国	255383
—	—	加拿大	164451
—	—	北美洲总计	419834
—	—	玻利维亚	45015
—	—	巴西	73914
—	—	特立尼达和多巴哥	141576
—	—	其他	10439
—	—	南美洲总计	270944
全球总计	633746	全球总计	3360391

注：包含了荷兰壳牌公司子公司、参股公司及附属公司。

数据来源：公开信息整理。

从以上对比不难发现，能源类行业中的 4 家企业，国内企业相对于对标的国外同行，跨国性明显偏低。

3. 国家能源集团与非能源类企业对标分析

国家能源集团与 10 家选取的非能源类企业对比，跨国指数排名依旧靠后，除去未见公开披露与跨国指数相关数据的航天科技集团和国机集团，其 2020 年仅高于国内的中国诚通控股集团，跨国指数排名倒数第 3，并且与排名靠前的企业差距较大。

排名第 1 的是美国丹纳赫集团公司，尽管采用的是北美以外雇员占比和收入占比均值，但其 2020 年跨国指数仍旧高达 62%，显然，若以美国计的跨国指数会更高，中国和德国是该公司除美国外的重要市场，收入分别占 12% 和 6%，其他所有国家收入合计占比近 45%，但每个单一国家均小于 5%，也侧面反映出美国丹纳赫集团在其他多个（至少 9 个）国家有营收来源。从资产跨国性看，瑞典、英国和德国是除美国外资产占比较高的国家，分别为 17%、7%、6%，另有 30% 来自其他国家，但每个单一国家均小于5%，也侧面反映出美国丹纳赫集团在其他多个（至少 6 个）国家有资产分布。与同属资本运营公司类的中国诚通控股集团 2.2% 的跨国指数相比，二者相差 28 倍，足见差距之大。资本投资公司类的跨国指数中，国家开发投资公司的 12.3% 与对标的美国凯雷投资集团的 44.7% 相比，亦有不小的差距。电子信息类的中国移动通信集团公司和美国电话电报公司，由于服务均受到地域和国家限制，通信属于较为敏感的行业，二者的跨国性均不高。

表 6—8　2018—2020 年国家能源集团和非能源类企业跨国指数对比

No.	企业	2018 年	2019 年	2020 年
1	美国丹纳赫集团	64.1%	62.9%	62.4%
2	美国卡特彼勒公司	58.1%	57.7%	59.8%
3	美国凯雷投资集团	45.6%	42.5%	44.7%
4	美国波音公司	55.8%	55.0%	37.3%
5	国投集团	18.1%	26.0%	12.3%
6	美国电话电报公司	7.7%	8.3%	7.0%
7	国家能源集团	2.6%	2.2%	2.5%
8	中国诚通控股集团	—	—	2.2%
9	中国移动通信集团公司	1.0%	0.9%	1.0%
10	航天科技集团	—	—	—
11	国机集团	—	—	—

注：1. 上表排序按 2020 年企业数据由高到低；2. 美国丹纳赫集团采用北美以外雇员占比和收入占比均值，因未见该公司披露上述美国本土数据，故采用北美数据；3. 美国卡特彼勒公司采用（美国以外全职雇员占比＋美国以外收入占比）/2；4. 美国凯雷投资集团采用［美洲（美国，墨西哥或南美洲）以外地区收入＋资产占比］/2；5. 美国波音公司采用美国以外收入（含对外国军事销售额）占总收入比；6. 国投集团采用国际营业收入占比、国际国内组合（按业务收入占比）占比二者均值；7. 美国电话电报公司采用美国以外收入（指 revenue）、美国以外资产（财

产、厂房和设备净值，指 Net Property，Plant & Equipment）二者占比均值；8. 国家能源集团采用中国神华能源股份有限公司的数据，是指［境外市场的对外交易收入／总收入＋境外（含中国香港、澳门、台湾）／总资产＋境外员工人数（含中国香港、澳门、台湾）／员工总人数］／3×100%；9. 中国诚通控股集团采用 2020 年跨国指数指当年海外中国员工数／雇员总数，700 多名海外员工按 700 计；10. 中国移动通信集团公司采用［（国际业务收入／总收入）＋（港澳台及海外员工数／总雇员数）］／2，2018 年因未见披露港澳台及海外员工数据，该指标仅按国际业务收入占比计；11. 未见航天科技集团和国机集团公开披露与跨国指数相关的数据。数据来源：公开信息整理。

三、科技创新

通过对 2018—2020 年公开数据进行充分分析，主要由于所处行业领域的发展情况，国家能源集团的科技创新排名较低，由于煤炭行业属于传统能源之一，经过多年发展，无论从研发或是应用均已处在趋势稳定状态，但是煤炭行业的下游应用，例如：粉煤灰在环保、土壤治理等方面的综合利用，作为新兴的应用研究课题，已经备受关注。近三年数据显示国家能源集团在此领域持续投入，呈现出小幅上涨的趋势，相信伴随着更多科技的创新性发展，煤炭行业也将迎来其更多的应用发展的可能性。研发投入强度方面，除美国丹纳赫集团研发投入远高于其他企业外，军工类企业属于重点研发领域，投入强度超过其他几个行业 3 倍以上；国家能源集团的投入强度，较其他能源类企业无较大差异，符合全球行业发展现状。年度万人专利申请量方面，剔除壳牌的异常数据，呈现出制造业人均专利申请高于其他行业、国内企业人均专利申请相对较高的局面；国家能源集团在能源类企业中人均专利申请较多，与国内非能源类领域企业相比水平相当，且该公司近三年呈逐年增加趋势。

科技创新采用研发投入强度和年度万人专利申请量两个维度数据作为指标，其中，荷兰壳牌公司公开公布的专利申请量，尚无法确认是年度值或年度累计值，参考部分其他国外企业惯例，暂认为年度值。

可以看出，有如下特征：国家能源集团的该两项指标，均处于相对较低的位置；壳牌年度万人专利申请量领先较多，其次为航天科技集团，二者领先于其他公司较多；未见多家国外企业，公开公布专利申请情况；研发投入强度较大的前三企业，均为国外企业，分别为：美国丹纳赫集团、美国波音公司和美国卡特彼勒公司。

（一）研发投入强度

1. 不同行业间对标分析

研发投入强度即研发费用支出／总收入。选取 6 个行业中，国内的该指标整体上低于国外。尤其是国外的国有运营类，遥遥领先于国内，同时也领先于其他行业。但是，国内的能源类的研发投入强度，已超过国外。可获取的数据中，除能源行业外，国内其他行业的研发投入强度，均不及国外。

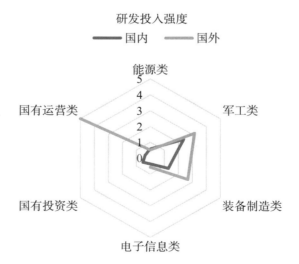

图 6—4　不同行业间指标对比，按研发投入强度

（已按模型化处理，数字表示得分值）

注：上图算法说明，见章节 2.1 的雷达图。
来源：公开信息整理。

2. 国家能源集团与能源类企业对标分析

能源类对标企业的研发投入强度，存在以下特征：从企业和行业看，国内企业和国外对标企业，各有高低：电力行业的国家能源集团研发投入强度，要低于法国电力集团；而油气行业的中国石油天然气集团研发投入强度，要高于荷兰壳牌公司。从数值看，研发投入强度均在 0.3% ~ 1% 范围之间，企业间差距不算太大。从时间看，2018—2020 年，各企业的研发投入强度均呈现上升趋势。

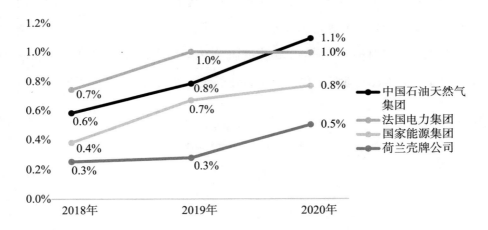

图 6—5　2018—2020 年国家能源集团和能源类企业研发投入强度对比

来源：公开信息整理。

国家能源集团：

2020 年，国家能源集团的研发投入强度为 0.8%，研发费用已达 43 亿元，与法国电力集团 1.0% 的研发投入强度已较为接近。该公司在逐年加大科技投入力度，2020 年的科技投入已增至约 92 亿元。目前，该集团已拥有国家级研发平台 12 个、直属科研院所 4 个、院士工作站 5 个和博士后工作站 12 个，聘任院士 13 位（7 位担任首席科学家）、在岗享受政府特殊津贴人员 72 人、创新工作室挂牌 82 个（首批）。该公司获得国家级、行业或省部级科技奖共 82 项，其中"400 万吨 / 年煤间接液化成套技术创新开发及产业化"项目通过国家科学技术进步奖一等奖评审，获得省部级或行业一等奖 15 项，科技成果达到国际领先或国际先进水平 58 项。

煤炭方面，该公司完成智慧矿山规划、工作面智能生产技术、大型煤矿智能生产控制系统、矿井群智能生产管理系统等关键技术研究、一体化平台研发等，智慧矿山研究成果获国家科技进步二等奖，在全国 30 多座煤矿推广。运输方面，2020 年该公司的"3 万吨级重载列车开行方案研究与应用"和"散货码头全流程粉尘治理技术研发与应用"等 9 个项目，入选交通运输部交通强国建设试点单位。科技和环保方面，2020 年该公司牵头制定的 IEC 61400—5《风能发电系统　第 5 部分：风力发电机组　风轮叶片》、IEC PAS 63312《锅炉火焰检测系统技术规范》两项国际标准正式发布。在铁路运输技术方面，公司研发了重载铁路 LTE 网络系统、应用系统、终端等成套设备，全球首次实现基于 LTE 技术的重载铁路应用业务。该公司还自主研发建成世界最大自升式海上风电施工平台"龙源振华叁号"，在海上风电开发的技术和规模上具有领先优势。（注：IEC 指国际电工委员会，PAS 指公开可获得的规范）

国家能源集团子公司中国神华 2020 年研发投入强度约 9.2%，高于母公司。该公司 2020 年成功研发 10 个聚烯烃新产品，煤炭方面开展研发 5 个智能快速掘进工作面、研发试用 8 种煤矿机器人、研发露天煤矿智能运输安全生产监控系统，积极参与"用于 CO_2 捕集的高性能吸收剂 / 吸附材料及技术（2017YFB0603300）"项目。

法国电力集团:

截至 2020 年, 法国电力集团年研发预算开支为 6.9 亿欧元 (54 亿元), 这是所有大型电力公司中最大的研发预算之一, 高于中国国家能源集团的 43 亿元。应该指出的是, 法国电力集团研发部在法国的运营预算的 98% 是专门用于脱碳和能源系统转型。特别是支出涵盖了对能源效率、电力作为化石燃料替代品的使用、可再生能源及其插入电网、能源生产和储存、无碳氢及其在经济去碳化中的应用, 可持续城市、气候变化的地方影响和其他环境问题, 如生物多样性、水质和减少干扰的研究。

表 6—9 2020 年法国电力集团研发概览

No.	项	个
1	研发人员 (法国电力集团公司)	1800
2	博士研究生	168
3	教师—研究人员	160
4	研究中心	9, 其中法国 3、国际 6 (德国、英国、中国、美国、新加坡和意大利)
5	与合作伙伴建立联合实验室	20
6	世界各地学术和工业合作伙伴	300+
7	受法国和国外产权保护专利创新项	716
8	法国电力集团公司的研发预算 (百万欧元)	518

来源: 公开信息整理。

在研发领域也注重全球化合作, 法国电力集团的研发部门在全球建立了 300 多个学术和工业合作伙伴关系, 在全球拥有 2663 名全职研发雇员, 其中法国以外占比 31%。法国本土在 2016 年启用位于巴黎北部的小城帕莱索主要研发中心, 有来自 30 个国家的 1839 名研发人员在此工作。目前, 法国电力集团本土以外的研发部门主要在德国、英国、中国、美国、新加坡和意大利。可以明显看出，该公司在研发方面，亦有较高的国际化水平，中国国家能源集团则未见披露在此方面的信息。

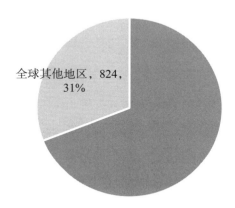

全球其他地区，824，31%

图6—6　2020年法国电力集团研发人员数量（个）及占比

来源：公开信息整理。

法国电力集团在中国的研发中心位于北京，该中心活动涉及低碳电力的生产和储存、创新电网、本地多能源系统、能源工程、电动汽车和开放式创新。受益于高度动态和创新的中国生态系统，其在中国的研发中心正致力于将数字技术和人工智能应用于能源业务领域。

在研发组织架构上，法国电力集团采用"研究与开发部＋集团子公司"双重负责的模式，进行互补。主要聚焦3大主题：电力转型、气候转型、数字和社会转型。主要活动领域是可再生能源和储存、网络、核能发电、火力、水力发电、能源管理、贸易和服务、IT系统、环境。其中，集团研发部的主要任务是：首先，通过向集团各部门和子公司提供顶级的专业知识和高效解决方案，为其提供日常支持；其次，通过预测发展方向以及重大风险来确保集团未来的经营稳定。

法国电力集团研发部门
3 大重点主题

电力转型

- 电力，特别是如果使用低二氧化碳排放的设施发电，将在能源的最终用途的去碳化中发挥重要作用。在这些用途中，电动汽车和创新的热能生产方法是法国电力集团的重要发展动力。

气候转型

- 这一重点包括与法国电力集团的发电设施有关的问题。作为无碳能源的倡导者，该集团努力确保其设施尽可能少地排放二氧化碳，从而为《巴黎协定》的气候目标作出重大贡献。

数字和社会转型

- 这一重点认识到连接的物体和数字工具的出现，近年来在家庭和商业领域呈指数式发展。这种转型与该集团在能源使用方面的生活方式和行动的重大变化是密不可分的。

采用"集团研发部＋子公司"的双重互补负责制

此外，法国电力集团还开展了各种研发工作的国际合作，例如，在北京中心，有参加大型中国智能电网演示项目的资产，用于智能电网（直流，5G）或核设施。2020 年，在法国研发部门的支持下，该中心为法国电力集团（中国）与运算科技公司合作，为推出新的数字业务作出了重大贡献。该中心还在可持续发展城市等领域开展工作，更广泛地说，是结合电力、生物质能和供热及制冷网络的地方多能源项目。它还为在中国建立新的可再生能源开发实体提供支持。

中国石油天然气集团：

中国石油天然气集团的研发费用支出 2020 年为 228 亿元，研发强度为 1.1%，明显高于荷兰壳牌公司的 0.5%，该公司的研发概览如表 6—9。

表 6—10　2020 年中国石油天然气集团有限公司研发概览

No.	项	个
1	科研院所	84，其中总部直属科研院所 7、企业科研院所 77
2	国家级研发机构	21
3	公司级重点实验室和试验基地	54
4	院士	23
5	"百千万人才工程"国家级人选	23
6	两级技术专家	731
7	两级技能专家	1452
8	科研人员	30013（博士 7.3%、硕士 28.1%、本科 48.8%）
9	上游勘探开发、物探测井、钻完井、采油及储层改造等领域推广提质增效技术	60

来源：公开信息整理。

中国石油天然气集团庞大的研发支出，于 2020 年取得了进展，在油气勘探开发、工程技术装备、页岩气、致密油（页岩油）、新能源等领域取得一批重大阶段性成果。

推进数字化转型与智能化方面：该公司利用以云、IoT、5G、大数据、AI 等技术，驱动业务模式重构、管理模式变革、商业模式创新与核心能力提升。并于 2020 年成立昆仑数智科技有限责任公司，着力构建数字化智能化开放共享的创新生态，提升数字产业化和产业数字化服务能力。

国际研发合作方面：在国际上，该公司与多家国际企业和机构开展了合作，2020 年，与沙特阿美就炼化特色技术、分子管理与智能炼厂等进行交流；分别与道达尔公司、艾奎诺公司、俄罗斯石油股份公司和俄罗斯天然气工业股份公司等进行工作、技术的视频会议交流，促进优势技术双向流动与开放，推动提高石油采收率、采出液处理与利用、煤层气勘探开发、特殊催化裂化催化剂等领域的交流合作。国内方面，与西南石油大学共同成立"创新联合体"，以此为平台深入推进产、学、研、用一体化，突出解决勘探生产重大瓶颈问题，为油气重点领域的勘探开发提供理论支撑和技术保障。与中国科学院、中国石油大学等在油气勘探开发前沿、新材料、新能源等多领域的战略合作进一步深化。

荷兰壳牌公司：

2020 年，荷兰壳牌公司研发费用为 9.07 亿美元，而 2019 年为 9.62 亿美元，2018 年为 9.86 亿美元，总金额连续三年出现下滑。该公司的主要技术中心在印度、荷兰和美国，另外在巴西、中国、德国、阿曼和卡塔尔也设有研发中心。荷兰壳牌公司的研发项目经常涉及与公共或私人实体的合作，包括大学、政府实验室、技术初创公司和孵化器。这种与能源部门内外的伙伴合作的创新方法有助于激发新的想法，并加速其发展和部署。

2020 年，该公司与大学开始了 124 个研发项目的工作，由于新冠疫情造成的干扰，还不到 2019 年的一半。这些项目中，有许多集中在对低碳能源系统至关重要的领域，如能源储存、燃料电池和温室气体排放。荷兰壳牌公司的研发在积极布局区块链领域，并已开展一些项目。例如，通过跟踪基于自然的碳捕获或避免排放的解决方案的进展和效果，区块链可以识别和避免碳信用的重复计算，并帮助保持林业或保护项目的质量。该公司已开始在一个试点项目中使用此方法，为设备创建数字护照，因此可以在整个生命周期内对其进行跟踪。这种方法更有效率，大大减少与传统审计跟踪相关的文书工作。壳牌认为，区块链可以改变公司的合作和互动方式，以加快低碳能源的发展。

3. 国家能源集团与非能源类企业对标分析

国家能源集团与其他 10 家非能源类企业的研发投入强度对比，处于中下游排名位置，2020 年高于美国电话电报公司、中国移动通信集团公司、中国诚通控股集团 3 家企业，但与研发投入强度位于头部的几家企业相比，差距较大。美国丹纳赫集团的研发投入强度最大，2020 年高达 6%，该公司连续多年研发强度处于高位，远远高于其他选取的公司；排名第 2 的是美国波音公司，该公司的研发投入强度要略微高于国内的航天科技集团。装备制造类的美国卡特彼勒公司高于国机集团，电子信息类的美国电话电报公司高于中国移动通信集团公司。

表 6—11　2018—2020 年国家能源集团和非能源类企业研发投入强度对比

No.	企业	2018	2019	2020
1	美国丹纳赫集团	6.2%	6.3%	6.0%
2	美国波音公司	3.2%	4.2%	4.3%
3	美国卡特彼勒公司	3.4%	3.1%	3.4%
4	航天科技集团	2.6%	3.0%	3.2%
5	国机集团	1.3%	1.6%	1.9%
6	国投集团	0.5%	0.6%	0.8%
7	国家能源集团	0.4%	0.7%	0.8%
8	美国电话电报公司	0.7%	0.7%	0.7%
9	中国移动通信集团公司	0.3%	0.4%	0.6%
10	中国诚通控股集团	0.3%	0.5%	0.5%
11	美国凯雷投资集团	—	—	—

注：1. 上表排序按 2020 年企业数据由高到低；2. 国投集团采用的是研发经费投入金额/营收；3. 中国诚通控股集团采用的是科技活动经费/营收。
来源：公开信息整理。

（二）年度万人专利申请量

1. 不同行业间对标分析

就选取的 6 个行业 2018—2020 年的年度万人专利申请量均值而言，

有如下特点：未见国外的装备制造类、电子信息类、国有投资类、国有运营类公开披露年度万人专利申请量及其关联数据；军工类该指标排名第1、能源类紧随其后，国有运营类排名靠后；国内能源类的该指标不及国外，国内军工类的该指标高于国外。

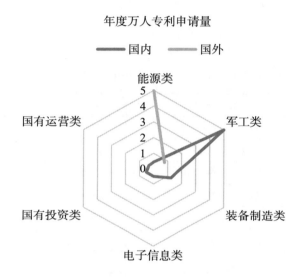

年度万人专利申请量

图 6—7 不同行业间指标对比，按年度万人专利申请量
（已按模型化处理，数字表示得分值）

注：上图算法说明，见章节 2.1 的雷达图。
来源：公开信息整理。

2. 国家能源集团与能源类企业对标分析

2018—2020 年，国家能源集团与 3 家能源类企业的年度万人专利申请量对比，有如下特点：国家能源集团连续领先于对标的法国电力集团，中国石油天然气集团连续不及对标的荷兰壳牌公司；国家能源集团、法国电力集团、中国石油天然气集团均连续三年上升，荷兰壳牌公司连续三年下滑；荷兰壳牌公司位列第 1，且大幅领先于其他 3 家能源类企业。

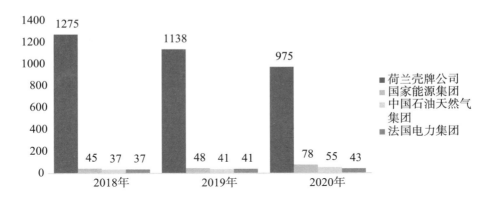

图 6—8　2018—2020 年国家能源集团和能源类企业年度万人专利申请量（件）对比

注：1. 荷兰壳牌公司采用的是 total granted patents and pending patent applications；2. 法国电力集团采用的是 innovations patented by Group R&D；3. 国家能源集团和中国石油天然气集团采用的是申请专利。
来源：公开信息整理。

国家能源集团：

国家能源集团 2018—2020 年的年度万人专利申请量分别为 45 件、48 件、78 件，高于同期对标的法国电力集团。国家能源集团 2020 年全年申请专利 2550 件，其中发明专利 1305 件；授权专利 2395 件，其中发明专利 504 件。该公司近年专利申请量增速大于雇员增速，导致其年度万人专利申请量逐年上升。

法国电力集团：

法国电力集团 2018—2020 年的年度万人专利申请量分别为 37 件、41 件、43 件，连续三年上升。2018 年法国电力集团的专利申请量为 615 件、同期雇员 165790 人，2019 年其年度万人专利申请量同比增加，因为该公司的雇员出现同比下滑但专利申请量同比增加，即法国电力集团 2019 年的雇员人数同比下滑 0.6%、专利申请量同比增加 10.9%。2019 年法国电力集团该指标同比继续增加，因为该公司的雇员和专利申请量均出现同比增加，但雇员增速不及专利申请量增速，即法国电力集团 2020 年的雇员人数同比增加 0.3%、专利申请量同比增加 5.0%。

荷兰壳牌公司：

2018—2020 年荷兰壳牌公司的年度万人专利申请量分别为 1275 件、1138 件、975 件，连续三年下降，但高于其他 3 家能源类企业。2018 年，荷兰壳牌公司专利申请量为 10325 件、雇员 81000 人，该公司 2019 年和 2020 年年度万人专利申请量指标连续下滑的原因，均是由于专利申请量同比下滑但同期雇员人数同期增长导致，2019 年荷兰壳牌公司专利申请量同比下滑 8%、雇员同比增加 2%，2019 年专利申请量同比下滑 10%、雇员同比增加 5%。

中国石油天然气集团：

中国石油天然气集团 2018—2020 年年度万人专利申请量分别为 37 件、41 件、55 件，连续三年增长，但低于对标的荷兰壳牌公司。2018 年，中国石油天然气集团专利申请量为 5117 件、雇员 41325 人。2019 年中国石油天然气集团的年度万人专利申请量出现增加，是由于该公司雇员人数和专利申请量同时同比增长，但雇员人数增速不及专利申请量同期增速导致，即 2019 年中国石油天然气集团雇员人数同比增加 2.5%，但专利申请量同比增加 8.2%。2020 年，中国石油天然气集团的年度万人专利申请量出现增加，是由于该公司雇员人数出现下滑，但同期专利申请量同比增长所致，即 2020 年该公司的雇员人数同比下滑 3.5%，但同期专利申请量同比增长 23.1%。

3. 国家能源集团与非能源类企业对标分析

2020 年，国家能源集团与 10 家非能源类企业的年度万人专利申请量对比（仅对有数据的企业对比），有如下特点：国家能源集团该指标排名位于中档偏下位置。多家国外的企业，未见公开披露该指标及其关联数据；国内的企业均连续公开公布此数据。航天科技集团排名第 1，中国诚通控股集团排名靠后。无论国内还是国外的企业，2020 年的该指标，均出现上升。有同行业可比性的军工类，国内航天科技集团，远高于国外的美国波音公司。

表 6—12　2018—2020 年国家能源集团和非能源类企业年度万人专利
申请量对比

No.	企业	2018 年	2019 年	2020 年
1	航天科技集团	333.7	393.5	446.7
2	国机集团	137.3	102.6	195.5
3	美国波音公司	80.0	89.0	103.8
4	国投集团	24.5	64.6	92.5
5	国家能源集团	44.7	47.5	78.1
6	中国移动通信集团公司	48.4	58.8	77.0
7	中国诚通控股集团	17.3	33.5	70.8
8	美国卡特彼勒公司	—	—	—
9	美国电话电报公司	—	—	—
10	美国凯雷投资集团	—	—	—
11	美国丹纳赫集团	—	—	—

注：1. 上表排序按 2020 年企业数据由高到低；2. 航天科技集团采用的是专利申请；3. 国机集团 2018 年和 2020 年采用的是申请专利，2019 年采用的是国家授权专利（项）；4. 美国波音公司采用的是波音公司被授予专利（Boeing was granted patent）；5. 国投集团采用的是获得授权专利（件）；6. 中国移动通信集团公司采用的是提交专利申请数量（件）；7. 中国诚通控股集团采用的是获得授权专利件和发明专利件之和。来源：公开信息整理。

四、产业领导力

通过对 2018—2020 年公开数据进行充分分析，国家能源集团的产业影响力基本稳定且处于较高位置，对比能源类企业，其排名略低于油气类企业，和法国电力集团水平相当；对比非能源类企业仅低于电子信息类企业的收入规模，整体处于上游位置，产业竞争力较强。产业收入排名方面，除中国石油天然气集团实现了三年上升至《财富》世界500强炼油行业排名第1外，其他企业相对稳定；国家能源集团排名明显优于其他行业的国内多家企业。营业收入方面，国家能源集团的收入规模在能源类企业中处于第2梯队；对比非能源企业仅低于电子信息类企业。三年增长率方面，明显可看出2020年由于新冠疫情影响，对各行业造成了不同程度的冲击，尤其是油气类企业下降明显；对比之下，国内企业普遍抗风险能力高于国外企业，国内的国投集团和中国诚通控股集团表现最优（美国凯雷投资集团增长较大，但其收入规模远小于其他行业，暂不列为对比对象），依旧实现了收入大幅正增长，中国移动通信集团公司尽管增速不算快，但实现了三年连续增速上升；国家能源集团2020年的该指标，更是位列能源类企业首位。

产业影响力采用三年年均收入增长率、营业收入和产业收入排名3项来衡量，后者可用于行业内比较，但不同行业间的可比性较弱。整体上，国家能源集团、国投集团、中国诚通控股集团等国内公司的三年年均收入增长率增长较快，位列前三，法国电力集团、美国波音公司、荷兰壳牌公司、中国移动通信集团公司等公司增长较慢；中国石油天然气集团、荷兰壳牌公司、美国电话电报公司等收入量级较大，中国诚通控股集团、美国凯雷投资集团、美国丹纳赫集团等收入规模较小。

（一）产业收入排名

从能源类企业的产业收入排名看，油气类的中国石油天然气集团已经超越荷兰壳牌公司。二者在2020年美国《财富》世界500强炼油行业（共24家）排名分别为中国石油天然气集团第1名、荷兰壳牌公司第4名。其他类似排名也显出中国石油天然气集团的产业的领先性，例如，以原油产量为指标的 2020 年美国《石油情报周刊》50 家大石油公司排名，中国石油天然气集团排第 3 位，荷兰壳牌公司排第 7 位。前两名分别为沙特阿拉伯国家石油公司、伊朗国家石油公司。

《财富》把中国国家能源集团和法国电力集团分属在了不同行业，2020年国家能源集团在《财富》世界 500 强采矿、原油生产分行业榜（共 17 家）排名第 5 位，前 4 位分别为沙特阿美公司、嘉能可公司、山东能源集团有限公司、中国海洋石油集团有限公司，国家能源集团排名比 2019 年下滑 1位。法国电力集团在 2020 年《财富》世界 500 强公用设施分行业榜（共 13家）排名第 3 位，前两位分别是国家电网有限公司、中国南方电网有限责任公司，前两名均被中国电力企业占据，法国电力集团相比 2019 年，上升1 位。

表 6—13　2018—2020 年国家能源集团和能源类企业产业收入排名对比年均排名

NO.	行业	企业	年均排名	备注
1	能源类	国家能源集团	4.7	《财富》世界 500 强采矿、原油生产行业排名
		法国电力集团	3.3	《财富》世界 500 强公用设施行业排名
		中国石油天然气集团	2.0	《财富》世界 500 强炼油行业排名
		荷兰壳牌公司	3.0	《财富》世界 500 强炼油行业排名
2	军工类	航天科技集团	8.0	《财富》世界 500 强航天与防务行业排名
		美国波音公司	2.7	《财富》世界 500 强航天与防务行业排名
3	装备制造类	国机集团	3.0	《财富》世界 500 强分行业榜工业机械排名
		美国卡特彼勒公司	1.0	《财富》世界 500 强建筑和农业机械行业排名

NO.	行业	企业	年均排名	备注
4	电子信息类	中国移动通信集团公司	4.3	《财富》世界500强电信行业排名
		美国电话电报公司	1.0	《财富》世界500强电信行业排名
5	国资投资类	国投集团	—	—
		美国凯雷投资集团	2.3	按PEI 300排名
6	国资运营类	中国诚通控股集团	—	—
		美国丹纳赫集团	—	—

注：PEI指私募股权国际组织（Private Equity International）。
来源：公开信息整理。

能源类企业亦可从其他细分行业来看，例如，国家能源集团是全球规模最大的煤炭生产公司、火力发电公司、风力发电公司和煤制油煤化工公司。其子公司中国神华能源公司是国内最大的煤炭生产企业，也是世界第二大的煤炭行业上市公司（仅次于美国及世界最大的私人上市煤炭企业皮博迪能源），该公司在2021年福布斯全球2000大上市公司（Global 2000 2021）排行榜中位列第172名。

军工类：航天科技集团和美国波音公司，在2020年《财富》世界500强航天与防务行业（共13家）排名中分别位列第7名、第4名，相比2019年，航天科技集团上升2名，美国波音公司下滑1名。装备制造类：国机集团在《财富》世界500强工业机械分行业榜（共7家）排名第三，与2019年持平，而美国卡特彼勒公司位于《财富》世界500强建筑和农业机械行业分行业榜（共2家）连续两年排名第一，建筑和农业机械行业上榜的公司较少，2020年仅有美国卡特彼勒公司和美国约翰迪尔公司上榜，美国的帕卡公司则进入了该榜2019年的第三。电子信息类：美国电话电报公司位于《财富》世界500强电信行业（共16家）排名第一，与2019年持平，中国移动通信集团公司 2020 年在该榜排名第五，与 2019 年持平。国资投资类和国资运营类：未见 4 家企业进入《财富》世界 500 强。仅发现美国凯雷投资集团按 PEI 300 排名在第 4 位，比 2019 年下滑 2 位，美国黑石集团位列第一。

（二）营业收入

1. 不同行业间对标分析

从 2018—2020 年选取的 6 个行业年均营收规模差距看，国内的能源类和国有投资类企业营收超过国外，其中国内的国有投资类超过国外较多；其他行业，国内则小于国外，其中国内的装备制造类和国有运营类与国外相比，差距较小，军工类与国外差距较大。

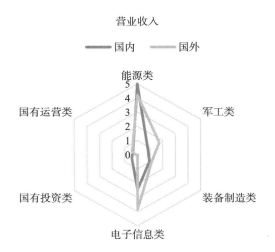

图 6—9　不同行业间指标对比，按营业收入

（已按模型化处理，数字表示得分值）

注：上图算法说明，见章节 2.1 的雷达图。
来源：公开信息整理。

2. 国家能源集团与能源类企业对标分析

从营业收入角度看能源类 4 家企业营收对比，有如下特征：国家能源集团和法国电力集团二者收入非常接近，并且近三年二者均保持稳定的趋势。油气类 2 家企业收入均较高，规模远超电力类的 2 家企业。中国石油天然气集团收入连续三年超过荷兰壳牌公司，且二者营收差距逐渐拉大。2020 年，中国石油天然气集团和荷兰壳牌公司的收入均大幅下滑，其中中国石油天然气集团同比下降 25%，荷兰壳牌公司同比下降 47%。

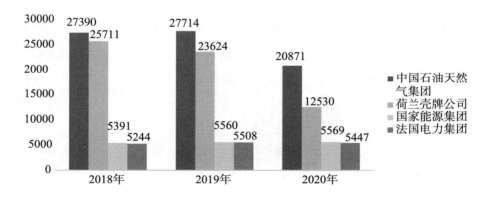

图 6—10　2018—2020 年国家能源集团和能源类企业营业收入（亿元）对比

注：1. 中国石油天然气集团和国家能源集团采用的是营业总收入；2. 荷兰壳牌公司采用的是 Revenue；3. 法国电力集团 2018—2019 年采用的是 Sales，2020 年是 Revenue，但二者数据一致。
来源：公开信息整理。

国家能源集团：

国家能源集团 2020 年收入 5569 亿元，该公司的主营业务收入来自煤炭和电力，其中中国神华能源公司实现营业总收入 2333 亿元、国电电力公司实现营业总收入 1164 亿元，另有其他相对较小的子公司。

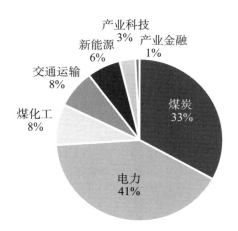

图 6—11　2020 年国家能源集团收入份额，按业务（已剔除其他及抵消数）

来源：公开信息整理。

从收入板块看，煤炭是国家能源集团的主要营收来源之一。2020 年，该公司煤炭收入 2265 亿元，其拥有 79 处煤矿，其中千万吨以上产能为 24 处，煤炭产量 5.3 亿吨，销量 7.0 亿吨。煤炭业务分布在 6 大矿区和矿井群：神东矿区、准格尔矿区、胜利矿区和宁煤集团、新疆能源以及平庄能源等。该公司的神东矿区是其煤炭板块的主要营收来源地。该公司拥有的大部分煤炭资源，有煤层埋藏浅、煤层厚、地质构造简单、地表状况稳定、瓦斯含量低等优点，利于大型露天开采和采用连采掘进等高度机械化的开采方法，使得该公司有一定的竞争优势。该公司煤炭销售以长期重点合同煤为主，原则上年内不调价，现货价格则随市场波动，下水煤价格以秦皇岛港煤炭价格为参考，按月度调整，整体相对稳定。

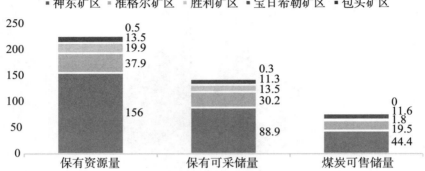

图 6—12 2020 年国家能源集团煤炭产区分布（亿吨）

注：保有资源量和保有可采储量按中国标准，煤炭可售储量按 JORC 标准，其中 JORC 指澳大利亚矿石储量联合委员会（Joint Ore Reserves Committee）。
来源：公开信息整理。

电力是国家能源集团营收的另一个重要来源，该公司是全球最大的火力发电公司和风力发电公司，2020 年电力板块（含新能源，指风能、太阳能及其他）营收 3269 亿元。火电是该公司主要的电力板块收入来源，占总装机容量的 74.2%，火电又以煤电为主，常规煤电装机量占总装机容量的 73.3%。其中，60 万千瓦（含）以上机组占比 63.3%，拥有百万机组 37 台，超临界、超超临界机组占比 61.2%。该公司水电装机量占总装机容量的 7.2%，风电装机容量占总装机容量的 17.9%，风电以龙源电力为主体，太阳能及其他（如生物质能、潮汐能、地热能和海洋能等）装机容量占总装机容量的近 0.7%，占比较小。从发电量看，火电占比更是高达 83.1%，水电 7.6%、风电 9.1%、太阳能及其他 0.2%。

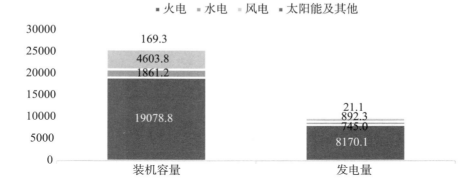

图 6—13　2020 年国家能源集团装机容量（万千瓦）和发电量（亿千瓦时）

来源：公开信息整理。

此外，国家能源集团的煤化工板块，亦占有一定的营收。2020 年化工品销量 1660 万吨。该公司生产运营煤制油化工项目有 28 个，产能规模世界第一，其煤制油产能 531 万吨 / 年、煤制烯烃产能 393 万吨 / 年。其他业务板块的营收不再逐一展开。

法国电力集团：

2020 年的营收为 690.31 亿欧元，同比减少 23.16 亿欧元（3.2%）。若不考虑汇率变动（减少 3.38 亿欧元）和合并范围的变化（增加 4.17 亿欧元）的影响，营收出现了 3.4% 的下降。新冠疫情影响对该集团销售额产生了不利影响，估计为 23.06 亿欧元，影响占比 3.34%。表 6—14 显示了按业务板块划分的销售情况，不包括业务板块间的冲销。

法国电力集团的业务由以下业务部门组成：法国—发电和供应、法国—受监管的活动、法国电力集团可再生能源公司（EDF Renewables）、子公司达尔凯（Dalkia）、子公司法马通（Framatome）、英国、意大利、其他国际、其他活动、分部间冲销。各业务部门收入见表 6—14：

表 6—14　法国电力集团收入（百万欧元）变化，按业务部门

NO.	业务板块	2020 年	2019 年	变化量	变化率（%）	有机增长（%）
1	法国—发电和供应	28361	27870	491	1.8	0.7
2	法国—受监管的活动	16228	16087	141	0.9	0.9
3	法国电力集团可再生能源公司（EDF Renewables）	1582	1565	17	1.1	7.6
4	达尔凯（Dalkia）	4212	4281	−69	−1.6	−9.3
5	法马通（Framatome）	3295	3377	−82	−2.4	−3.1
6	英国	9041	9574	−533	−5.6	−2.0
7	意大利	5967	7597	−1630	−21.5	−21.7
8	其他国际	2420	2690	−270	−10.0	−5.1
9	其他活动	2127	2728	−601	−22.0	−20.8
10	分部间冲销	−4202	−4422	220	−5.0	−4.2
11	总计	69031	71347	−2.316	−3.2	−3.4

注：1. 有机增长（Organic Growth）是指公司依托现有资源和业务，通过提高产品质量、销量与服务水平，拓展客户以及扩大市场份额，推进创新与提高生产效率等途径，而获得的销售收入及利润的自然增长；2. 法国—发电和供应：法国本土的发电、供应和优化，以及工程和咨询服务的销售；3. 法国—受监管的活动：包括法国本土的配电业务（由 Eenedis 子公司进行）、法国电力集团的岛屿业务和斯特拉斯堡电力公司的业务，在法国本土，配电网络活动通过网络接入费 TURPE（Tarifs d'Utilisation des Réseaux Publics d'Electricité）进行监管。根据法国能源法的规定，Eenedis 是一个独立的法国电力集团子公司；4. 2019 年的公布数字已根据勘探和开采处置范围的变化的影响进行了重述；5. 其他国际指 Other international，包括比利时、美国、巴西和亚洲（中国、越南和老挝）。
来源：公开信息整理。

就装机量和发电量而言，2020 年法国电力集团装机总量为 120.5 吉瓦，发电量为 5019 亿千瓦时，见图 6—14：

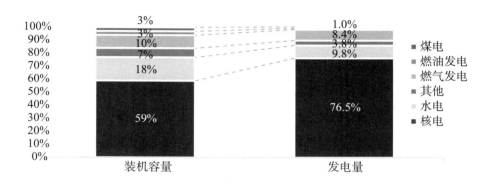

图 6—14　2020 年法国电力集团装机容量（按吉瓦）和发电量（十亿千瓦时）占比

注：1. 两项指标均为合并数据；2. 发电量中：水力输出包括抽水蓄能的消耗。
来源：公开信息整理。

从发电量看：2020 年法国的核电产量为 335.4 十亿千瓦时，比 2019 年减少 44.1 十亿千瓦时，其中大约 33 十亿千瓦时与新冠疫情有关。新冠疫情延长了停电时间，因为引入了健康限制，需要对停电时间表进行全面重组。此外，2020 年的特点是延长了弗拉曼维尔 1 号和 2 号以及帕鲁埃尔 2 号的停电时间。在法国政府决定提前关闭工厂后，费森海姆的两个反应堆在 2020 年被彻底关闭。对最终客户（包括本地分销公司，不包括外国运营商）的销售量下降 25.9 十亿千瓦时，包括与客户流失有关的 12.2 十亿千瓦时。法国电力集团在批发市场上是一个净卖家，达到 53.9 十亿千瓦时。市场上净销售量减少 9.0 十亿千瓦时的原因是核电产量减少，这被水电产量的增加和对最终客户的销售量减少部分抵消。水力发电总量为 44.7 十亿千瓦时，与 2019 年相比增长 12.6%（增加 5.0 十亿千瓦时）。这一增长的原因是，2020 年的水文条件略好于历史平均水平，而 2019 年的水文条件则远远低于平均水平。火力发电设施用于生产 8.8 十亿千瓦时，比 2019 年少 1.0 十亿千瓦时。

中国石油天然气集团：

中国石油天然气集团 2020 年营收已经高达 20872 亿元，但也同比下滑 25%。原因是：新冠疫情令化工产品下游行业需求降低，2020 年国内化工行业总体营业总收入同比下降，盈利能力下滑；此外原油、天然气、成品油价格出现下跌，导致该公司营收下滑。其中，从板块看，该公司下滑幅度和下滑量最大的均是贸易板块，下滑量约 4839 亿元，下滑 34%；下滑幅度和下滑量最小的均是天然气管道业务板块，下滑量约 239 亿元，下滑 6%。

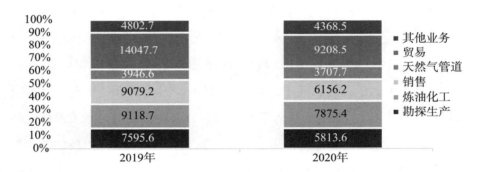

图 6—15   2019—2020 年中国石油天然气集团有限公司收入（亿元），按板块

注：不含业务板块间抵消。
来源：公开信息整理。

荷兰壳牌公司：

荷兰壳牌公司 2020 年收入为 180543 百万美元（约 12530 亿元），按美元计同比下滑 47.7%，该公司营收 4 大来源的业务部门均出现下滑，按营收占比从大到小依次为石油产品（71%）、天然气一体化（18%）、化学品（6%）、上游（4%）。

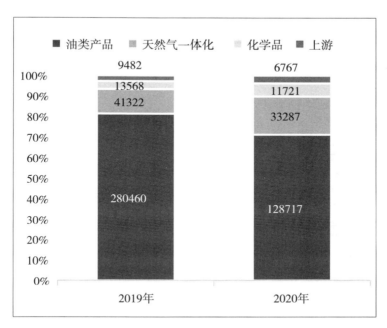

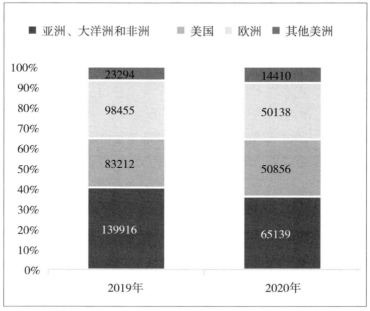

图 6—16　2019—2020 年荷兰壳牌公司收入（百万美元），按板块和地区

注：1. 不含业务板块间抵消；2. 按板块未计入集团营收（因为数值太小）；3. 不含内部销售，仅指销售给第三方的收入。

来源：公开信息整理。

从地区看，荷兰壳牌公司 2020 年在 4 大区域的收入均出现了下滑，营收规模按占比依次为亚洲、大洋洲和非洲（36%）、美国（28%）、欧洲（28%）、其他美洲（8%），其中亚洲、大洋洲和非洲地区的下滑量和幅度均最大，分别为负 74777 百万美元和 53%，其他美洲的下滑量和幅度均最小，分别为 8884 百万美元和 38%。

3. 国家能源集团与非能源类企业对标分析

与其他 10 家非能源类企业的营收对比，2020 年，国家能源集团排名第三，仅次于美国电话电报公司和中国移动通信集团公司两家公司。可以看出，电子信息类的两家企业收入排名靠前，美国电话电报公司收入排名首位，收入规模约是国家能源集团的两倍，中国移动通信集团公司的收入约是美国电话电报公司的 65%，有一定差距。军工类的中国航天科技集团是美国波音公司收入规模的 66%，装备制造类的国机集团则与美国卡特彼勒公司营收规模不相上下，国有资本投资和运营类的 4 家公司，营收规模排名靠后。

表 6—15 2018—2020 年国家能源集团和非能源类企业营业收入（亿元）对比

No.	企业	2018 年	2019 年	2020 年
1	美国电话电报公司	11304	12412	11920
2	中国移动通信集团公司	7368	7459	7681
3	国家能源集团	5391	5560	5569
4	美国波音公司	6695	5244	4036
5	美国卡特彼勒公司	3623	3685	2897
6	国机集团	2997	2973	2829
7	航天科技集团	2482	2490	2662

No.	企业	2018 年	2019 年	2020 年
8	美国丹纳赫集团	1129	1227	1547
9	国投集团	1214	1419	1531
10	中国诚通控股集团	1017	1053	1242
11	美国凯雷投资集团	161	231	204

注：1. 上表排序按 2020 年企业数据由高到低；2. 美国电话电报公司采用的是 Total Operating Revenues；3. 中国移动通信集团公司采用的是年收入；4. 美国波音公司采用的是 Revenues；5. 美国卡特彼勒公司采用的是 Sales and Revenues；6. 国机集团采用的是营业收入；7. 航天科技集团采用的是合并口径的营业收入；8. 美国丹纳赫集团采用的是 Sales；9. 国投集团采用的是营业总收入（含营业收入、利息收入、手续费及佣金收入等）；10. 中国诚通控股集团采用的是营业总收入；11. 美国凯雷投资集团采用的是总收入（Total Revenues)(含基金管理费、奖励费、投资收入，包括业绩分配、利息和其他收入和收益，分别指 Fund management fees、Incentive fees、Investment income，including performance allocations、Interest and other income and revenues 等)。
来源：公开信息整理。

（三）年均收入增长率

1. 不同行业间对标分析

从选取 6 个行业的三年年均收入增长率看，国内的国有投资和国有运营两类行业增速最快，国外的军工类最慢，出现了下滑，为负值。国内的装备制造和电子信息类两类，不及国外。其他 4 类行业中，国内的表现均好于国外。三年年均收入增长率，均按当地货币计算，三年指连续三年：2018 年的三年年均收入增长率是指 2016—2018 年，2019 年的三年年均收入增长率是指 2017—2019 年，2020 年的三年年均收入增长率是指 2018—2020 年。

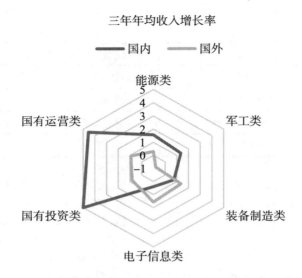

三年年均收入增长率

—— 国内　—— 国外

图6—17　不同行业间指标对比，按三年年均收入增长率

（已按模型化处理，数字表示得分值）

注：算法说明，见章节2.1的雷达图。

来源：公开信息整理。

2. 国家能源集团与能源类企业对标分析

2018—2020年间，选取的能源类4家企业的三年年均增长率有如下特征：2020年，4家企业均出现了下滑，但国家能源集团的表现最好，排名第一；除法国电力集团的三年年均增长率是先增后降外，含国家能源集团在内的其他3家企业，均呈现连续下滑的趋势；荷兰壳牌公司下滑最快，中国石油天然气集团位列其次，法国电力集团表现相对最好，国家能源集团次之；油气类的下滑比电力类的更快。

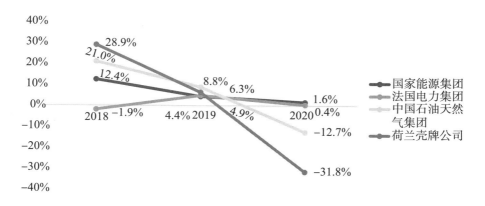

图6—18 2018—2020年国家能源集团和能源类企业三年年均收入增长率对比

注：1. 国家能源集团2017年合并之前数据采用的是神华集团有限责任公司、中国国电集团有限公司营收之和；2. 法国电力集团采用的是欧元计算的三年年均收入增长率；3. 荷兰壳牌公司采用的是美元计算的三年年均收入增长率。
来源：公开信息整理。

国家能源集团：

国家能源集团2018年的三年年均收入增长率为12.4%，高于法国电力集团，但低于荷兰壳牌公司和中国石油天然气集团。该公司2018年各主要业务板块收入，均有不同程度增长，总营业收入同比增长6.34%；各业务占比较2017年变化不大。该公司主营业务以煤炭和电力的生产及销售为主，2017—2018年，煤炭业务和常规能源业务占比之和均在90%以上。

煤炭业务：2018年该公司煤炭生产量5.1亿吨，同比增长3.7%，煤炭销售量6.8亿吨，同比增长1.9%，该公司煤矿采掘机械化率为100%，公司全员工效37.9吨/（工·天），同比提高2.2吨/（工·天），回采工效168.8吨/（工·天），较上年提高3.1吨/（工·天）。总体来看，该公司煤炭销售仍以长期重点合同煤为主、有利于保持公司经营稳定，煤炭生产经营规模大、板块运行良好。

常规能源业务：该公司电厂遍布全国各地，广泛分布利于化解单一区域电力供销矛盾，以及对该公司电力板块的影响，同时有利于其煤炭资源的消纳，有利于降低发电成本。2018 年，该公司发电量 9533 亿千瓦时，同比增长 7.4%。

煤化工业务：该公司致力于已投产煤制油、煤化工项目"安、稳、长、满、优"运行，为中国煤制油、煤化工行业的发展，起示范作用。2018 年，该公司化工品产量 1494 万吨，同比增长 16.1%。

交通运输业务：该公司是中国唯一拥有大规模、一体化运输网络的煤炭供应商，由中国神华能源公司负责运营。2018 年，其铁路货运量共 4.6 亿吨，同比增长 6.4%，业务规模有所扩大。

从以上国家能源集团的主要板块可以看出，2018 年该公司经营状况良好。各板块 2018 年经营状况具体如表 6—16 所示：

表 6—16　2018 年国家能源集团收入、涨幅及增长因素

No.	板块	收入（亿元）	占比（%）	同比（%）	原因
1	煤炭	2624.00	48.39	8.0	优质产能释放及煤炭销售价格上涨所致
2	常规能源	2734.05	50.42	4.38	得益于发电量的增长
3	新能源	375.14	17.44	6.92	积极响应国家政策导向
4	交通运输	514.70	5.70	9.49	稳定增长
5	煤化工	517.12	29.64	9.54	受益于环保趋严以及去落后产能等政策
6	其他	产业金融、科技及其他主要服务于公司主业，规模相对小	/	/	/

注：1. 上表排序按 2020 年企业数据由高到低；2. 收入未计抵消，故相加不等于 100%。

来源：公开信息整理。

国家能源集团三年年均增长率为 4.4%，相比 2018 年的 12.4%，大幅下滑，由于 2019 年营收增速相对缓慢，同比增长 3.16%，煤炭业务、发电业务及运输业务收入分别同比增长 0.22%、3.86% 和 2.50%，其他业务规模相对较小。2020 年该公司的三年年均增长率下滑至 1.6%，不同业务增速出现了较大的分化，相比 2018 年，煤炭业务营收出现了大幅下滑（减少 11.9%），同期另一主营业务的电力板块则出现增长（4.1%），煤化工和交运也出现了不同程度的增长，分别为 8.6% 和 0.8%。所以，整体三年年均增长率仅为 1.6%。由于 2020 年新冠疫情，该值在能源类的对标公司中，已属较高。

法国电力集团：

法国电力集团公司三年年均增长率在 2018—2020 年呈现了先增后降的趋势。2018 年该公司该指标为负 1.9%，在当年度选取的 4 家能源企业中排名垫底，原因是当年营收占比近一半的"法国—发电和供应业务"的三年年均增长率为负 14%，同时该公司在意大利和英国的业务表现不佳，2018 年意大利和英国业务的三年年均增长率为 –15%、–2%，三块业务收入占 63% 左右，同时其他占比较大的业务如"法国—受管制的业务"的三年年均增长率仅 1%，故法国电力集团公司三年年均增长率较低。2019 年，该公司的三年年均增长率升至 4.9%，高于国内的国家能源集团公司，但低于中国石油天然气集团和荷兰壳牌公司，该公司的三年年均增长率指标出现回升是因为："法国—发电和供应业务"、英国业务和子公司达尔凯（Dalkia）表现较好，三者占当年营收比例合计 60%，三年年均增长率分别增长 5%、5%、7%，加之"法国—受管制的业务"的该指标表现稳定以及其他多个较小业务表现较好。2020年，该公司的三年年均增长率降至0.4%，表现不及国内的国家能源集团公司，但高于中国石油天然气集团和荷兰壳牌公司。该公司的三年年均增长率指标较低是因为：合计占比27%的子公司法马通（Framatome）、英国业务，其他国际业务和子公司达尔凯（Dalkia）4块的三年年均增长率均近乎为0，而占比24%的"法国一受管制的业务"板块三年年均增长率仅1%，所以，尽管占比41%的"法国一发电和供应业务"三年年均增长率为4%，也无法大幅带动该公司整体的该指标值。

中国石油天然气集团：

2018—2020年，中国石油天然气集团有限公司每年的三年年均增长率呈现出逐年下滑趋势，下滑速度仅次于荷兰壳牌公司，表现不及国家能源集团和法国电力集团。2018年该公司三年年均增长率仅次于荷兰壳牌公司，要高于国家能源集团和法国电力集团，主要因为：该公司几乎所有的业务板块相对于2016年都出现了大幅上涨，三年年均增长率（未计抵消）从大到小分别为贸易36%、勘探生产30%、炼油化工23%、天然气管道20%、销售16%。2018年，该公司的各业务板块受益于国际原油价格回暖和天然气、非常规油气开发力度加大等综合因素影响，勘探生产业务持续复苏，同期其原油加工量达到近年来新高，炼油化工业务实现营业收入的较大幅度上涨，销售板块成品油销量持续扩大，非油品收入同比大幅增长，贸易板块对公司收入贡献较大，对外交易收入（业务板块间抵消后）收入首次突破万亿元，天然气及管道业务主要来自公司多渠道增加天然气供应，使得天然气销售量大幅提高。2019年，尽管同比下滑，但该公司三年年均增长率的8.8%，仍高于国家能源集团、法国电力集团和荷兰壳牌公司3家能源类企业，主要因为：该公司几乎所有的业务板块相对于2017年都出现了一定幅度的上涨，三年年均增长率（未计抵消）从大到小分别为勘探生产15%、天然气管道15%、贸易14%、炼油化工10%、销售7%。2019年，该公司营业总收入实现了小幅增长，主要由于原油价格下降、油气销量增加等影响，勘探生产收入同比小幅增加，化工产品和油气产品价格的持续走低令炼油化工和油气产品板块销售收入均同比小幅下降，天然气管道板块收入延续较高增长，贸易板块收入亦延续稳定增长态势。2020年，中国石油天然气集团的三年年均增长率为-12.7%，仅高于荷兰壳牌公司，低于国家能源集团和法国电力集团，主要因为：三年年均增长率（未计抵消）按板块看，除天然气管道为正值外，其他板块均为负值，相对于2016年都出现了不同程度的下滑，三年年均增长率（未计抵消）从小到大分别为销售-19%、贸易-18%、勘探生产-12%、炼油化工-8%、天然气管道1%。2020年，部分产品价格下跌，以及新冠疫情令化工产品下游需求趋弱，使得该公司部分产品销量减少，营收下滑。

荷兰壳牌公司：

2018—2020年，荷兰壳牌公司每年的三年年均增长率呈现出逐年下滑趋势，在4家能源类企业中下滑速度最快，从2018年的28.9%下滑至2020年的-31.8%，该公司的三年年均增长率指标从2018年4家能源类企业的第1位下滑至2020年的最后1位。2018年荷兰壳牌公司三年年均增长率较高，主要因为：该公司几乎所有的业务板块相对于2016年都出现了大幅上涨，三年年均增长率（仅含第三方的销售收入、不含公司内部跨部门间的销售收入）从大到小分别为天然气一体化32%、下游29%、上游21%；从地区看，其在全球各地区的三年年均增长率也均保持高位，从大到小分别为美国42%，亚洲、大洋洲和非洲32%，欧洲21%，其他美洲14%。

3. 国家能源集团与非能源类企业对标分析

国家能源集团与其他 10 家非能源类企业的三年年均收入增长率对比，2020 年排名在中后部位置。2020 年，两家企业排名前两位的均为国内公司。国有投资和运营两类公司在 2020 年相对靠前。除中国移动通信集团公司和美国凯雷投资集团外，其他 9 家公司在 2020 年均出现了三年年均收入增长率的同比下滑，尤其是美国波音公司和美国卡特彼勒公司，降幅较大，分别位列倒数第一、第二位。

表 6—17　2018—2020 年国家能源集团和非能源类企业三年年均收入增长率对比

No.	企业	2018 年	2019 年	2020 年
1	国投集团	18.1%	26.0%	12.3%
2	中国诚通控股集团	28.1%	12.7%	10.5%
3	美国凯雷投资集团	3.3%	−4.2%	10.0%
4	航天科技集团	7.9%	3.7%	3.6%
5	美国丹纳赫集团	0.5%	7.4%	2.5%
6	中国移动通信集团公司	2.0%	0.4%	2.1%
7	国家能源集团	12.4%	4.4%	1.6%
8	美国电话电报公司	4.3%	12.9%	0.6%
9	国机集团	9.0%	2.3%	−2.9%
10	美国卡特彼勒公司	19.2%	8.8%	−12.7%
11	美国波音公司	0.3%	3.7%	−13.0%

注：1. 上表排序按 2020 年企业数据由高到低；2. 国外企业均采用美元计算的三年年均收入增长率。
来源：公开信息整理。

五、组织效率

通过对 2018—2020 年公开数据进行充分分析，组织效率方面，超八成国内企业的总资产周转率和存货周转率高于对应的国外企业，显示出国内产业发展速度高于国外对应产业；国家能源集团虽然总资产周转率在能源类企业中仅高于法国电力集团，但油气类企业下滑趋势明显，国家能源集团和法国电力集团相对更加稳定，同时国家能源集团的存货周转率远高于同类型的法国电力集团，变现能力较强。

组织效率是指组织管理工作投入的劳动量与劳动效果之间的比率，该指标选取总资产周转率和存货周转率两项作为参考。就 2018—2020 年平均值而言，国家能源集团的总资产周转率排名位于 14 家企业的中下部位置，而其存货周转率则位于前三的靠前位置。2018—2020 年，存货周转率平均值，中国移动通信集团公司和美国电话电报公司分列前两名、法国电力集团排名靠后，总资产周转率平均值，国机集团和荷兰壳牌公司分列前两名、美国凯雷投资集团和国投集团排名靠后。

（一）总资产周转率

总资产周转率是企业一定时期的销售收入净额与平均资产总额之比，该指标越高，说明企业销售能力越强，资产投资的效益越好。

1. 不同行业间对标分析

选取的 6 个行业中，总资产周转率最高的是国内的装备制造类，最低的是国外的国有投资类。国内的装备制造类、电子信息类、国有投资类、国有运营类均高于国外，国内的能源类和军工类则低于国外。国内的电子信息类高于国外最多，国内军工类的总资产周转率，低于国外较多。

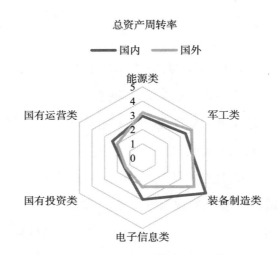

总资产周转率

图 6—19　不同行业间指标对比，按总资产周转率

（已按模型化处理，数字表示得分值）

注：算法说明，见章节 2.1 的雷达图。
来源：公开信息整理。

2. 国家能源集团与能源类企业对标分析

从选取的 4 个能源类企业中，对比 2018—2020 年总资产周转率，发现有如下特征：国家能源集团的总资产周转率，连续高于法国电力集团，后者连续保持最低位置。2020 年度，油气类电力类的国家能源集团和法国电力集团总资产周转率，保持平稳；同期，中国石油天然气集团和荷兰壳牌公司，均出现大幅下滑。从三年变化趋势看，电力类的国家能源集团和法国电力集团总资产周转率保持平稳，油气类的中国石油天然气集团和荷兰壳牌公司三年逐步下滑。荷兰壳牌公司 2018—2019 年总资产周转率位列 4 家企业最高，直到 2020 年被中国石油天然气集团超越。

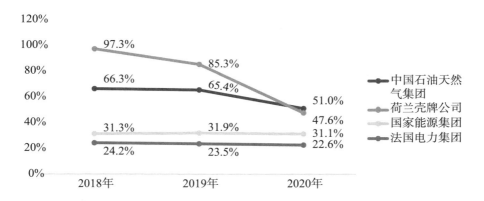

图 6—20　2018—2020 年国家能源集团和能源类企业总资产周转率对比

注：1. 中国石油天然气集团采用的是营业总收入／总资产；2. 荷兰壳牌公司采用的是 Revenue/Total assets；3. 国家能源集团采用的是营业总收入／总资产；4. 法国电力集团 2018—2019 年采用的 sales/Total assets，2020 年采用的是 Revenue/Total assets，但数据一致。
来源：公开信息整理。

国家能源集团：

2020 年，国家能源集团总资产周转次数 0.32 次，与 2019 年基本持平，该公司整体经营效率基本保持较高水平。国家能源集团总资产周转率连续三年超越对标的法国电力集团。

法国电力集团：

2018—2020 年法国电力集团的总资产周转率保持相对稳定，维持在 23% 左右，但从细分看，该公司的该指标仍旧是持续轻微下行的，2018 年法国电力集团的总收入同比增长 4.1%，但资产大幅同比增长 7.1%，导致了 2019 年的总资产周转率的下滑，而 2020 年该公司总资产轻微同比上涨了 0.9%，但同期收入却下滑 3.2%，导致该指标进一步下滑。法国电力集团的总资产周转率近几年一直在较低水平，不及其他 3 家能源行业的企业表现。

中国石油天然气集团：

中国石油天然气集团有限公司在 2018—2020 年出现下滑，主要原因是营收增长速度不及资产增长速度，或营收下滑速度大于资产下滑速度，例如 2019 年该公司 1.2% 的营收增速远小于 2.5% 的资产规模增速，2020 年该公司 24.7% 的营收下滑速度远高于 3.5% 的资产规模下滑速度，导致总资产周转率（收入总额 / 资产总额）连续下滑。与荷兰壳牌公司相比，2018 年中国石油天然气集团 66.3% 的总资产周转率远不及荷兰壳牌公司的 97.3%，但二者之间的差距由 2018 年的 31.0% 缩小到 2019 年的 19.9%，并在 2020 年中国石油天然气集团实现了超越，以 51.0% 的总资产周转率超过荷兰壳牌公司的 47.6%，也反映出荷兰壳牌公司的总资产周转情况不及中国石油天然气集团。

荷兰壳牌公司：

该公司 2018—2020 年总资产周转率的下滑，主要原因是营收增长速度不及资产增长速度，营收下滑速度大于资产下滑速度，例如 2019 年该公司营收下滑了 11.2% 但资产规模反而同比增长 1.3%，而 2020 年资产规模萎缩了 6.2% 但同时营收下滑幅度更大，高达 47.7%，故导致总资产周转率出现较大下滑。尽管如此，如荷兰壳牌公司与国家能源集团和法国电力集团相比，总资产周转率仍然远高于二者。

3. 国家能源集团与非能源类企业对标分析

2020 年，国家能源集团与其他 10 家非能源类企业的总资产周转率对比，处于中等偏下的排名位置。该公司高于国有投资和运营类的美国丹纳赫集团、国投集团、美国凯雷投资集团等公司，略低于国有资本运营类的中国诚通控股集团。无论国外还是国内，国家能源集团均低于军工类、装备制造类和电子信息类的企业。装备制造类的总资产周转率，国机集团要好于美国卡特彼勒公司；军工类的总资产周转率，航天科技集团要优于美国波音公司；电子信息类的总资产周转率，中国移动通信集团公司要优于

美国电话电报公司；国有资本运营公司类的总资产周转率，中国诚通控股
集团要高于美国丹纳赫集团；国有资本投资公司类的总资产周转率，国投
集团也好于美国凯雷投资集团。综上，尽管 2018—2019 年存在差异，但
截至 2020 年，在选取的 6 个行业的 14 家企业中，国内企业在总资产周转
率方面全面领先于对标企业。

表 6—18　2018—2020 年国家能源集团和非能源类企业总资产周转率对比

No.	企业	2018 年	2019 年	2020 年
1	国机集团	76.3%	78.7%	79.7%
2	美国卡特彼勒公司	69.7%	68.6%	53.3%
3	航天科技集团	56.9%	52.2%	51.3%
4	中国移动通信集团公司	48.0%	45.8%	44.5%
5	美国波音公司	86.2%	57.3%	38.2%
6	美国电话电报公司	32.1%	32.8%	32.7%
7	中国诚通控股集团	41.1%	39.0%	31.3%
8	国家能源集团	31.3%	31.9%	31.1%
9	美国丹纳赫集团	35.6%	28.9%	29.3%
10	国投集团	21.0%	22.5%	22.4%
11	美国凯雷投资集团	18.8%	24.5%	18.8%

注：1. 表中排序按 2020 年企业数据由高到低；2. 国机集团采用的是营业总收入
（含营业收入、利息收入、手续费及佣金收入等）/ 总资产；3. 美国卡特彼勒公司
采用的是 Sales and revenues/Total assets；4. 航天科技集团采用的是合并口径的营
业收入 / 资产总额；5. 中国移动通信集团公司直接采用的是其公布的总资产周转
率；6. 美国波音公司采用的是 Revenues/Total assets；7. 美国电话电报公司采用的
是 Total Operating revenues/Total assets；8. 中国诚通控股集团和国投集团均采用的
是总资产周转次数（次），该值等于营业总收入 / 平均资产总额；9. 美国丹纳赫集
团采用的是 sales/Total assets；10. 美国凯雷投资集团采用的是 Total Revenues（含
Fund management fees、Incentive fees、Investment income，including performance
allocations、Interest and other income and revenues 等）/ Total assets。
来源：公开信息整理。

（二）存货周转率

存货周转率（库存周转率）是企业一定时期营业成本（销货成本）与平均存货余额之比。该指标越高，表明存货周转速度越快、存货占用水平越低、流动性越强、存货转换为现金或应收账款的速度越快，表明企业存货资产变现能力就越强。故提高存货周转率，可以提高企业的变现能力。

1. 不同行业间对标分析

从选取的 6 个行业看，对比 2018—2020 年存货周转率，存在如下特征：除去国有投资类国外数据无法公开获取外，国内的其他 5 个行业，全面领先于国外；无论国内还是国外，电子信息类行业的存货周转率，均远高于其他行业，而军工类行业的存货周转率，则远低于其他行业；从领先程度（差距）看，国内的军工类存货周转率领先于国外最多，国内的电子信息类领先于国外最少，二者几乎接近。

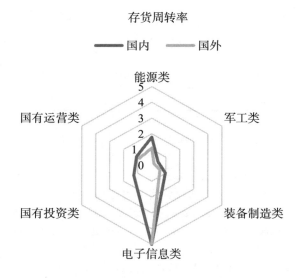

图 6—21　不同行业间指标对比，按存货周转率

（已按模型化处理，数字表示得分值）

注：上图算法说明，见章节 2.1 的雷达图。
来源：公开信息整理。

2. 国家能源集团与能源类企业对标分析

国家能源集团与选取的 3 家能源类企业存货周转率对比，2018—2020 年有如下特点：国家能源集团的存货周转率，最为稳定，波动性最小。从三年变化趋势看，电力类的国家能源集团和法国电力集团保持相对稳定的存货周转率，油气类的中国石油天然气集团和荷兰壳牌公司呈逐年下滑趋势。法国电力集团的存货周转率，2018—2020 年最小，并且远小于其他 3 家企业。荷兰壳牌公司的存货周转率下滑最快。

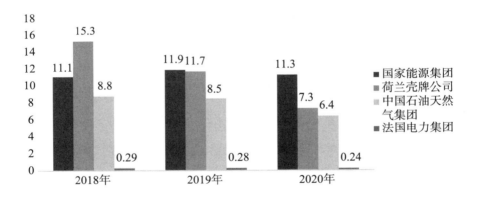

图 6—22　2018—2020 年国家能源集团和能源类企业存货周转率对比

注：1. 国家能源集团采用的是存货周转次数，该值等于营业成本 / 平均存货净额；2. 荷兰壳牌公司采用的是 Inventory Turnover（Annual）；3. 中国石油天然气集团采用的是存货周转率，该值等于营业成本 / 平均存货净额；4. 法国电力集团采用的是 Cost Of Goods And Services/Inventories。
来源：公开信息整理。

国家能源集团：

国家能源集团 2018 年的存货周转率不及荷兰壳牌公司，但由于荷兰壳牌公司下滑幅度远高于国家能源集团，故 2019—2020 年国家能源集团的存货周转率已超越荷兰壳牌公司，位于 4 家能源类企业首位，并且在 2020 年与其他公司的差距拉大，领先优势明显。从其自身看，2019 年该公司存货周转率同比增长 7.4%，变化不算太大，该公司 2019 年末存货 317.26 亿元，较年初增长 1.35%，其存货主要由原材料（188.66 亿元）和库存商品（119.36 亿元）构成，累计计提跌价准备 41.27 亿元，主要是对原材料计提的跌价准备。2020 年该公司存货周转率同比下滑 5.2%，截至 2020 年底，公司存货 337.49 亿元，较年初增长 6.82%。存货主要由原材料（163.69 亿元）和库存商品（112.63 亿元）构成，累计计提跌价准备 37.79 亿元，主要是对原材料计提的跌价准备 30.73 亿元。国家能源集团有强大的铁路、港口和航运业务，能为煤炭的销售及电厂原材料供应提供支持，减少存货对资金的占用，高效协同。例如煤炭业务，该公司利用其运输网络给煤炭销售提供极大的便利，能够很大程度缓解煤炭运输瓶颈问题，便于该公司与主要大型电厂客户合作，保证煤炭销售稳定性，使其能够保持较低的燃料库存，减少燃料对资金的占用，提高存货周转速度，进而增强该公司的盈利能力。与法国电力集团 0.2 ～ 0.3 的存货周转率相比，中国国家能源集团要远远领先于该对标企业。

法国电力集团：

法国电力集团的存货周转率在 4 家企业中最低，是由于该公司的货物销售成本 / 存货总额（指 Cost of Goods and Services/Inventories）比例较低所导致。

中国石油天然气集团：

该公司的存货周转率逐年下滑，由 2018 年的 8.8 降至 2020 年的 6.4，其每年的存货周转率均慢于荷兰壳牌公司。该公司 2020 年的存货为

2368.47 亿元，相比 2018 年的 2492.24 亿元，下滑约 5%，但该公司的存货周转率同期下滑 27%，可见其销货成本出现了下降。

荷兰壳牌公司：

荷兰壳牌公司的存货周转率下滑严重，由 2018 年的 15.3 下滑至 2020 年的 7.3，同期，该公司的存货由 21117 百万美元降至 19457 百万美元，仅下滑 8%，下滑幅度远低于存货周转率的下滑，可见，该公司的货物销售成本下滑较多。

3. 国家能源集团与非能源类企业对标分析

2020 年，国家能源集团与其他 10 家非能源类企业的存货周转率对比，处于领先位置，位居前三，仅次于中国移动通信集团公司和美国电话电报公司。就不同行业而言，存货周转率中，电子信息类的中国移动通信集团公司排名第一，以 36.3 的高值领先于美国电话电报公司的 22.3；国有资本运营类中国诚通控股集团的 6.7 高于对标的美国丹纳赫集团的 5.0；装备制造类国机集团的 5.5 高于对标的美国卡特彼勒公司的 2.6；军工类的存货周转率均较低，但航天科技集团仍旧高于对标的美国波音公司的 0.8，且该公司位列可对比公司的末位。此外，国有资本投资公司类国投集团的 6.9 相对较高，由于未见对标的美国凯雷投资集团有公开的此数据，尚无法对比二者。

表 6—19　2018—2020 年国家能源集团和非能源类企业存货周转率对比

No.	企业	2018 年	2019 年	2020 年
1	中国移动通信集团公司	14.1	30.7	36.3
2	美国电话电报公司	28.7	29.4	22.3
3	国家能源集团	11.1	11.9	11.3
4	国投集团	7.3	6.5	6.9
5	中国诚通控股集团	5.6	5.3	6.7

续表

No.	企业	2018 年	2019 年	2020 年
6	国机集团	5.1	5.1	5.5
7	美国丹纳赫集团	4.7	4.5	5.0
8	美国卡特彼勒公司	3.5	3.3	2.6
9	航天科技集团	2.6	2.3	2.3
10	美国波音公司	1.0	0.8	0.8
11	美国凯雷投资集团	—	—	—

注：1. 上表排序按 2020 年企业数据由高到低；2. 中国移动通信集团公司采用的是销货成本（COGS，含折旧及摊销＋雇员薪酬及相关成本＋销售产品成本）/存货；3. 美国电话电报公司、美国丹纳赫集团、美国卡特彼勒公司、美国波音公司采用的是 Inventory turnover；4. 国投集团、航天科技集团和中国诚通控股集团采用的是存货周转次数，该值等于营业成本/平均存货净额；5. 国机集团采用的是存货周转率；6. 采用的是 Inventory Turnover。
来源：公开信息整理。

六、人力效能

通过对 2018—2020 年公开数据进行充分分析，人力效能方面，除国有资本运营类企业外，其他领域国内企业的全员劳动生产率均低于国外对应企业，但国内企业的人均净利润贡献明显较国外企业更为稳定，新冠疫情期间未受到较大冲击，近三年波动较小，具有更大的提升潜力；国家能源集团的人均净利润贡献在能源类企业中仅低于壳牌，排名第 2。

人力效能选取全员劳动生产率和人均净利润贡献万元/（人·年）两项指标作为参考，两项指标的值越高，表示人力效能越高。

（一）全员劳动生产率

1. 不同行业间对标分析

全员劳动生产率本指国内生产总值与全部就业人员的比率，是衡量劳动力投入产出效率的指标，下文采用企业营业收入 / 雇员人数来反映该指标。全员劳动生产率越高，表明企业单位人力投入获得的营收越高；全员劳动生产率越低，表明企业单位人力投入获得的营收越低。

从选取的 6 个行业 2018—2020 年的全员劳动生产率来看：全员劳动生产率最高的是国外的能源类、最低的则是国内的军工类。除国内的国有运营类高于国外，其他 5 个行业国内均不及国外。从差距看，国外的能源类高于国内最多。

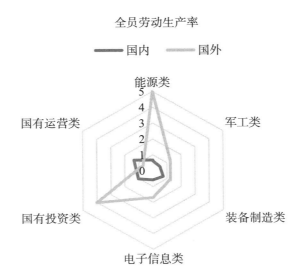

图 6—23　不同行业间指标对比，按全员劳动生产率

（已按模型化处理，数字表示得分值）

注：图中算法说明，见章节2.1的雷达图。

来源：公开信息整理。

2. 国家能源集团与能源类企业对标分析

2018—2020年国家能源集团与能源类3家企业的全员劳动生产率对比发现：从三年变化趋势看，国家能源集团全员劳动生产率连续上升，荷兰壳牌公司连续下滑，法国电力集团和中国石油天然气集团先升高后降低。国外的企业均高于国内企业，即电力类的法国电力集团高于国家能源集团，油气类的荷兰壳牌公司高于中国石油天然气集团。荷兰壳牌公司远高于其他3家企业。2020年，排名从高到低依次为：荷兰壳牌公司、法国电力集团、国家能源集团、中国石油天然气集团。

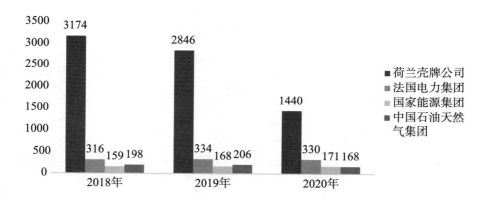

图6—24 2018—2020年国家能源集团和能源类企业全员劳动生产率万元／

（人·年）对比

注：1. 中国石油天然气集团的雇员总人数来自《财富》杂志，其他涉及雇员的指标亦采用了此数据。

来源：公开信息整理。

国家能源集团：

国家能源集团 2018 年的营收为 5391 亿元，员工总数为 33.85 万人，全员劳动生产率为 159；2019 年营收同比增长 3.1%、雇员下降 2.1%，所以 2019 年全员劳动生产率上升至 168，同理 2020 年该公司的营收进一步增长 0.2%，而同期雇员下滑 1.4%，该公司 2018—2020 年营收稳步增长、雇员人数连续下滑、全员劳动生产率持续升高。2020 年，国家能源集团减少的雇员里大部分为女性，当年女性雇员占比 17%，在其减少的 4732 名员工里，女性雇员占比 71%。

法国电力集团：

2018—2020 年间，法国电力集团全员劳动生产率均约是国家能源集团的两倍。法国电力集团 2018 年营收为 68546 百万欧元（约 5244 亿元），同期雇员 16.58 万人，全员劳动生产率为 316；2019 年营收（按欧元计）同比上涨 4.1%、同期雇员下滑 0.6%、全员劳动生产率升至 334；2019 年的雇员下滑主要源自法国电力集团和子公司法马通（Framatome），二者雇员分别减少 1406、1387 人，降幅分别为 2.2%、8.7%，同期该公司的子公司达尔凯（Dalkia）雇员增加 546、增长 3.4%；2020 年营收（按欧元计）下滑 3.2%、同期雇员则上升 0.3%、全员劳动生产率降至 330，该公司雇员上升主要由于子公司达尔凯（Dalkia）雇员增加导致。达尔凯（Dalkia）公司雇员连续两年增加，该公司是法国电力集团的一家能源服务子公司，它的主要业务是充分利用当地可再生能源并实现节能减排，开发替代性可再生能源，例如生物质能，地热能，生物燃气和回收能源。此外，2018—2020 年，法国电力集团和其子公司法国电力集团能源公司（EDF Energy）的雇员，则在逐渐减少。

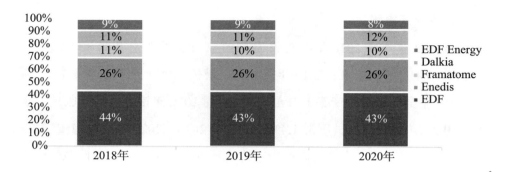

图 6—25　2018—2020 年法国电力集团雇员数量，按业务

来源：公开信息整理。

中国石油天然气集团：

中国石油天然气集团 2018 年营收为 27390 亿元，当年雇员人数 138.24 万人，全员劳动生产率为 198；2019 年该公司的全员劳动生产率升至 206，原因是营收同比增长 1.2% 但雇员同比下滑 2.7% 所致；2020 年全员劳动生产率三年降低至 168，因为当年营收 24.7% 的下滑幅度远超雇员 7.6% 的下滑幅度。

荷兰壳牌公司：

荷兰壳牌公司 2018 年雇员为 8.7 万人、营收为 388379 百万美元（约 25711 亿元）、全员劳动生产率为 3174；2019 年该公司营收（按美元计）下滑 11%、雇员数量却上升 2%，2020 年营收（按美元计）下滑 48%、雇员数量上升 5%，故该公司的全员劳动生产率连续下滑至 2020 年的 1440。2019 年，荷兰壳牌公司有 8.3 万名员工，某些新能源和下游公司还有 4000 名员工，而 2018 年为 8.1 万名，2019 年的雇员数量净增长，是由于印度班加罗尔信息技术中心的加速增长、项目与技术部的项目活动增加、亚洲润滑油部的增长以及下游全球商业部的客户业务增长。2020 年该公司共有 8.7 万名员工，包括壳牌的员工和某些上游、下游以及可再生能源和能源解决方案（原为新能源）公司的员工，这些公司比壳牌其他子公司更自主地运作，并保持自己的人力资源系统。如前文所述，为了要降低成本和进行重组，该公司将执行一项"重塑"裁员计划，2020 年底裁 7000 ～ 9000 个工作岗位，裁员将包括约 1500 名已经决定在 2020 年自愿裁员的人，但不包括任何可能因撤资而离开壳牌的人。

3. 国家能源集团与非能源类企业对标分析

国家能源集团与非能源类 10 家选定企业的全员劳动生产率对比，排名靠后，2020 年仅高于中国移动通信集团公司和航天科技集团两家国内公司。2020 年，表 6—20 全员劳动生产率排名靠前的企业中，除了国内的中国诚通控股集团和国投集团两家国有运营和投资公司外，头部企业全部被国外企业占据。前三名分别为美国凯雷投资集团、美国电话电报公司、中国诚通控股集团，后三名分别为国家能源集团、中国移动通信集团公司、航天科技集团。

表 6—20　2018—2020 年国家能源集团和非能源类企业全员劳动生产率对比

No.	企业	2018 年	2019 年	2020 年
1	美国凯雷投资集团	974	1303	1116
2	美国电话电报公司	490	501	444
3	中国诚通控股集团	375	379	384
4	国投集团	270	286	315
5	美国卡特彼勒公司	357	356	292
6	美国波音公司	438	326	286
7	美国丹纳赫集团	159	204	224
8	国机集团	209	203	203
9	国家能源集团	159	168	171
10	中国移动通信集团公司	160	163	169
11	航天科技集团	138	139	150

注：1. 上表排序按 2020 年企业数据由高到低；2. 美国卡特彼勒公司雇员是指 Average number of employees；3. 全员所指的其他公司的员工（数）、雇员数、雇员总数、员工等不再逐一说明。

来源：公开信息整理。

（二）人均净利润贡献万元／（人·年）

1. 不同行业间对标分析

人均净利润贡献万元／（人·年）反映企业员工创造利润的能力。该指标越高，反映出企业单位员工为企业创造利润的能力越强；该指标越低，反映出企业单位员工为企业创造利润的能力越弱。从选取的 6 个行业 2018—2020 年的人均净利润贡献万元／（人·年）看：除电子信息类外，国内该指标全面落后于国外；国有投资类的雇员创造利润能力最强，装备制造类最弱；国内的国有投资类落后于国外最多，国内的军工类领先于国外最多（国外为负值）。

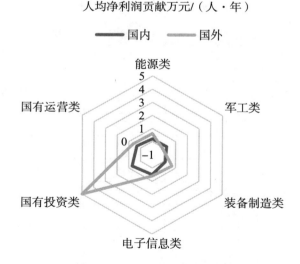

图 6—26 不同行业间指标对比，按人均净利润贡献万元／（人·年）

（已按模型化处理，数字表示得分值）

注：图中算法说明，见章节 2.1 的雷达图。
来源：公开信息整理。

2. 国家能源集团与能源类企业对标分析

国家能源集团与能源类 3 家企业的人均净利润贡献万元／（人·年）对比，2018—2020 年：国家能源集团是在 4 家企业中，唯一连续三年增长的企业；荷兰壳牌公司是 4 家企业中，唯一连续下滑的企业，且是唯一出现负值的企业；中国石油天然气集团和法国电力集团，连续三年保持低位；2020 年国内的两家企业相对稳定，国外的企业均出现大幅下跌。

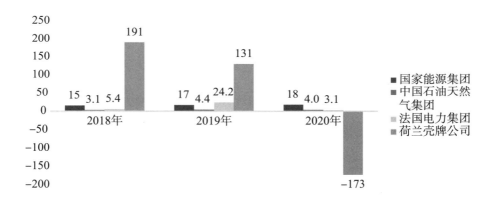

图 6—27　2018—2020 年国家能源集团和能源类企业人均净利润贡献万元／（人·年）对比

注：1. 国外对标企业的净利润采用的是 net income，其他涉及净利润的指标，不再单独备注。
来源：公开信息整理。

国家能源集团：

2018 年国家能源集团净利润为 505 亿元、雇员 33.85 万人，人均净利润贡献万元／（人·年）为 15 万元，远远高于法国电力集团人均净利润万元／（人·年）的 5.4 万元和中国石油天然气集团人均净利润万元／（人·年）

的 3.1 万元，但荷兰壳牌公司表现更优，以 191 万元的高位领先于其他 3 家企业。2019 年国家能源集团净利润增长 9.8% 但雇员数量下滑 2.1%，故人均净利润贡献万元 /（人·年）增长至 17。2020 年该公司净利润增长 4.1% 但雇员数量下滑 1.4%，故人均净利润贡献万元 /（人·年）进一步增长至 18。

法国电力集团：

2018 年法国电力集团净利润为 1177 百万欧元（约 90 亿元）、雇员人数 16.58 万人，人均净利润贡献万元 /（人·年）为 5.4。2019 年由于该公司的净利润（按欧元计）大幅上涨 338%、同期雇员下滑 0.6%，导致该公司的人均净利润贡献万元 /（人·年）猛增至 24.2。2020 年由于该公司的净利润（按欧元计）下滑 87.4%、同期雇员增长 0.3%，故该指标回落至 3.1。

中国石油天然气集团：

2018 年中国石油天然气集团的净利润为 428 亿元、雇员高达 138.2 万人，其人均净利润贡献万元 /（人·年）仅为 3.1，位列 2018 年选取的 4 家能源类企业最后一位。2019 年该公司的净利润增长 39.2%、雇员数量下滑 2.7%，人均净利润贡献万元 /（人·年）升至 4.4，但仍旧位于选取的 4 家能源类企业最后一位。2020 年，该公司的净利润下滑 15.6%、雇员数量下滑 7.6%，人均净利润贡献万元 /（人·年）升至 4.0，高于法国电力集团和荷兰壳牌公司。

荷兰壳牌公司：

2018 年荷兰壳牌公司净利润为 23350 百万美元（约 1546 亿元）、雇员 8.1 万人，人均净利润贡献万元 /（人·年）高达 191，该指标位列当年 4 家能源类企业首位。2019 年该公司净利润下滑 32.2%、雇员增长 2.5%，人

均净利润贡献万元 / (人·年) 回落至 131，但该指标仍旧位列当年首位。2020 年该公司净利润大幅下滑 236.9%，由 2019 年的盈利状态跌至 2020 年的亏损状态，净利润至 −21680 百万美元，雇员却增加 4.8%，这导致其人均净利润贡献万元 / (人·年) 也跌至 −173。

3. 国家能源集团与非能源类企业对标分析

国家能源集团的人均净利润贡献万元 / (人·年) 与选取的非能源类 10 家企业对比，2020 年位于中下部位置。2020 年排名最高的是国有资本投资公司类，其中国外的美国凯雷投资集团要高于国投集团；排名其次的是国有资本运营公司类，国外的美国丹纳赫集团也高于中国诚通控股集团。电子信息类的中国移动通信集团公司和军工类的航天科技集团在 2020 年均高于国外企业；即便 2020 年装备制造类的美国卡特彼勒公司出现了不小的下滑，但国机集团的人均净利润贡献万元 / (人·年) 仍与其差距不小。2020 年除美国丹纳赫集团外，国外企业的人均净利润贡献万元 / (人·年) 均出现了下滑，其中美国电话电报公司和美国波音公司均出现了大幅的下跌；而同期国内企业，反而均出现了同比上涨。

表 6—21 2018—2020 年国家能源集团和非能源类企业人均净利润贡献万元 / (人·年) 对比

No.	企业	2018 年	2019 年	2020 年
1	美国凯雷投资集团	132.0	457.1	145.6
2	国投集团	36.2	32.4	36.4
3	美国丹纳赫集团	24.7	33.6	35.3
4	中国诚通控股集团	6.7	11.9	28.0
5	中国移动通信集团公司	25.7	23.4	23.7
6	美国卡特彼勒公司	40.1	40.3	21.0

续表

No.	企业	2018 年	2019 年	2020 年
7	国家能源集团	14.9	16.7	17.7
8	航天科技集团	10.3	10.8	12.4
9	国机集团	4.4	5.2	5.7
10	美国电话电报公司	57.2	41.4	−9.9
11	美国波音公司	45.2	−2.7	−58.4

注：1. 上表排序按 2020 年企业数据由高到低；2. 美国丹纳赫集团净利润采用的是
Net earnings attributable to common stockholders；3. 国外对标企业的净利润采用的
是 net income；4. 其他涉及净利润的指标，不再单独备注。
来源：公开信息整理。

七、盈利能力

通过对 2018—2020 年公开数据进行充分分析，盈利能力方面，由于
各行业特点不同，仅考虑趋势的话，国家能源集团整体处于中上游位置且
近三年小幅上涨，尤其是营业净利率和净资产收益率两项指标在能源类企
业中连续三年排名第一，远高于其他企业。盈利能力选取了净利润、营业
收入利润率、营业净利率和净资产收益率 4 项指标作为参考。

（一）净利润

1. 不同行业间对标分析

就选定的 6 个行业 2018—2020 年间平均净利润指标看，有如下特征：
国内和国外的不同行业，各有领先，其中国内的装备制造和国有运营两
类，不及国外，但在能源、军工、电子信息和国有投资 4 个领域，国内已
领先于国外；从行业看，电子信息类的指标最高，军工类的最低（为负值）；

从差距看，国内的装备制造类落后于国外最多，但是，国内的能源和军工领先于国外较多。

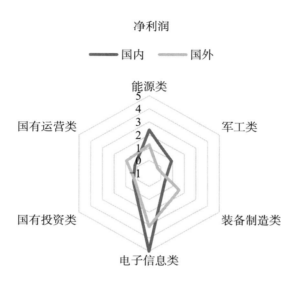

净利润

—— 国内　　—— 国外

图 6—28　不同行业间指标对比，按净利润

（已按模型化处理，数字表示得分值）

注：图中算法说明，见章节 2.1 的雷达图。

来源：公开信息整理。

2. 国家能源集团与能源类企业对标分析

2018—2020 年，国家能源集团与能源类 3 家企业的净利润（按人民币计）对比：国家能源集团是唯一一家净利润保持三年连续上升的能源类企业；国内的国家能源集团和中国石油天然气集团两家企业净利润相对稳定，国外企业的该指标，波动性较大；2020 年度，国外企业法国电力集团和荷兰壳牌公司均出现了大幅下滑；荷兰壳牌公司是唯一一家净利润出现负值的能源类企业。

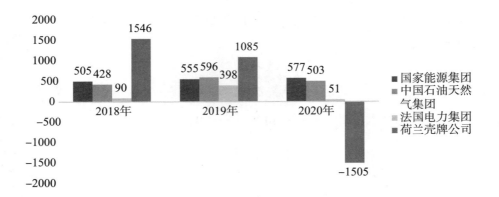

图6—29　2018—2020年国家能源集团和能源类企业净利润（亿元）对比

来源：公开信息整理。

国家能源集团：

国家能源集团净利润从2018年的505亿元，逐步增加至2019年的555亿元和2020年的577亿元，分别同比增长17.3%、9.2%、3.8%，增长率呈现逐渐下降的趋势。4家能源类企业净利润中，2018—2020年，国家能源集团排名分别为第二、第三和第四，2020年排名第一是由于其自身净利润增长和中国石油天然气集团、荷兰壳牌公司净利润下滑导致。此外，与法国电力集团相比，国家能源集团连续三年高于法国电力集团的净利润。

国家能源集团的部分子公司2020年的净利润出现负值，呈现亏损状态，例如，宁夏煤业有限责任公司，受新冠疫情、煤制油项目停产检修、化工产品产销量同比下降、下游需求低迷、国际油价下降等影响，该公司2020年车用汽油、液化石油气、柴油等产品销售均同比下降逾20%，受此等因素影响，该公司2020年的净利润为-9.83亿元，呈亏损状态。但是，由于宁夏煤业有限责任公司净利润规模相对较小，对母公司国家能源集团的净利润影响有限。

法国电力集团：

法国电力集团在 2018—2020 年的净利润波动较大，在 2019 年出现大幅上涨后 2020 年又出现不小的跌幅。该公司三年净利润分别为 90 亿元、398 亿元和 51 亿元，2019 年和 2020 年的净利润增长率（按人民币计）分别为 342% 和 −87%。2020 年，法国电力集团的净利润仅有国家能源集团的 9% 大小。

中国石油天然气集团：

中国石油天然气集团的净利润从 2018—2020 年呈现先增后降的趋势，三年净利润分别为 428 亿元、596 亿元、503 亿元，三年度的同比增速分别为 144%、39%、−16%，增长率与国家能源集团类似，均呈下滑趋势。从体量看，该公司的净利润与国家能源集团大致在同一量级，但与荷兰壳牌公司 2018—2019 年相比，则落后较多，仅相当于荷兰壳牌公司的 1/4 ~ 1/2 左右的水平，但 2020 年由于荷兰壳牌公司净利润出现大幅下跌，中国石油天然气集团则出现了远远领先于对方的情形。中国石油天然气集团若与其国内化工行业同行相比，净利润还是有相当的优势，例如，2020 年该公司指标要高于中化股份的 143 亿元和中国化工的 17 亿元。

荷兰壳牌公司：

荷兰壳牌公司的净利润在 2018—2020 年波动极大，分别为 1546 亿元、1085 亿元、−1505 亿元，2019—2020 年的增长率（按人民币计）分别为 −32% 和 −237%，连续大幅度地下滑，尤其是 2020 年，该公司的净利润出现了负值，呈现亏损状态。导致该公司在 4 家能源企业中的排名，由 2018—2019 年的首位跌至 2020 年的末位。

3. 国家能源集团与非能源类企业对标分析

国家能源集团与 10 家非能源类企业的净利润对比，在 2018—2020 年均处于领先位置，低于中国移动通信集团公司但高于其他所有企业。对比发现，电子信息类的企业中，中国移动通信集团公司2018—2019年与对标的美国电话电报公司净利润相当，但2020年美国电话电报公司的净利润出现大幅下滑之后，被中国移动通信集团公司超越。2020年度，国有资本运营公司类的美国丹纳赫集团净利润要好于中国诚通控股集团，装备制造类的美国卡特彼勒公司要好于国机集团；但军工类的美国波音公司净利润则不及航天科技集团、国有资本投资公司美国凯雷投资集团净利润不及国投集团公司。2020年除美国丹纳赫集团外，其他所有国外非能源类企业的净利润均出现了同比下滑，排名后三位的企业均为国外公司，排名后两位的美国波音公司和美国电话电报公司净利润均为负值，呈现亏损状态。

表6—22　2018—2020年国家能源集团和非能源类企业净利润（亿元）对比

No.	企业	2018年	2019年	2020年
1	中国移动通信集团公司	1177.8	1066.4	1078.4
2	国家能源集团	505.2	554.6	577.4
3	美国丹纳赫集团	175.5	201.4	243.6
4	航天科技集团	185.4	194.6	220.9
5	美国卡特彼勒公司	407.1	417.2	208.2
6	中国诚通控股集团	18.0	33.2	90.6
7	国机集团	62.4	75.6	80.1
8	国投集团	62.4	75.6	80.1
9	美国凯雷投资集团	21.8	81.1	26.6
10	美国电话电报公司	1320.9	1025.8	−265.2
11	美国波音公司	691.8	−43.8	−823.8

注：表中排序按2020年企业数据由高到低。

来源：公开信息整理。

（二）营业收入利润率

1. 不同行业间对标分析

营业收入利润率是营业利润与营业收入的比值，反映了在不考虑营业成本的情况下，企业获取利润的能力。营业收入利润率越高，企业单位收入内获取利润的能力越强；营业收入利润率越低，企业单位收入内获取利润的能力越弱。

从对比选取的 6 个行业看，就 2018—2020 年的均值而言，有如下特征：国内和国外的不同行业，营业收入利润率各有高低；能源类的营业收入利润率最高，军工类的营业收入利润率最低（负值）；国内的装备制造类与国外的差距最大，但是，国内的电子信息类和军工类，则领先于国外。

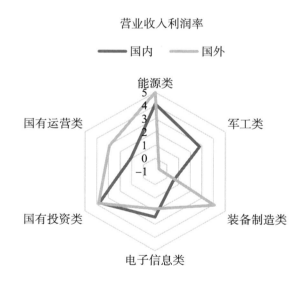

图 6—30　不同行业间指标对比，按营业收入利润率

（已按模型化处理，数字表示得分值）

注：图中算法说明，见章节 2.1 的雷达图。
来源：公开信息整理。

2. 国家能源集团与能源类企业对标分析

国家能源集团与 3 家能源类企业 2018—2020 年营业收入利润率对比，有如下的特点：国内电力类的营业收入利润率，国家能源集团低于法国电力集团，但油气类国内的中国石油天然气集团，则高于国外的荷兰壳牌公司；三年来，营业收入利润率排名保持不变，从大到小分别为：法国电力集团 > 国家能源集团 > 中国石油天然气集团 > 荷兰壳牌公司；三年来，除荷兰壳牌公司外的 3 家能源类企业的营业收入利润率，均保持相对稳定；荷兰壳牌公司 2020 年呈现大幅下滑，且为负值。

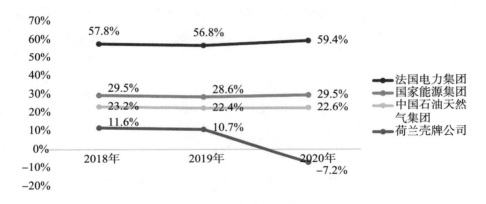

图 6—31　2018—2020 年国家能源集团和能源类企业营业收入利润率对比

注：1. 法国电力集团采用的是 Total Gross Profit/ 营收，营收 2018—2019 为 sales，2020 年是 Revenue，但二者数据一致；2. 中国石油天然气集团采用的是营业毛利率；3. 荷兰壳牌公司采用的是 Total Gross Profit/Revenue。
来源：公开信息整理。

国家能源集团：

国家能源集团 2018—2020 年营业收入利润率维持在 29% 左右，三年间趋势是先降后升，波动性极小，营收利润率维持得非常稳定。与法国电力集团相比，国家能源集团营业收入利润率相对较低。2020 年，国家能源集团的盈利能力继续增强，主要受益于该公司的生产成本的降低及费用管控力度的增强，其经营性业务利润明显增强，带动该公司利润总额及净利润进一步增加。

法国电力集团：

法国电力集团是 4 家能源类企业 2018—2020 年营业收入利润率中最高的企业，该指标三年分别为 57.8%、56.8%、59.4%。从法国电力集团税息折旧及摊销前利润（Earnings Before Interest, Taxes, Depreciation and Amortization, EBITDA）的角度看，变化如表 6—23 所示：

表 6—23　2020 年法国电力集团合并税息折旧及摊销前利润（EBITDA）变化和分析

No.	2020 年分项变化
1	燃料和能源采购额为 324.25 亿欧元，比 2019 年减少 26.66 亿欧元（减少 7.6%），或有机下降 27.96 亿欧元（减少 8.0%）。
2	其他外部支出为 84.61 亿欧元，减少 1.64 亿欧元（减少 1.9%），即与 2019 年相比，有机下降 2.42 亿欧元（减少 2.8%）。
3	人员支出总额为 139.57 亿欧元，增加 1.6 亿欧元（1.2%），相当于从 2019 年起增加 1.57 亿欧元（1.1%）的有机增长。
4	除所得税外的税款为 37.97 亿欧元，与 2019 年相比，录得 4800 万欧元的有机增长（1.3%）。
5	其他营业收入和支出在 2020 年产生了 57.83 亿欧元的净收入，与 2019 年相比，下降 8.88 亿欧元（减少 13.3%）。

来源：公开信息整理。

中国石油天然气集团：

中国石油天然气集团的营业收入利润率 2018—2020 年分别为 23.2%、22.4%、22.6%，亦基本保持稳定状态。由于该公司的营业收入利润率采用的是毛利率，若采用税息折旧摊销前利润率，则该指标会相对较低，分

别为 13.66%、14.35%、15.85%。相比之下，仍旧处于高于荷兰壳牌公司
但低于国家能源集团的位置。此外，中国石油天然气集团不同业务板块的
营业利润率差异极大，勘探生产和炼油化工是该公司营业利润率最高的板
块，2020 年分别高达 21.1%、25.4%；天然气管道和其他业务营业利润率
则处于中部，2020 年分别为 9.5%、12.4%；销售和贸易两块业务的营业利
润率最低，2020 年分别为 5.8%、2.2%。从不同板块营业利润率趋势看，
勘探生产和炼油化工是连续下滑的，天然气管道、其他和销售业务是连续
上升的。

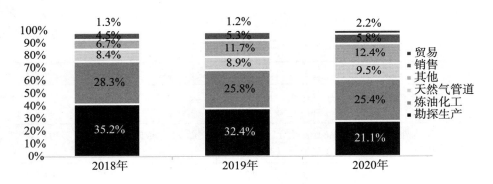

图 6—32   2018—2020 年中国石油天然气集团营业利润率

注：根据数据的可获取性，采用了毛利率替代营业利润率做参考。
来源：公开信息整理。

荷兰壳牌公司：

荷兰壳牌公司的营业收入利润率相对较低，位列 4 家能源企业的最底
部，明显不及中国石油天然气集团创造利润的能力。2018—2020 年该公司
的营业收入利润率分别为 11.6%、10.7%、–7.2%，三年来连续下滑，2020
年出现了大幅下跌，且跌入了负值区间，成为 2018—2020 年 4 家能源企
业中唯一一家营业收入利润率为负值的企业。

表 6—24 2020 年荷兰壳牌公司净费用

No.	包含项
1	55.3 亿美元的减值费用（在各站点），反映了根据以下因素对中长期价格前景假设的修订：能源市场供需基本面的变化；宏观经济状况；新冠疫情大流行；新加坡 Pulau Bukom 工厂的支出，包括改造；美国路易斯安那州 Convent 炼油厂的关闭
2	重组成本为 3.65 亿美元（主要是关闭 Convent 公司、Bukom 工厂转型和整个石油产品部门的各种举措）
3	其他净费用为 5.52 亿美元（主要是由于 Convent 公司停产而产生的繁琐合同条款）
4	由于商品衍生品的公允价值会计而产生的 1.01 亿美元的净费用

来源：公开信息整理。

与 2019 年相比，不包括净费用在内的石油产品收益减少 2.36 亿美元（4%）。这些被较低的炼油和贸易利润率（约 24 亿美元），较低的营销利润率（约 6 亿美元），部分被较低的运营费用（约 20 亿美元）和主要包括税收变动（约 7 亿美元）的其他项目所抵消。

表 6—25 2020 年荷兰壳牌公司盈利减少原因，按业务类别

No.	荷兰壳牌公司石油产品收益减少的原因
1	炼油和贸易盈利比 2019 年减少 1.01 亿美元，主要是由于新冠疫情及其对经济的影响导致需求减少，从而降低了实现的炼油利润。这被原油和石油产品交易和优化的收益增加、经营费用减少和有利的递延税款变动部分抵消
2	营销收益比 2019 年减少 1.35 亿美元，主要是由于新冠疫情的影响导致销售量下降。但由于更好的利润率管理、更高的优质燃料渗透率和更低的运营费用，零售和润滑油的强劲利润率在很大程度上抵消了这一影响

来源：公开信息整理。

3. 国家能源集团与非能源类企业对标分析

2020 年，国家能源集团与 10 家非能源类企业的营业收入利润率对比，

有如下特点：国家能源集团营业收入利润率排名第一，美国波音公司（近两年）则为负值。

2020年营业收入利润率指标，国内企业表现好于国外的有国有资本投资类国投集团公司大于美国凯雷投资集团，但二者较为接近；军工类的航天科技集团远大于美国波音公司；中国移动通信集团公司远大于美国电话电报公司。2020年营业收入利润率指标，国内企业表现不如国外的有装备制造类的美国卡特彼勒公司高于国内的国机集团，且二者差别巨大；国有资本运营类的美国丹纳赫集团也远大于中国诚通控股集团。此外，美国电话电报公司2020年出现了大幅下滑，而美国波音公司2019—2020年连续两年下滑且均为负值。

表6—26　2018—2020年国家能源集团和非能源类企业营业收入利润率对比

No.	企业	2018	2019	2020
1	国家能源集团	29.5%	28.6%	29.5%
2	美国卡特彼勒公司	27.1%	26.3%	23.8%
3	国投集团	24.2%	23.3%	23.7%
4	美国凯雷投资集团	14.7%	37.2%	20.5%
5	美国丹纳赫集团	17.9%	18.3%	19.0%
6	航天科技集团	16.4%	18.2%	18.3%
7	中国移动通信集团公司	16.5%	15.2%	14.7%
8	中国诚通控股集团	6.9%	6.8%	6.3%
9	美国电话电报公司	15.3%	15.4%	3.7%
10	国机集团	3.0%	3.2%	3.7%
11	美国波音公司	11.9%	−2.6%	−22.0%

注：1. 上表排序按2020年企业数据由高到低；2. 美国卡特彼勒公司采用的是 Gross margin/Sales and revenues；3. 美国凯雷投资集团采用的是 operating margin；4. 美国丹纳赫集团采用的是 Operating profit/sales；5. 中国移动通信集团公司采用的是营

业利润/年收入；6. 美国电话电报公司采用的是 Operating Income/Total Operating revenues；7. 国机集团采用的是营业利润/营业收入；8. 美国波音公司采用的是 Operating margins。

来源：公开信息整理。

（三）营业净利率

1. 不同行业间对标分析

营业净利率是净利润与营业收入的比值，反映企业营业收入创造净利润的能力。营业净利率越高，企业营收创造净利润的能力越强；营业净利率越低，企业营收创造净利润的能力越弱。各公司营业收入和净利润的数据采纳定义，详见营业收入和净利润章节备注，此节不再重复标注。

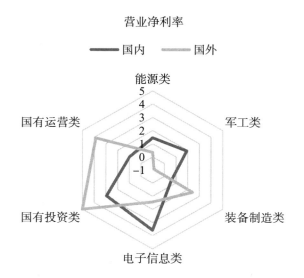

图 6—33　不同行业间指标对比，按营业净利率

（已按模型化处理，数字表示得分值）

注：图中算法说明，见章节 2.1 的雷达图。

来源：公开信息整理。

2018—2020 年选取的 6 个不同行业间营业净利率指标对比，有如下特征：国内和国外的营业净利率，各有优劣。国有投资类的营业净利率最高，军工类的营业净利率最低（为负值）。国内的能源、电子信息和军工类高于国外；但是，国内的装备制造、国有投资和国有运营类，不及国外。国内低于国外最多的是装备制造类；国内高于国外较多的是能源和军工两类。

2. 国家能源集团与能源类企业对标分析

2018—2020 年，国家能源集团与 3 家能源类企业的营业净利率对比，有如下特点：国家能源集团连续三年，营业净利率位列第一；2020 年，营业净利率排名依次为：国家能源集团 > 中国石油天然气集团 > 法国电力集团 > 荷兰壳牌公司；国内的国家能源集团和中国石油天然气集团均呈现逐步上升的趋势，国外的企业表现不一，荷兰壳牌公司连续下降、法国电力集团先升后降；电力领域国内的国家能源集团高于国外的法国电力集团，但油气领域的中国石油天然气集团，在 2020 年荷兰壳牌公司大跌之前，连续不及后者；从三年趋势看，国内企业的该指标较为稳定，国外企业波动性较大。

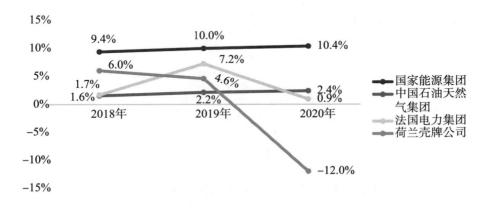

图 6—34　2018—2020 年国家能源集团和能源类企业营业净利率对比

来源：公开信息整理。

国家能源集团：

国家能源集团营业净利率 2018—2020 年分别为 9.4%、10.0%、10.4%，呈现连续升高的趋势。2018—2020 年，该公司的营业净利率位列 4 家能源企业首位。国家能源集团的该指标，连续三年超越法国电力集团，且 2020 年由于法国电力集团该指标的下滑，二者差距进一步加大。2020 年，受益于煤炭开采成本减少、电煤采购价格下降等因素，国家能源集团的盈利能力得到进一步提升。

法国电力集团：

法国电力集团 2018 年 1.7% 的营业净利率近乎在 4 家能源企业中垫底，略高于同期的中国石油天然气集团，但远低于荷兰壳牌公司和国家能源集团；2019 年，该公司的营业净利率大幅升至 7.2%，仅次于同期国家能源集团，主要是由于该公司的净利润大幅上升（按欧元计）338% 导致（尽管其营收也同比增长 4%）；2020 年法国电力集团的营业净利率又大幅跌落至 0.9%，位列 4 家能源企业倒数第 2 位，主要因为该公司的净利润同比大幅下滑（按欧元计）87%（尽管其营收也同比下滑，为 -3%）。

中国石油天然气集团：

中国石油天然气集团的营业净利率 2018—2020 年分别为 1.6%、2.2%、2.4%，呈上升趋势；但由于指标值较低，2018—2019 年均在 4 家能源企业中垫底，直至 2020 年由于法国电力集团和荷兰壳牌公司两家国外企业下跌，导致该公司排名上升。中国石油天然气集团 2019 年的营业净利率同比上升，主要是因为该公司的净利润出现了较大的增长，净利润同比上升 39.2%，而营收同期仅上涨了 1.2%；2020 年该公司的营业净利率继续增长，则是因为净利润下滑幅度（15.6%）小于营收下滑幅度（24.7%）导致。

荷兰壳牌公司：

荷兰壳牌公司的营业净利率在 2018—2020 年连续下滑，分别为

6.0%、4.6%、–12.0%。该公司 2018—2019 年的营业净利率高于中国石油天然气集团，但 2020 年远不及中国石油天然气集团。荷兰壳牌公司的营业净利率 2019 年下滑主要因为（按美元计）净利润下滑的幅度（32%）大于营收下滑幅度（11%）导致；2020 年，大幅下滑的主要原因是（按美元计）净利润下滑的幅度（237%）大于营收下滑幅度（48%）导致，且 2020 年该公司的净利润跌至负值，导致了其营业净利率为负，排名在当年 4 家能源企业中垫底。

3. 国家能源集团与非能源类企业对标分析

2020 年，国家能源集团与 10 家非能源类企业的营业净利率对比，有如下特点：国家能源集团的营业净利率位于中部；美国丹纳赫集团排名第一，美国波音公司排名最后；美国电话电报公司和美国波音公司 2020 年的营业净利率均为负值，且美国波音公司已连续两年为负；2020 年，国外营业净利率领先于国内的是国有资本运营类的美国丹纳赫集团高于中国诚通控股集团，国有资本投资类美国凯雷投资集团大于国投集团，美国卡特彼勒公司高于国机集团。2020 年，国内营业净利率领先于国外的是电子信息类的中国移动通信集团公司高于且远高于美国电话电报公司，航天科技集团高于且远高于美国波音公司。

表 6—27　2018—2020 年国家能源集团和非能源类企业营业净利率对比

No.	企业	2018 年	2019 年	2020 年
1	美国丹纳赫集团	15.5%	16.4%	15.8%
2	中国移动通信集团公司	16.0%	14.3%	14.0%
3	美国凯雷投资集团	13.6%	35.1%	13.0%
4	国投集团	13.4%	11.3%	11.6%
5	国家能源集团	9.4%	10.0%	10.4%
6	航天科技集团	7.5%	7.8%	8.3%

No.	企业	2018 年	2019 年	2020 年
7	中国诚通控股集团	1.8%	3.2%	7.3%
8	美国卡特彼勒公司	11.2%	11.3%	7.2%
9	国机集团	2.1%	2.5%	2.8%
10	美国电话电报公司	11.7%	8.3%	-2.2%
11	美国波音公司	10.3%	-0.8%	-20.4%

注：表中排序按 2020 年企业数据由高到低。

来源：公开信息整理。

（四）净资产收益率

1. 不同行业间对标分析

净资产收益率是衡量相对于股东权益的投资回报的指标，反映企业利用资产净值产生纯利的能力，是衡量企业获利能力的重要指标。公司通常把盈利进行再投资，以赚取更大回报，净资产收益率是反映企业能力的参考。

但是对不同行业间，该指标的可比性不算太强，因为公司的股权收益高不代表盈利能力强，部分行业由于不需要太多资产投入，所以通常都有较高的净资产收益率，例如咨询公司。有些行业，则需要投入大量基础建筑才能产生盈利，例如炼油厂。所以，不能单以净资产收益率判定公司的盈利能力。一般而言，资本密集行业的进入门槛较高，竞争较少。因此，净资产收益率应该用在相同产业的不同公司之间进行比较，可比性更强。

就选取的 6 个行业在 2018—2020 年的净资产收益率对比发现：不同行业在国内和国外，各有优劣；国有投资类的净资产收益率最高，军工类的净资产收益率最低；国内国有运营类的该指标落后于国外较多，国内的能源、军工和电子信息类等行业，领先于国外较多；军工类是唯一出现净资产收益率负值的行业。

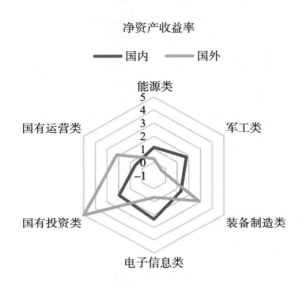

图6—35 不同行业间指标对比，按净资产收益率

（已按模型化处理，数字表示得分值）

注：图中算法说明，见章节2.1的雷达图。
来源：公开信息整理。

2. 国家能源集团与能源类企业对标分析

2018—2020年，国家能源集团与3家能源类企业的净资产收益率对比，有如下特点：国家能源集团连续三年，净资产收益率排名第1；国家能源集团超过其他3家能源类企业的距离，并于2020年拉大；国家能源集团是唯一一个连续三年增长的企业；电力类的国家能源集团连续高于法国电力集团，但油气类的中国石油天然气集团在2020年荷兰壳牌公司大跌之前，远不及后者；荷兰壳牌公司连续三年下滑，且2020年下滑为唯一一个负值的企业；中国石油天然气集团和荷兰壳牌公司均是先升后降。

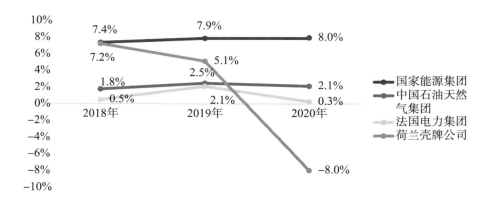

图 6—36　2018—2020 年国家能源集团和能源类企业净资产收益率对比

注：净利润的数据采纳定义详见净利润章节，国外企业的净资产是指 net assets。

来源：公开信息整理。

国家能源集团：

国家能源集团 2018—2020 年的净资产收益率分别为 7.4%、7.9%、8.0%，呈上升趋势，2018 年该公司的净资产为 6992 亿元，净利润为 509 亿元（因不同年份公开资料财务数据更新，导致与前文同期的 505 亿元存在差异），2019 年该公司净资产收益率上升是由于净利润上升（约 10%）幅度高于净资产上升幅度（约 3%）导致，同样，2020 年该公司净资产收益率上升也是由于净利润上升（约 4%）幅度高于净资产上升幅度（约 4%）导致。2018—2020 年，国家能源集团的净资产收益率均远远高于对标的法国电力集团。

法国电力集团：

法国电力集团 2018—2020 年的净资产收益率分别为 0.5%、2.1%、0.3%，呈先上升后下降的趋势，该公司的净资产收益率指标相对其他 3 家能源企业较低，在 2020 年荷兰壳牌公司大跌之前，法国电力集团一直排名最后。2018 年，该公司的净利润为 1177 百万欧元，净资产为 229349 百万欧元。2019 年其净资产收益率出现大幅上升，是因为净资产和净利润同时增长，但净资产增幅慢于净利润增幅所致，即该公司的净资产（按欧元计）小幅上涨 6% 但同时净利润（按欧元计）却大幅上涨了 338% 导致。2020 年法国电力集团净资产收益率出现大幅下滑，是因为净利润大幅下滑但同时净资产却小幅上涨导致，即该公司的净资产（按欧元计）小幅上涨 2%，但同时净利润（按欧元计）却大幅下滑了 87% 导致。

中国石油天然气集团：

中国石油天然气集团 2018—2020 年的净资产收益率分别为 1.8%、2.5%、2.1%，维持在相对较低的位置。2018 年该公司的净资产为 23901 亿元、净利润 428 亿元，2018 年净资产收益率升高是由于净资产出现同比下滑 0.7%，但净利润同比大增 39% 导致，而 2020 年该公司的净资产收益率下滑则是由于净利润和净资产同时出现了下滑，但净利润 16% 的同比下滑幅度高于净资产同比 2% 的下滑幅度。

荷兰壳牌公司：

荷兰壳牌公司 2018—2020 年的净资产收益率分别为 7.2%、5.1%、−8.0%，连续三年下滑，且 2020 年下滑幅度较大，该指标跌至负值，位列 4 家能源类企业净资产收益率排名末位，且是唯一出现负值的企业。2018 年荷兰壳牌公司的净资产为 322370 百万美元、净利润为 23350 百万美元，其当年净资产收益率相对较高，接近排名第一的国家能源集团。2019 年该公司的净资产收益率出现下滑，是由于净利润和净资产同时出现了下跌，但净利润 32% 的跌幅大于净资产 4% 的跌幅。2020 年该公司的净资产收益率仍在下滑且幅度加大，同样是因为净利润和净资产同时出现了下跌，但净利润 237% 的跌幅远高于净资产 12% 的跌幅，其 2020 年的净利润已跌至负值，为负 21680 百万美元。

3. 国家能源集团与非能源类企业对标分析

2020 年，国家能源集团与 10 家非能源类企业的净资产收益率对比，有如下特点：国家能源集团净资产收益率排名位居中部；国内各企业的三年净资产收益率均相对稳定，国外该指标除美国丹纳赫集团相对稳定外，其他企业均表现出了较大的波动性；美国凯雷投资集团净资产收益率最高，美国波音公司最低；美国电话电报公司、美国波音公司 2 家公司的净资产收益率，出现了负值；2020 年，国内净资产收益率高于国外的有电子信息类的中国移动通信集团公司高于美国电话电报公司，军工类的航天科技集团高于美国波音公司；国内净资产收益率低于国外的有国有资本投资类的国投集团低于美国凯雷投资集团，国有资本运营类的中国诚通控股集团低于美国丹纳赫集团，装备制造类的国机集团低于美国卡特彼勒公司；国外企业的净资产收益率，2020 年全部出现了下滑。

表 6—28　2018—2020 年国家能源集团和非能源类企业净资产收益率对比

No.	企业	2018 年	2019 年	2020 年
1	美国凯雷投资集团	11.6%	39.9%	13.1%
2	中国移动通信集团公司	11.2%	9.6%	9.4%
3	美国丹纳赫集团	9.4%	9.7%	8.8%
4	国投集团	9.0%	8.2%	8.1%
5	航天科技集团	7.9%	7.3%	8.0%
6	国家能源集团	7.4%	7.9%	8.0%
7	美国卡特彼勒公司	14.7%	14.9%	7.3%
8	国机集团	5.0%	5.8%	6.4%
9	中国诚通控股集团	1.2%	2.0%	4.4%
10	美国电话电报公司	5.6%	3.9%	−1.0%
11	美国波音公司	10.1%	−0.6%	−13.4%

注：1. 上表排序按 2020 年企业数据由高到低；2. 净利润的数据采纳定义详见净利润章节，国外企业的净资产是指 net assets。
来源：公开信息整理。

八、抗风险能力

通过对 2018—2020 年公开数据进行充分分析，抗风险能力方面，国外企业普遍负债率高于国内同类企业且居高不下，外部资金依赖程度较高，处于高风险状态；国家能源集团三年平均负债率近 60%，在确保一定稳定性的前提下，更好地利用了外部资金推动自身发展。

抗风险能力选取了流动比率和资产负债率两项指标做参考，流动比率越高、资产负债率越低，企业的抗风险能力相对越强。

（一）流动比率

1. 不同行业间对标分析

流动比率是用来衡量公司在未来 12 个月内，是否具有足够资源来偿还其债务的一种财务比率。以公司的流动资产与流动负债作比较衡量，即："流动比率＝流动资产／流动负债"。

流动比率能显示一个公司的市场流动性和满足债权人要求的能力。流动比率因行业而异，一般数字在 1.5 到 3 之间为健康的企业。如果一个公司的流动比率是在这个范围内，那么它通常表示具有良好的短期金融实力。如果流动负债超过流动资产（流动比率小于 1），那么该公司可能产生短期偿债能力的问题。如果流动比率过高，那么该公司可能无法有效地利用其现有资产或短期融资，这也可能显现出公司营运资金管理的问题。

就选取的 6 个行业 2018—2020 年的流动比率均值而言，有如下特点：

国内和国外的流动比率，各有高低。国有运营类流动比率最高，电子信息类流动比率最低。国内能源类的流动比率，落后于国外最多；国内电子信息类领先于国外最多。

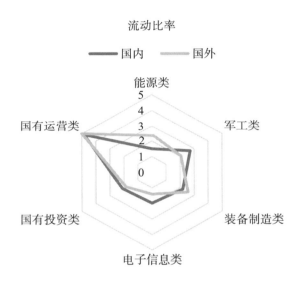

流动比率

图6—37　不同行业间指标对比，按流动比率

（已按模型化处理，数字表示得分值）

注：上图算法说明，见章节2.1的雷达图。
来源：公开信息整理。

2. 国家能源集团与能源类企业对标分析

2018—2020年，国家能源集团与3家能源类企业的流动比率对比，有如下特点：国家能源集团的流动比率最低且连续三年最低；法国电力集团的流动比率最高且连续三年最高。国内的流动比率，均低于国外：国家能源集团低于法国电力集团，中国石油天然气集团低于荷兰壳牌公司。从三年变化趋势看，电力类的国家能源集团稳中上升，法国电力集团连续下降；油气类的中国石油天然气集团和荷兰壳牌公司均是先降后升趋势；三年间，国家能源集团落后其他 3 家公司较多，其他 3 家公司的流动比率较为接近。

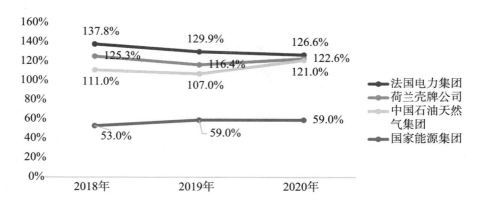

图 6—38 2018—2020 年国家能源集团和能源类企业流动比率对比

注：国外企业的流动资产是指 current assets，流动负债是指 current liabilities。
来源：公开信息整理。

国家能源集团：

国家能源集团 2018—2020 年的流动比率分别为 0.53、0.59、0.59，连续三年位居 4 家能源类企业末位。2018 年该公司的流动资产为 2723 亿元、流动负债为 5178 亿元。2019 年该公司的流动比率出现升高主要是由于流动资产升高同时流动负债下滑所致，其中流动资产同比上涨 5.6%、流动负债同比下滑 5.9%。2020 年该公司的流动比率保持稳定，主要是由于流动资产和流动负债同时升高且增幅接近所致，其中流动资产同比上涨 11.8%、流动负债同比上涨 11.2%。

从国家能源集团流动资产构成占比看，其流动资产主要是货币资金、应收账款，其 2018 年流动资产中货币资金 34.2%、应收账款 19.0%、预付款项 11.5%、其他 35.3%。2019 年流动资产中货币资金同比减少

10.0%、应收账款同比增加 3.4%、预付款项同比下滑了 0.5%、其他同比增加 7.1%。2020 年，其流动资产中货币资金同比增加 22.3%、应收账款同比减少 5.9%、预付款项同比下滑了 0.5%、其他同比减少 15.9%。金额如图 6—39 所示：

图 6—39　2018—2020 年国家能源集团流动资产（亿元）构成

来源：公开信息整理。

国家能源集团的流动负债主要是短期借款、应付账款和一年内到期的非流动负债，该公司 2018 年流动负债中，按占比为短期借款 35.5%、应付账款 19.3%、一年内到期的非流动负债 18.9%、其他 26.3%；2019 年，短期借款同比增加 3.4%、应付账款同比减少 1.0%、一年内到期的非流动负债同比减少 2.2%、其他同比减少 0.2%；2020 年，短期借款同比减少 3.8%、应付账款同比减少 0.9%、一年内到期的非流动负债同比增加 2.6%、其他同比增加 2.1%。金额如图 6—40 所示：

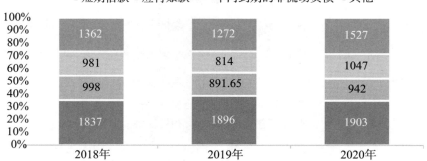

图 6—40 2018—2020 年国家能源集团流动负债（亿元）构成

来源：公开信息整理。

法国电力集团：

法国电力集团 2018—2020 年的流动比率分别为 1.38、1.30、1.27，连续三年位居 4 家能源类企业首位。2018 年该公司的流动资产为 72785 百万欧元、流动负债为 52815 百万欧元。2019 年该公司的流动比率出现下滑主要是由于流动资产下滑但是流动负债上升所致，其中流动资产同比下滑 4%、流动负债同比上升 2%。2020 年该公司的流动比率继续下滑，主要是由于流动资产和流动负债同时下滑，且"流动资产下滑幅度 > 流动负债下滑幅度"，即其流动资产同比下滑 5%、流动负债同比下滑 3%。

法国电力集团流动资产由流动金融资产、贸易应收款项、存货、其他（如其他流动应收款项、现金及现金等价物、流动税收资产等）构成。从占比看，以流动金融资产、贸易应收款项、存货为主，2018 年占比分别为 42.8%、21.9%、19.5%、其他 15.8%。2019 年，流动金融资产减少 0.9%、贸易应收款项增加 0.4%、存货增加 0.5%、其他占比不变；2020 年，流动金融资产减少 6.4%、贸易应收款项减少 0.4%、存货增加 2.2%、其他增加

4.6%，可见，2018—2020 年，法国电力集团的流动资产中，存货占比不断增加、流动金融资产不断减少。金额如图 6—41 所示：

图 6—41 2018—2020 年法国电力集团流动资产（百万欧元）构成

来源：公开信息整理。

法国电力集团流动负债由流动金融负债、其他流动负债、贸易应付款项、其他（负债准备—流动、流动税收负债）构成。从流动负债占比看，以流动金融负债、其他流动负债、贸易应付款项为主，2018 年占比分别为 32.5%、30.3%、25.4%、其他 11.8%。2019 年，流动金融负债增加 1.8%、其他流动负债增加 0.4%、贸易应付款项减少 1.6%、其他减少 0.7%；2020 年，流动金融负债增加 0.7%、其他流动负债增加 1.4%、贸易应付款项减少 1.1%、其他减少 0.4%。可见，2018—2020 年，法国电力集团的流动资产中，其他流动负债占比不断增加、贸易应付款项不断减少。金额如图 6—42 所示：

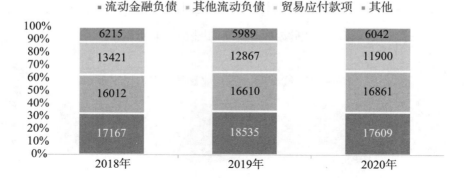

图6—42 2018—2020年法国电力集团流动负债（百万欧元）构成

来源：公开信息整理。

中国石油天然气集团：

中国石油天然气集团2018—2020年的流动比率分别为1.11、1.07、1.21。2018年中国石油天然气集团的流动资产为14029亿元（占总资产的34%）、流动负债为12550亿元（占总负债的72%），该公司的资产以非流动资产为主，其流动资产中货币资金和存货占比较大，流动性充足；2018年流动资产构成占比为货币资金16.4%、拆出资金15.2%、预付款项14.4%、存货17.8%、一年内到期的非流动资产9.6%和其他26.7%。该公司的负债以流动负债为主，2018年流动负债构成为应付账款28.8%、吸收存款及同业存放16.0%、一年内到期的非流动负债9.7%、合同负债5.4%、其他40.1%。2019年该公司的流动比率出现轻微下滑，主要是流动资产的下滑和流动负债的增加所致，当年流动资产同比下滑0.4%、流动负债同比增加3.7%。2020年，中国石油天然气集团流动比率出现一定的升高，原因为流动资产的增加和流动负债的下降所致，当年流动资产同比增加2.2%、流动负债同比下滑8.9%。

■货币资金 ■拆出资金 ■预付款项 ■存货 ■一年内到期的非流动资产 ■其他

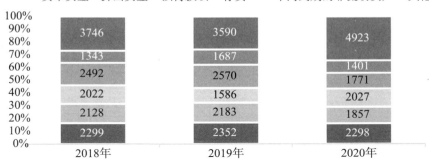

图 6—43 2018—2020 年中国石油天然气集团流动资产（亿元）构成

来源：公开信息整理。

■应付账款 ■吸收存款及同业存放 ■一年内到期的非流动负债 ■合同负债 ■其他

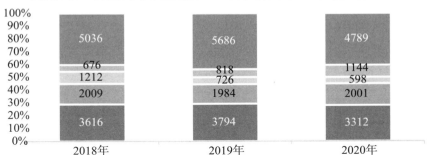

图 6—44 2018—2020 年中国石油天然气集团流动负债（亿元）构成

来源：公开信息整理。

荷兰壳牌公司：

荷兰壳牌公司 2018—2020 年的流动比率分别为 1.25、1.16、1.23，连续三年高于中国石油天然气集团，但二者的差距在逐年缩小，且 2020 年已近乎接近。2018 年，荷兰壳牌公司的流动资产为 97482 百万美元、流动负债为 77813 百万美元。

2019 年该公司的流动比率出现下滑，主要是由于流动资产下滑但是流动负债上升所致，其中流动资产同比下滑 5%、流动负债同比上升 2%。2020 年该公司的流动比率同比上升，主要是由于流动资产和流动负债同时下滑，但"流动资产下滑幅度＜流动负债下滑幅度"，即其流动资产同比下滑 2%、流动负债同比下滑 7%。

荷兰壳牌公司流动资产由贸易和其他应收款项、现金和现金等价物、存货、衍生金融资产构成。从占比看，以贸易和其他应收款项、现金和现金等价物为主，2018 年占比分别为 43.5%、27.4%，存货和衍生金融资产分别占 21.7%、7.4%。2019 年，贸易和其他应收款项增加 3.3%、现金和现金等价物减少 8.0%、存货增加 4.3%、衍生金融资产增加 0.3%；2020 年，贸易和其他应收款项减少 9.8%、现金和现金等价物增加 15.6%、存货减少 4.5%、衍生金融资产减少 1.3%。可见，2018—2020 年，荷兰壳牌公司的流动资产中，贸易和其他应收款项和衍生金融资产两项出现了相对较大的下滑，而现金和现金等价物则出现了相对较大的上涨。金额如图 6—45 所示：

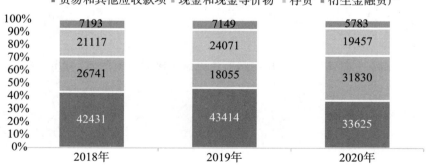

图 6—45　2018—2020 年荷兰壳牌公司流动资产（百万美元）构成

来源：公开信息整理。

荷兰壳牌公司流动负债由贸易和其他应付款项、债务、应付税款、其他（衍生金融负债、退休福利、其他负债准备）构成。从流动负债占比看，以贸易和其他应付款项、债务、应付税款为主，2018 年占比分别为 62.8%、13.0%、9.6%、其他 14.5%。2019 年，贸易和其他应付款项减少 1.0%、债务增加 5.9%、应付税款减少 1.2%、其他减少 3.6%；2020 年，贸易和其他应付款项减少 5.4%、债务增加 3.9%、应付税款减少 0.3%、其他增加 1.8%。可见，2018—2020 年，荷兰壳牌公司的流动负债中，贸易和其他应付款项和应付税款两项的占比均不断下滑、债务不断上升。金额如图 6—46 所示：

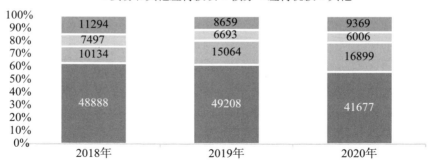

图 6—46　2018—2020 年荷兰壳牌公司流动负债（百万美元）构成

来源：公开信息整理。

3. 国家能源集团与非能源类企业对标分析

2020 年，国家能源集团与 10 家非能源类企业的流动比率对比，有如下特点：国家能源集团位列最后，中国诚通控股集团位列第一；前三企业均为国有资本投资和运营类，排名靠后的则是能源类和电子信息类；2020 年，国内流动比率领先于国外的是国有资本运营类的中国诚通控股集团 >

美国丹纳赫集团，军工类的航天科技集团＞美国波音公司，电子信息类的中国移动通信集团公司＞美国电话电报公司；国外流动比率领先于国内的是国有资本投资类的美国凯雷投资集团＞国投集团，装备制造类的美国卡特彼勒公司＞国机集团。

表 6—29　2018—2020 年国家能源集团和非能源类企业流动比率对比

No.	企业	2018 年	2019 年	2020 年
1	中国诚通控股集团	292.6%	269.3%	263.5%
2	美国凯雷投资集团	53.0%	38.0%	225.0%
3	美国丹纳赫集团	146.5%	519.0%	186.5%
4	航天科技集团	153.5%	156.9%	154.1%
5	美国卡特彼勒公司	136.8%	147.2%	153.5%
6	美国波音公司	107.6%	105.1%	139.4%
7	国机集团	125.0%	126.0%	122.0%
8	国投集团	111.1%	126.4%	120.5%
9	中国移动通信集团公司	112.8%	114.7%	112.1%
10	美国电话电报公司	79.8%	79.5%	82.0%
11	国家能源集团	53.0%	59.0%	59.0%

注：1. 上表排序按 2020 年企业数据由高到低；2. 国外企业的流动资产是指 current assets，流动负债是指 current liabilities。
来源：公开信息整理。

（二）资产负债率

1. 不同行业间对标分析

资产负债率，是总资产与总负债的比值，即"资产负债率＝负债总额／资产总额"。资产负债率与企业的长期偿债能力一般呈正相关关系。因此，在财务分析中，被认为是企业的长期偿债能力比率。资产负债率越高，表明长期偿债能力相对越弱；资产负债率越低，表明长期偿债能力相对越强。

对比选取的 6 个行业看，在 2018—2020 年的资产负债率对比中：国内和国外的不同行业对比，国内全面领先于国外；军工类的资产负债率最高，电子信息类资产负债率最低；国内领先于国外最多的是军工类，即国内 / 国外的数值更小。

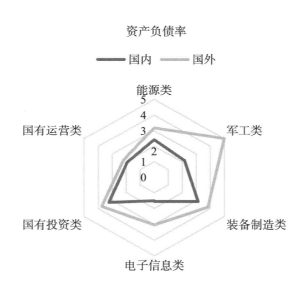

图 6—47　不同行业间指标对比，按资产负债率

（已按模型化处理，数字表示得分值）

注：上图算法说明，见章节 2.1 的雷达图。
来源：公开信息整理。

2. 国家能源集团与能源类企业对标分析

2018—2020 年，国家能源集团与 3 家能源类企业的资产负债率对比，有如下特点：

国家能源集团、法国电力集团、中国石油天然气集团三年保持相对稳定，荷兰壳牌公司连续上升；国内资产负债率指标均连续低于国外，即电力类的国家能源集团连续低于法国电力集团，油气类的中国石油天然气集团连续低于荷兰壳牌公司；法国电力集团连续三年位列资产负债率最高，中国石油天然气集团连续三年最低。

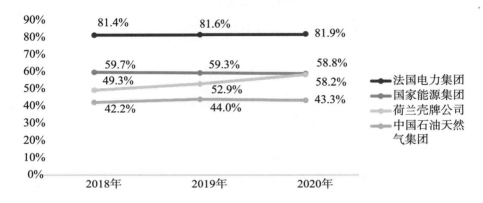

图 6—48　2018—2020 年国家能源集团和能源类企业资产负债率对比

注：国外企业采用 Total liabilities/Total assets。
来源：公开信息整理。

国家能源集团：

国家能源集团 2018—2020 年的资产负债率分别为 59.7%、59.3%、58.8%，低于同期的法国电力集团，并且呈现持续下滑趋势。该公司 2018 年总资产为 17219 亿元（以非流动资产为主）、总负债为 10279 亿元（流动负债相对较高）；2019 年该公司的资产负债率出现了下滑，是由于该公司的总资产出现了同比上升但总负债（注：不同时期来源有一定差异）同比下滑导致，其中总资产同比增加 1.3%、总负债同比下滑 4.7%，并且 2019 年总资产同比增加是由于其流动资产和非流动资产均增加导致，总负债同比下滑是由于流动负债的下滑量大于非流动负债的增加量导致。2020 年，该公司的资产负债率再次出现了下滑，主要是由于总负债和总资产均

出现了增长，但总负债增幅慢于总资产增幅，即总负债 2020 年同比增长
1.9%、总资产同比增长 2.5%，且总负债增加主要来自流动负债的增量大
于非流动负债的减少量，总资产增加主要来自当年流动资产的增加，而非
流动资产同期近乎保持不变。

图 6—49　2018—2020 年国家能源集团总资产（亿元）和总负债（亿元）分类

来源：公开信息整理。

法国电力集团：

法国电力集团 2018—2020 年的资产负债率是 4 家能源类企业中最高
的，显然也高于对标的国家能源集团，该公司 2018—2020 年的资产负债
率分别为 81.4%、81.6%、81.9%，三年连续上升（但幅度较小）。2018 年，
法国电力集团总资产为 283169 百万欧元（以非流动资产为主）、总负债为
250665 百万欧元（以非流动负债为主）；2019 年该公司的资产负债率出现了
轻微的上升，是由于该公司的总资产和总负债同时上升，但总资产上升幅
度小于总负债上升幅度，总资产同比上升 7.1%、总负债上升 7.4%，总资产
的上升主要来自非流动资产的 19081 百万欧元的增加量大于流动资产 2628
百万欧元的减少量所致，总负债的上升主要因为流动负债和非流动负债均

出现了上升所致，但非流动负债的 14742 百万欧元的增量规模远高于流动负债 1186 百万欧元的增量规模。2020 年，法国电力集团的资产负债率小幅上升，与 2019 年类似，主要还是由于总负债和总资产同时增加但总资产增幅小于总负债增幅所致，即总负债 2020 年同比增长 1.3%、总资产同比增长 0.9%，总负债增加主要是由于非流动负债 5695 百万欧元的增长量大于流动负债 1589 百万欧元的减少量所致，总资产同比增加主要是由于非流动资产 7767 百万欧元的增长量大于流动资产 3794 百万欧元的减少量。如图 6—50 所示：

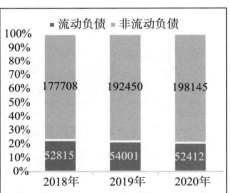

图 6—50　2018—2020 年法国电力集团总资产（百万欧元）和总负债（百万欧元）分类

注：1. 法国电力集团总资产中包含 2019—2020 年 Assets held for sale 分别为 3662 百万美元、2296 百万美元，因数值过小并未在上图显示；2. 法国电力集团总负债中包含 2019—2020 年 Liabilities related to assets classified as held for sale 分别为 1043 美元、108 百万美元，因数值过小并未在上图显示。
来源：公开信息整理。

中国石油天然气集团：

中国石油天然气集团 2018—2020 年的资产负债率分别为 42.2%、44.0%、43.3%，位列 4 家能源类企业底部，相对较低。2018 年，中国石油天然气集团总资产（注：不同时期来源有一定差异，下同）为 41313 亿元（以非流动资产为主）、总负债（注：不同时期来源有一定差异，下同）为 17425 亿元（以流动负债为主）；2019 年该公司的资产负债率出现了一定幅度的上升，是由于该公司的总资产和总负债同时上升，但总资产上升幅度小于总负债上升幅度，总资产同比上升 2.5%、总负债上升 6.9%，总资产的上升主要来自非流动资产的 1106 亿元的增加量大于流动资产 61 亿元的减少量所致，总负债的上升主要因为流动负债和非流动负债均出现了上升所致，二者增量规模接近，分别为 458 亿元、738 亿元。2020 年，中国石油天然气集团的资产负债率小幅下滑，与 2019 年相反，是由于总负债和总资产同时减少但总资产降幅小于总负债降幅所致，即总负债 2020年同比下降 5.0%、总资产同比下降 3.5%，总负债下滑主要是由于流动负债 1164 亿元的减少量大于非流动负债 237 亿元的增加量所致，总资产同比下降主要是由于非流动资产 1781 亿元的减少量大于流动资产 311 亿元的增加量。如图 6—51 所示：

图 6—51　2018—2020 年中国石油天然气集团总资产（亿元）和总负债（亿元）分类

注：该公司不同时期数据来源有一定差异。
来源：公开信息整理。

荷兰壳牌公司：

荷兰壳牌公司2018—2020年的资产负债率高于对标的中国石油天然气集团，但要低于国家能源集团和法国电力集团，且该公司的资产负债率连续三年上升，2020年已接近国家能源集团的资产负债率。2018年，荷兰壳牌公司总资产为399194百万美元（以非流动资产为主）、总负债为196660百万美元（以非流动负债为主）。2019年该公司的资产负债率出现了上升，是由于该公司的总资产和总负债同时上升，但总资产上升幅度小于总负债上升幅度，总资产同比上升1%、总负债上升9%，总资产的上升主要来自非流动资产的增加量大于流动资产的减少量，总负债的上升主要因为流动负债和非流动负债均出现了上升所致，但非流动负债的15402百万美元的增量规模远高于流动负债1811百万美元的增量规模。2020年，荷兰壳牌公司的资产负债率继续且较大幅度地出现了上升，主要是由于总负债增加和总资产减少所致，即总负债2020年同比增长3%、总资产同比下降6%，总负债增加主要是由于非流动负债12531百万美元的增长量大于流动负债5673百万美元的减少量所致，总资产同比下降主要是由于流动资产和非流动资产均出现下滑导致，但主要是由于非流动资产23074百万美元的大幅下滑所致，流动资产1994百万美元的下滑量相对较小。如图6—52所示：

图 6—52 2018—2020 年荷兰壳牌公司总资产（百万美元）和总负债（百万美元）分类

来源：公开信息整理。

3. 国家能源集团与非能源类企业对标分析

2020 年，国家能源集团与 10 家非能源类企业的资产负债率对比，有如下特点：国家能源集团的资产负债率排名中低位置；美国波音公司的资产负债率最高，中国移动通信集团公司的资产负债率最低；资产负债率最高的前三企业，均为国外企业；2020 年国内各行业的资产负债率均低于国外，其中，军工类的航天科技集团远远低于美国波音公司、电子信息类的中国移动通信集团公司也远远低于美国电话电报公司，国有资本运营类的中国诚通控股集团略高于美国丹纳赫集团；不同行业企业在 2018—2020 年资产负债率的同比增减，并无明显规律。

表 6—30 2018—2020 年国家能源集团和非能源类企业资产负债率对比

No.	企业	2018 年	2019 年	2020 年
1	美国波音公司	99.7%	106.2%	111.9%
2	美国凯雷投资集团	78.0%	78.5%	81.3%

No.	企业	2018 年	2019 年	2020 年
3	美国卡特彼勒公司	82.1%	81.4%	80.4%
4	国投集团	68.6%	69.1%	68.0%
5	美国电话电报公司	63.5%	63.4%	65.9%
6	国机集团	68.1%	65.7%	65.0%
7	国家能源集团	59.7%	59.3%	58.8%
8	中国诚通控股集团	37.7%	37.0%	47.9%
9	美国丹纳赫集团	41.0%	51.2%	47.8%
10	航天科技集团	45.8%	44.3%	47.0%
11	中国移动通信集团公司	31.3%	32.0%	33.3%

注：1. 排序按 2020 年企业数据由高到低；2. 国外企业采用 Total liabilities/ Total assets。

来源：公开信息整理。

九、绿色发展

通过对 2018—2020 年公开数据进行充分分析，国家能源集团的能耗和碳排放目前均高于其他企业，仍处于较初期的阶段，需加强投入，重点布局，积极响应"双碳"政策，加速降低单位产值能耗值和碳排放量（国家能源集团采用的是其子公司中国神华能源股份有限公司的数据，实际情况可能有一定偏差），绿色发展方面有待继续发力。万元产值综合能耗方面，考虑到行业影响，能源类企业明显能耗高于非能源类企业，国家能源集团的不完全数据显示能耗明显高于其他企业，有待进一步优化。万元产值温室气体排放量方面，该指标趋势与能耗基本一致，值得关注的是国家能源集团的碳排放量近三年下降迅速，表明其技术水平不断提升，减排措施效果显著。

（一）万元产值综合能耗（吨标煤）

1. 不同行业间对标分析

万元产值综合能耗（吨标煤）为便于国内外企业对比，采用能耗消费量（万吨标煤）/营业收入作为参考。对比选取 6 个行业 2018—2020 年该指标发现：在各行业中，国内该指标值均高于国外；能源类万元产值综合能耗（吨标煤）最高，国有投资类该指标最低；国内国有资本投资类的高于国外最多，国内和国外的装备制造类较为接近。

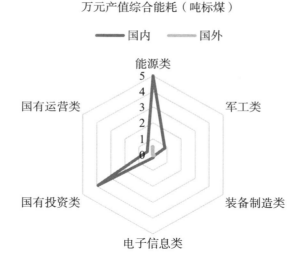

万元产值综合能耗（吨标煤）

图 6—53　不同行业间指标对比，按万元产值综合能耗（吨标煤）

（已按模型化处理，数字表示得分值）

注：上图算法说明，见章节 2.1 的雷达图。
来源：公开信息整理。

2. 国家能源集团与能源类企业对标分析

2018—2020 年，国家能源集团与 3 家能源类企业的万元产值综合能耗

（吨标煤）对比，有如下特点：国家能源集团位于且连续三年位于首位，法国电力集团位于且连续三年位于末位；电力类的国家能源集团高于法国电力集团，油气类的中国石油天然气集团高于荷兰壳牌公司；三年间，各公司的该指标相对稳定；荷兰壳牌公司是该指标唯一一家三年连续上升的企业；2020年，各公司的该指标均出现了同比上升。

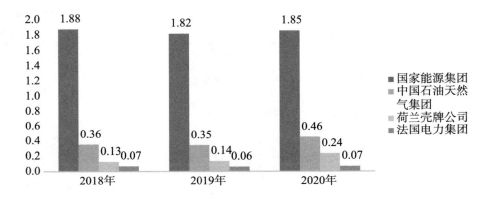

图6—54　2018—2020年国家能源集团和能源类企业万元产值综合能耗

（吨标煤）对比

注：1. 国家能源集团采用的是中国神华综合能耗消费量（万吨标煤）/营业收入；2. 中国石油天然气集团采用的是中国石油天然气股份有限公司综合能源消费量（吨标煤）/营业收入；3. 荷兰壳牌公司采用的是total energy use million MWh/Revenue，其中按"1MWh=0.1229"吨标煤换算；4. 法国电力集团采用的是Energy consumed/Revenue or Sales，其中按"1MWh=0.1229吨标煤"换算。
来源：公开信息整理。

国家能源集团：

中国神华能源公司2018—2020年的万元产值综合能耗（吨标煤）分别为1.88、1.82、1.85。连续三年高于且远高于其他3家能源类企业，显然也高于对标的法国电力集团。2018年，中国神华能源公司的综合能耗消费量（万吨标煤）为4958、同期营收为2641亿元，2019年该公司的该指标出现下滑,是由于营收和能耗同时出现下滑但营收下滑幅度小于能耗下滑幅度,即 2019 年中国神华能源公司营收同比下滑 8.4%、综合能耗消费量同比下滑 11.4%。2020 年该公司的万元产值综合能耗(吨标煤)出现上升,是由于营收和能耗同时出现下滑但营收下滑幅度大于能耗下滑幅度,即 2020 年中国神华能源公司营收同比下滑 3.6%、综合能耗消费量同比下滑 1.6%。该公司计划 2020—2025 年万元产值综合能耗(吨标煤 / 万元)降低 0.8%。

中国神华能源公司的上述万元产值综合能耗(吨标煤)指标,是根据其吨标煤 / 营收计算而来,若严格按照产值计,该公司的万元产值综合能耗(吨标煤)在 2018—2020 年分别为 2.72、2.96、3.05,比采用收入计的指标值更高。但根据该公司披露,其煤炭业务的部分矿区,具有较强的清洁环保煤生产能力,例如 2020 年占该公司煤炭核定产能 60% 左右的神东矿区,具备 2 亿吨清洁环保煤产能,在生产、技术、能耗、环保等指标上,均已达到世界先进水平。中国神华能源公司的煤化工业务,2020 年节能降耗成效显著,单位产品综合能耗、水耗均降到了历史最低水平。

就国家能源集团层面,截至 2020 年,该公司煤电机组 100% 实现脱硫、脱硝,新建煤电项目全部符合超低排放标准,超低排放机组达到 395 台,总装机 1.81 亿千瓦,占煤电机组容量 95.9%,占常规煤电机组容量 100%,东部地区全部实现超低排放。国家能源集团常规煤电机组供电煤耗 303.3 克 / 千瓦时,同比降低 1.5 克 / 千瓦时。该公司在国际上首创了 60 万千瓦超临界循环流化床发电技术,大幅提高劣质煤燃烧效率,降低了污染排放。

法国电力集团:

法国电力集团的万元产值综合能耗(吨标煤)2018—2020 年分别为 0.07、0.06、0.07,位于且连续三年位于 4 家能源类企业最低位,显然，也低于对标的国家能源集团。该公司的综合能耗消费量是采用 10 亿千瓦时，本报告按"1MWh=0.1229 吨标煤"对其进行换算，法国电力集团的总能耗消耗量包含两部分：（1）抽水电的内部消耗（指 Electricity pumping internal consumption）；（2）电力和热能的内部消耗（不含抽水）［指 Electricity and heat internal consumption（without pumping）］，二者的能源消耗量如图 6—55 所示：

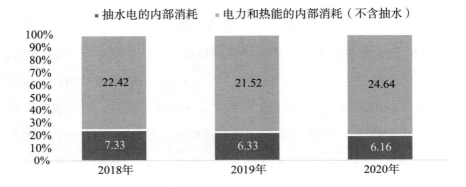

图 6—55　2018—2020 年法国电力集团能源消耗（10 亿千瓦时），按类别

来源：公开信息整理。

2018 年，法国电力集团的综合能耗消费量为 29.75 十亿千瓦时，即综合能耗消费量（万吨标煤）为 365.63、同期营收为 68546 百万欧元。2019 年法国电力集团的该指标出现下滑，是由于营收增加和总能耗下滑导致，即 2019 年法国电力集团营收同比增长 4.1%、综合能耗消费量同比下滑 6.4%。2020 年该公司的万元产值综合能耗（吨标煤）出现上升，原因与 2019 年相反，是由于营收下滑但总能耗增加导致，即 2020 年法国电力集团营收同比下滑 3.2%、总能耗同比增长 10.6%。

法国电力集团不同来源的能源消耗，细分如表 6—30 所示：

表 6—31　2018—2020 年法国电力集团能源消耗细分

项	单位	2018 年	2019 年	2020 年
核燃料负荷（法国电力集团）	吨	1095	938	946
煤炭	千吨	3818	1512	1034
重质燃料油	千吨	753	724	681
家用燃料油	千吨	324	395	416
天然气	吉瓦时低发热值	103390	110170	96578
工业气体	吉瓦时低发热值	298	456	431
生物质	吨	980070	454094	781807
生物燃气	吉瓦时低发热值	493	487	595
木材	吨	1253255	2126900	1985106
非可再生的焚烧废物	吨	-	454094	781371
回收的能源	兆瓦时	-	3539736	3526781

来源：公开信息整理。

中国石油天然气集团：

中国石油天然气集团该万元产值综合能耗（吨标煤）在 2018—2020 年分别为 0.36、0.35、0.46，三年均低于国家能源集团，但高于对标的荷兰壳牌公司，也高于法国电力集团。由于未见中国石油天然气集团有限公司公开披露其万元产值综合能耗（吨标煤）及其关联数据，根据数据可获取性，采用了其主要子公司中国石油天然气股份有限公司的数据，因中国石油天然气股份有限公司是中国石油天然气集团有限公司的主要子公司，其营收 2020 年占集团营收的 93%，故基本可认为该指标较好地反映了中国石油天然气集团有限公司的万元产值综合能耗（吨标煤）情况。2018 年，中国石油天然气股份有限公司的综合能源消费总量（万吨标煤）为 8440、同期营收为 23749 亿元。2019 年该指标出现轻微下滑，是由于营收和总能耗均增加但营收增幅大于总能耗增幅导致，即 2019 年中国石油天然气集团营收同比增长 6.0%、综合能源消费总量同比增长 3.1%。2020 年该公司的万元产值综合能耗（吨标煤）出现了较大幅度的上升，原因是营收下滑但总能耗增加，即 2020 年中国石油天然气集团营收同比下滑 23.2%、总能耗同比增长 1.7%。

荷兰壳牌公司：

2018—2020 年荷兰壳牌公司的万元产值综合能耗（吨标煤）分别为 0.13、0.14、0.24，连续高于法国电力集团，但小于对标的中国石油天然气集团，同时小于国家能源集团。荷兰壳牌公司的万元产值综合能耗（吨标煤），连续三年呈上升趋势。该公司的综合能耗消费量是采用兆瓦时 MWh，本报告按 "1MWh=0.1229 吨标煤" 对其进行换算。2018 年，荷兰壳牌公司的综合能耗消费量百万为 268 兆瓦时，即综合能耗消费量（万吨标煤）为 3294、同期营收为 388379 百万美元。2019 年荷兰壳牌公司的该指标出现上升，是由于营收和总能耗同时下滑但营收下滑幅度大于总能耗下滑幅度导致，即其 2019 年营收同比下滑 11%、总能耗同比下滑 1%。2020 年该公司的万元产值综合能耗（吨标煤）出现大幅上升，原因与 2019 年一致，由于营收和总能耗同时下滑但营收下滑幅度大于总能耗下滑幅度导致，即其 2020 年营收同比下滑 48%、总能耗同比下滑 9%。

3. 国家能源集团与非能源类企业对标分析

2020 年，国家能源集团与 10 家非能源类企业的万元产值综合能耗（吨标煤）对比，有如下特点：国家能源集团连续三年排名第一；前三位均为国内企业，多家国外企业排名相对靠后；美国凯雷投资集团排名最后（未见美国丹纳赫集团公开披露 2020 年该指标及相关数据）；2020 年，国内该指标数值多数均高于国外：国有资本投资类的国投集团远高于美国凯雷投资集团，军工类的航天科技集团远高于美国波音公司、国有资本运营类的中国诚通控股集团（2019 年）远高于美国丹纳赫集团、电子信息类的中国移动通信集团公司远高于美国电话电报公司，但是，国内装备制造类的国机集团，小于美国卡特彼勒公司；各行业 2018—2020 年不同企业的万元产值综合能耗（吨标煤）同比增减，并无明显规律。

表 6—32　2018—2020 年国家能源集团和非能源类企业万元产值综合能耗
（吨标煤）对比

No.	企业	2018 年	2019 年	2020 年
1	国家能源集团	1.877	1.817	1.854
2	国投集团	0.967	0.969	0.683
3	航天科技集团	0.146	0.141	0.091
4	中国诚通控股集团	0.096	0.094	0.081
5	中国移动通信集团公司	0.041	0.043	0.047
6	美国卡特彼勒公司	0.024	0.022	0.023
7	国机集团	0.030	0.023	0.019
8	美国电话电报公司	0.016	0.014	0.015
9	美国波音公司	—	—	0.014
10	美国凯雷投资集团	—	0.001	0.001
11	美国丹纳赫集团	0.011	0.014	—

注：1. 上表排序按 2020 年企业数据由高到低；2. 国投集团采用的是能源消费总量（万吨标煤）/ 营业收入；3. 航天科技集团采用的是万元增加值能耗；4. 中国诚通控股集团采用的是综合能源消费量（万吨标煤）/ 营业收入；5. 中国移动通信集团公司采用的是能耗耗电总量（亿度）/ 年收入，其中按"1MWh=1000 千瓦时 =1000 度电 =0.1229 吨标煤"换算；6. 美国卡特彼勒公司采用的是能耗以 Total energy use gigajoules（GJ）/Sales and revenues 统计，以"1 吨标煤为 =29.307GJ"计算；7. 国机集团采用的是能源消费总量（万吨标煤）/ 营业收入；8. 美国电话电报公司采用的是 Total electricity use（global direct billed and leased electricity）/Total Operating revenues 计，其中按"1MWh=0.1229 吨标煤"计；9. 美国波音公司采用的是 Total energy use Megawatt hours/revenues；10. 美国凯雷投资集团采用的是 Total energy consumption within the organization，in joules or multiples MWh/Total Revenues，其中按"1MWh=0.1229 吨标煤"计；11. 美国丹纳赫集团采用的是 Total Energy Use（GJ per million USD revenue）换算，其中按"1 吨标煤 =29.307GJ"计。
来源：公开信息整理。

（二）万元产值温室气体排放量（吨二氧化碳当量）

1. 不同行业间对标分析

2018—2020 年，选取 6 个行业的万元产值温室气体排放量（吨二氧化碳当量）对比发现：能源类万元产值温室气体排放量位居首位，国有投资类位于末位；未见多个行业内的国内企业公布其温室气体排放量，国外的企业则全部公布了该指标；已有数据中，国内均高于国外；从差距看，国内的能源类，高于国外最多。

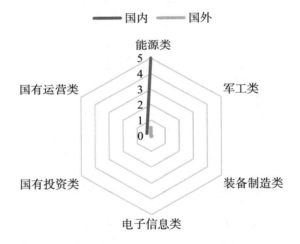

万元产值温室气体排放量（吨二氧化碳当量）

图 6—56 不同行业间指标对比，按万元产值温室气体排放量（吨二氧化碳当量）（已按模型化处理，数字表示得分值）

注：上图算法说明，见章节 2.1 的雷达图。
来源：公开信息整理。

2. 国家能源集团与能源类企业对标分析

2018—2020 年，国家能源集团与 3 家能源类企业的万元产值温室气体排放量（吨二氧化碳当量）对比，有如下特点：国家能源集团万元产值温室气体排放量连续三年位列首位，且远高于其他 3 家能源类企业；电力类的国家能源集团高于对标的法国电力集团，油气类的中国石油天然气集团高于对标的荷兰壳牌公司；电力类的国家能源集团及其对标的法国电力集团均呈现下降趋势，而油气类的中国石油天然气集团及其对标的荷兰壳牌公司均呈上升的趋势。

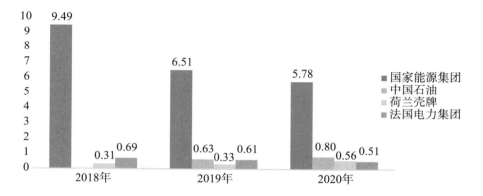

图 6—57　2018—2020 年国家能源集团和能源类企业万元产值温室气体

排放量（吨二氧化碳当量）对比

注：1. 国家能源集团采用的是中国神华温室气体排放总量（百万吨二氧化碳当量）/ 营业收入，其中排放总量仅包含范围一和范围二，不含范围三；2. 中国石油天然气集团采用的是中国石油天然气股份有限公司温室气体排放总量（百万吨二氧化碳当量）/ 营业收入，其中包含直接温室气体排放量（百万吨二氧化碳当量）和间接温室气体排放量（百万吨二氧化碳当量），未发现其披露 2018 年数据；3. 荷兰壳牌公司采用的是（GHG emissions scope 1 + scope 2）/revenue，其中 scope 1 按 Operational control 而非 equity boundary 计算，scope 2 采用 market based method 而非 location based method，未计入 scope 3（use of sold products）；4. 法国电力集团采用的是（Scope 1 direct emissions+Scope 2 Indirect CO_2 emissions）/revenue or sales，剔除了 Scope 3 Indirect CO_2 emissions。
来源：公开信息整理。

国家能源集团：

中国神华能源公司 2018—2020 年的万元产值温室气体排放量（吨二氧化碳当量）分别为 9.49、6.51、5.78，其该指标连续三年高于且远高于其他 3 家能源类企业，显然也高于对标的法国电力集团。2018 年，中国神华能源公司的排放总量（万吨二氧化碳当量）为 25066、同期营收为 2641 亿元，2019 年该公司的该指标出现大幅下滑，是由于营收和能耗同时出现下滑但营收下滑幅度小于排放总量（万吨二氧化碳当量）下滑幅度，即 2019 年中国神华能源公司营收同比下滑 8.4%、排放总量（万吨二氧化碳当量）同比下滑 37.2%。2020 年，该公司的该指标综合能耗为上一节内容继续出现下滑，原因和 2019 年类似，同样是由于营收和排放总量（万吨二氧化碳当量）同时出现下滑但营收下滑幅度小于排放总量（万吨二氧化碳当量）下滑幅度，即 2020 年中国神华能源公司营收同比下滑 3.6%、排放总量（万吨二氧化碳当量）同比下滑 14.3%。

根据全球环境信息研究中心（CDP）的计算，在 2015 年神华能源占了全球工业温室气体排放量的 2.4%，是碳排放量排名全球第五的公司（仅次于沙特阿美、俄天然气、伊朗国家石油和印度煤炭）。

法国电力集团：

法国电力集团 2018—2020 年的万元产值温室气体排放量（吨二氧化碳当量）分别为 0.69、0.61、0.51，连续三年下滑，2020 年位列 4 家能源类企业末位。法国电力集团的温室气体排放量仅包含了范围一直接排放百万吨二氧化碳当量和范围二间接排放百万吨二氧化碳当量，以便于与其他公司有可对比性，已排除范围三间接排放百万吨二氧化碳当量，尽管范围三占总量的比例较大（例如 2020 年为 79%）。2018 年，法国电力集团的温室气体排放总量（百万吨二氧化碳当量）为 36.17、同期营收为 68546 百万欧元。2019 年法国电力集团的该指标出现下滑，是由于营收增加和温室气体排放总量（百万吨二氧化碳当量）下滑导致，即 2019 年法国电力集团营收同比增长 4.1%、温室气体排放总量（百万吨二氧化碳当量）同比下滑 7.7%。2020 年该公司的万元产值温室气体排放量（吨二氧化碳当量）再次出现下滑，原因则是由于营收和温室气体排放总量（百万吨二氧化碳当量）同时出现下滑导致，即 2020 年法国电力集团营收同比下滑 3.2%、温室气体排放总量（百万吨二氧化碳当量）同比下滑 16.1%。

　　法国电力集团早在 2010 年就开始发布温室气体排放报告，远远早于法国和欧洲的监管要求。该公司的温室气体报告，涵盖了京都议定书中的六种温室气体（二氧化碳、甲烷、一氧化二氮、氢氟烃、全氟化碳、六氟化硫）的排放，以二氧化碳当量表示，涉及温室气体议定书所列的所有重要项目，从燃料生产到员工办公生活。其报告要经过第三方验证，涵盖了 70% 以上的排放量。该公司每年都会改进其方法，并在 2020 年首次将所有结果纳入报告年度的非财务业绩报表。目前，法国电力集团发布的温室气体报告是欧洲领先的电力公司中最详细的报告之一，涵盖其整个价值链。其公布的报告范围包括以下位于法国和其他 30 多个国家的企业及其子公司。不受法国地理集团控制并列入集团温室气体报告范围三的主要公司如下：山东中华发电有限责任公司、大唐三门峡发电有限责任公司、江西大唐国际抚州发电有限责任公司等在内的 11 家公司。2020 年法国电力集团温室气体报告中，没有考虑公司的排放量，被认为是不重要的，因为它们所占的排放量明显低于所涵盖的 5%。

　　下面两个法国电力集团的温室气体排放图，列出了 2018—2020 年期间该公司的温室气体排放趋势。范围一的排放量下降 16%，这一下降首先是由于各种化石燃料燃烧设施的关闭，包括在 2019 年初关闭的 Cottam 燃煤电厂；其次是由于新冠疫情对需求的影响，化石燃料燃烧设施的运行减少，特别是联合循环气体（CCGs）。范围三的排放量下降 11%，这一下降主要是由于对终端客户的天然气销售下降，在 2020 年占集团范围三排放的近 56%。

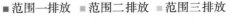

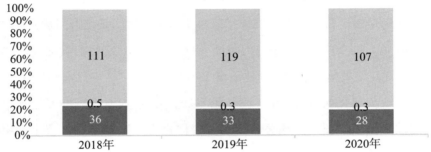

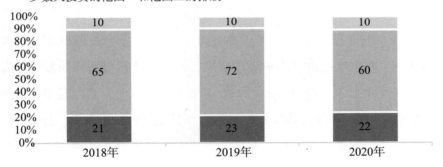

图 6—58　2018—2020 年法国电力集团温室气体排放量（MtCO₂e）

注：MtCO₂e 指百万吨二氧化碳当量。
来源：公开信息整理。

中国石油天然气集团：

中国石油天然气集团的万元产值温室气体排放量（吨二氧化碳当量）2019—2020 年分别为 0.63、0.80，该指标高于其对标的荷兰壳牌公司。由于未见中国石油天然气集团有限公司公开披露其万元产值温室气体排放量（吨二氧化碳当量），根据数据可获取性，采用了其主要子公司中国石油天然气股份有限公司的数据，因中国石油天然气股份有限公司是中国石油天然气集团有限公司的主要子公司，其营收 2020 年占集团营收的 93%，故基本可认为该指标较好地反映了中国石油天然气集团有限公司的万元产值温室气体排放量（吨二氧化碳当量）情况。尚未见中国石油天然气股份有限公司公开披露 2018 年（含）之前的万元产值温室气体排放量（吨二氧化碳当量）数据，故该公司数据从 2019 年开始。2019 年，中国石油天然气股份有限公司的温室气体排放总量（百万吨二氧化碳当量）为 174.08，同期营收为 27714 亿元。2020 年该公司的万元产值温室气体排放量（吨二氧化碳当量）指标出现了较大幅度的上升，原因是营收和温室气体排放总量（百万吨二氧化碳当量）同时出现了下滑，但营收下滑幅度远大于温室气体排放总量（百万吨二氧化碳当量）的下滑幅度，即 2020 年中国石油天然气集团营收同比下滑 23.2%、温室气体排放总量（百万吨二氧化碳当量）同比下滑 3.8%。

荷兰壳牌公司：

荷兰壳牌公司 2018—2020 年的万元产值温室气体排放量（吨二氧化碳当量）指标分别为 0.31、0.33、0.56，连续高于法国电力集团，但小于对标的中国石油天然气集团，同时小于国家能源集团。该公司的温室气体排放量（吨二氧化碳当量）包含范围一的百万吨二氧化碳当量和范围二的百万吨二氧化碳当量，并且范围一采用的是按运营控制（Operational control）计而非权益边界（Equity boundary）计，范围二采用的是基于市场的方法（market-based method）计而非基于基地（location-based method）计。为便于与其他公司有可对比性，已排除范围三的百万吨二氧化碳当量，即"已售产品使用"时的温室气体排放不再计入，尽管范围三占总量的比例较大（例如 2020 年为 94%）。2018 年，荷兰壳牌公司的温室气体排放总量（百万吨二氧化碳当量）为 80，同期营收为 388379 百万美元。2019 年荷兰壳牌公司的该指标出现小幅上升，是由于营收和温室气体排放总量（百万吨二氧化碳当量）同时出现下滑但营收下滑幅度大于温室气体排放总量（百万吨二氧化碳当量）下滑幅度导致，即其 2019 年营收同比下滑 11%，温室气体排放总量（百万吨二氧化碳当量）同比下滑 4%。2020 年该公司的万元产值温室气体排放量（吨二氧化碳当量）出现大幅下滑，原因与 2019 年类似，由于营收和温室气体排放总量（百万吨二氧化碳当量）同时下滑但营收下滑幅度大于温室气体排放总量（百万吨二氧化碳当量）下滑幅度导致，即其 2020 年营收同比下滑 48%、温室气体排放总量（百万吨二氧化碳当量）同比下滑 9%。

荷兰壳牌公司朝着实现净零排放的目标迈进，到 2050 年成为一个净零排放的能源企业，与社会同步发展。该公司正在转变其业务，并寻找新的机会销售更多的低碳产品，如生物燃料、太阳能和风能发电、氢气和电动汽车充电。该公司也正在与客户、企业和政府合作，解决能源转型问题，并逐个部门减少排放。这包括较难去碳化的部门，如航空、航运、商业公路货运、电力、供暖和工业的某些部门。该公司的目标是，与 2016 年相比，到 2023 年将所售能源的净碳强度降低 6%～8%，到 2030 年降低 20%，到 2035 年降低 45%，到 2050 年降低 100%，其预计出售的能源的总碳排放量将保持在 2018 年的水平以下。

3. 国家能源集团与非能源类企业对标分析

2020 年，国家能源集团与 10 家非能源类企业的万元产值温室气体排放量（吨二氧化碳当量）对比，有如下特点：国内外企业对温室气体排放量似乎并不积极，部分企业近年刚开始披露此等数据（如美国波音公司），部分企业则暂停披露（如美国丹纳赫集团），另有部分企业仍尚未见公开披露此等数据（如航天科技集团、国机集团、国投集团）；国家能源集团的该指标，连续位列第一，超越并远超其他 10 家企业；电子信息类的中国移动通信集团公司，远高于美国电话电报公司，国有资本运营类的中国诚通控股集团（2018—2019 年）远高于美国丹纳赫集团；其他行业由于数据缺失，无法对比。

表 6—33　2018—2020 年国家能源集团和非能源类企业万元产值温室气体排放量（吨二氧化碳当量）对比

No.	企业	2018 年	2019 年	2020 年
1	国家能源集团	9.491	6.508	5.783
2	中国诚通控股集团	0.302	0.289	0.256
3	中国移动通信集团公司	0.219	0.232	0.237
4	美国卡特彼勒公司	0.061	0.048	0.050
5	美国电话电报公司	0.069	0.053	0.049
6	美国波音公司	——	——	0.032
7	美国凯雷投资集团	0.010	0.008	0.003
8	航天科技集团	——	——	——
9	国机集团	——	——	——
10	国投集团	——	——	——
11	美国丹纳赫集团	0.026	0.042	——

注：1. 上表排序按 2020 年企业数据由高到低；2. 中国诚通控股集团采用的是二氧化碳排放量（万吨二氧化碳当量）/ 营业收入计算；3. 中国移动通信集团公司采用的是二氧化碳排放总量（百万吨）/ 营业收入，其中二氧化碳排放总量（百万吨）含直接 GHG 排放总量（范围一）和间接 GHG 排放总量（范围二）；4. 美国卡特彼勒公司采用的是 Absolute GHG emissions million metric tons CO_{2e}/Sales and revenues，Scope 2 按 market0based 计，不含 Scope 2 location0based；5. 美国电话电报公司采用的是 GHG Emissions Intensity Scope 1 & 2 GHG emissions relative to annual revenue 倒推计算，不含 Scope 3；6. 美国波音公司采用的是（Scope 1 GHG、Scope 2 GHG-market based、Scope 3 GHG-business travel 之 和）metric tons CO_{2e}/Revenues，剔除了 Scope 3 GHG-use of sold products，也剔除了 Scope 2 GHG-location0based；7. 美国凯雷投资集团采用的是 2018 年 Total Emissions（MT CO_{2e}），2019 年度 Total Emissions（MT/ CO_{2e}）与 Scope 1+2+3 合计有微小差

异，采用 Emissions（MT/ CO_{2e}），2020 年没有披露 Total Emissions（MT/ CO_{2e}），故采用 Scope 1+2+3 合计（其中 Scope 1=0）；8. 美国丹纳赫集团采用的是 GHG Emissions，Scope 1（metric tons CO_{2e} per million USD revenue）+Scope 2 之和换算，未见披露 Scope 3。

来源：公开信息整理。

十、社会责任

通过对 2018—2020 年公开数据进行充分分析，从社会责任方面来看，国内企业远优于国外企业，尤其是国家能源集团的安全投入程度，较其他企业明显重视程度更高。在安全投入占收入比重方面，由于国外企业均未见将安全投入公开披露，明显体现了国内对安全投入重视程度较高，国家能源集团安全投入占营收比重更是高于其他企业至少 3 倍。公益慈善捐赠占收入比重方面，除美国卡特彼勒公司占比高于 0.2%，其他企业公益慈善占比相对较低。

社会责任选取的是安全投入占收入比重和公益慈善捐赠占收入比重两项指标，显然，二者的值越高，反映出企业的社会责任表现相对较高；二者的值越低，反映出企业的社会责任表现相对较差。

（一）安全投入占收入比重

1. 不同行业间对标分析

对比选取的 6 个行业看，在 2018—2020 年的安全投入占收入比重对比中：均未见国外企业公开披露此指标；国内不同行业间差别较大，能源类排名最高、国有资本运营类最低。

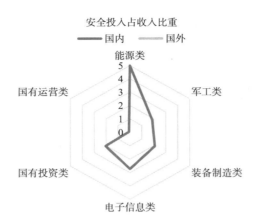

图 6—59 不同行业间指标对比，按安全投入占收入比重

（已按模型化处理，数字表示得分值）

注：上图算法说明，见章节 2.1 的雷达图。
来源：公开信息整理。

2. 国家能源集团与能源类企业对标分析

2018—2020 年，国家能源集团与 3 家能源类企业的安全投入占收入比重对比，有如下特点：均未见国外的能源类及其他 5 个行业的企业，公开披露安全投入占收入比重及其关联数据；未见中国石油天然气集团有限公司及其主要子公司中国石油天然气股份有限公司，公开披露安全投入占收入比重及其关联数据；将国家能源集团与国内的非能源类企业进行对比，显然由于所在行业差异较大的因素，国家能源集团的安全投入占收入比重，明显高于非能源类的企业；从行业和企业看，能源类的国家能源集团 > 电子信息类的中国移动通信集团公司 > 装备制造类的国机集团 > 国有资本投资类的国投集团 > 军工类的航天科技集团 > 国有资本运营类的中国诚通控股集团。

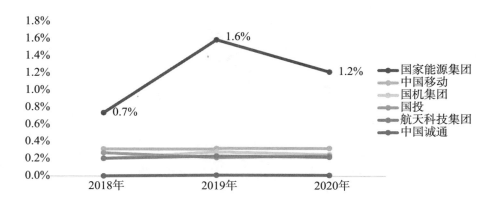

图 6—60　2018—2020 年国家能源集团和能源类企业安全投入占收入比重对比

注：安全投入数据采纳如下：1.国家能源集团采用的是安全生产投入和安全培训投入之和；2.中国移动通信集团公司采用的是安全生产投入；3.国机集团、国投集团、中国诚通控股集团采用的是安全生产投入；4.航天科技集团采用的是安全投入。
来源：公开信息整理。

表 6—34　2018—2020 年国家能源集团和非能源类企业安全投入占收入比重对比

No.	企业	2018 年	2019 年	2020 年
1	国家能源集团	0.740%	1.588%	1.213%
2	中国移动通信集团公司	0.315%	0.323%	0.324%
3	国机集团	0.204%	0.283%	0.251%
4	国投集团	0.270%	0.216%	0.238%
5	航天科技集团	0.205%	0.233%	0.222%
6	中国诚通控股集团	0.003%	0.012%	0.011%

注：1.上表排序按 2020 年企业数据由高到低；2.安全投入数据采纳同上图。
来源：公开信息整理。

　　国家能源集团较高的安全投入占收入比重，带来了显而易见的优异成果，例如，2020 年，该公司原煤生产百万吨死亡率为 0.059，显著低于全国同行业平均水平 0.083。2020 年，国家能源集团较大及以上人身伤亡事故 0 起（连续 4 年杜绝人身伤亡事故），较大及以上设备事故 0 起，370 家单位安全周期超过 1000 天，对 219 个化学品重大危险源开展全覆盖检查，完成 50 家发电企业安全性评价。

（二）公益慈善捐赠占收入比重

1. 不同行业间对标分析

不同企业，尤其是国外对标企业，并未见有将公益慈善捐赠金额作为标准公开信息披露，下述数据根据不同信息来源搜集汇总而成，或存在较大差异，对可比性产生一定影响。

就选取的 6 个行业 2018—2020 年的公益慈善捐赠占收入比重均值而言，有如下特点：国内能源类的该指标领先于国外，其他 5 个行业，国内落后于国外；军工类的该指标值最大，装备制造类的该指标值最小；国内军工和装备制造两类，落后于国外较多。

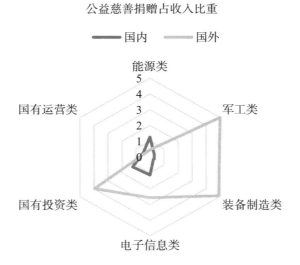

图 6—61　不同行业间指标对比，按公益慈善捐赠占收入比重

（已按模型化处理，数字表示得分值）

注：上图算法说明，见章节 2.1 的雷达图。
来源：公开信息整理。

2. 国家能源集团与能源类企业对标分析

2018—2020 年，国家能源集团与 3 家能源类企业的公益慈善捐赠对比，有如下特点：国家能源集团 2019—2020 年的该指标明显高于其他 3 家能源类企业；未见荷兰壳牌公司公开披露该指标及其关联数据；中国石油天然气集团的该指标相对较低，但连续 3 年上涨。

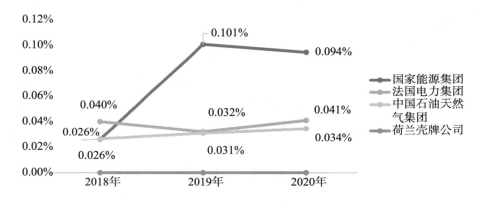

图 6—62　2018—2020 年国家能源集团和能源类企业公益慈善捐赠
占收入比重对比

注：1. 国家能源集团采用的是捐赠总额；2. 法国电力集团采用的是 Total amount allocated to non profit associations；3. 中国石油天然气集团采用的是年度公益慈善捐赠主要公益总投入，包括：扶贫帮困、赈灾捐赠、支持教育、公益捐赠、环保公益。
来源：公开信息整理。

国家能源集团：

国家能源集团 2018—2020 年的捐赠总金额分别为 1.4 亿元、5.6 亿元、5.26 亿元。若加上该公司全年投入扶贫资金 1.75 亿元、2.25 亿元、2.515 亿元，则其公益慈善捐赠总金额将明显高于目前水平，分别达到 3.15 亿元、7.85 亿元、7.775 亿元，该公司的捐赠主要通过国家能源集团公益基金会，该基金会蝉联 2019 年底的民政部 5A 级基金会，是央企中唯一一家蝉联全国 5A 级别的基金会。国家能源集团在卫生健康、文化教育、生态环保等领域共开展 92 个公益慈善和扶贫项目，受益人数达 200 余万人，例如困境家庭儿童先心病救助、爱心学校、爱心书屋、爱心助学、爱心红丝带、爱心之旅等。

法国电力集团：

该公司基金会每年有 1000 万欧元的预算，它与董事会中的几个集团子公司合作，促进集团对企业赞助的做法。慈善行动由基金会进行，或由法国电力集团母公司和集团的子公司直接管理。（1）在法国，2020 年，基金会支持了 180 个项目，总金额为 220 万欧元，帮助消除贫困。它设立了一个应急基金和团结基金，以帮助经济上最困难的人应对新冠疫情的经济和社会后果：食品援助、住宿、基本生活用品和交付计算机，总金额为 130 万欧元（56.2 万欧元的应急基金和 75 万欧元的团结基金）。（2）在国际上，基金会支持了 63 个消除贫困的项目，金额为 230 万欧元，其中包括 46 个由非营利组织管理的项目，通过向他们提供资金和集团员工的技术专长，帮助他们获得水、卫生、教育和发展资源。（3）集团还拨出 70 万欧元，通过国际应急基金和团结基金，帮助保护国际人口（非洲、亚洲、南美洲）免受新冠疫情及其经济和社会后果的影响，为 40 万经济上处于弱势的受益者提供基本必需品（食品、卫生）、获得医疗保健、获得远程学习所需的资源、重返工作岗位计划和食品自主权。（4）在所支持的 37 个协会中，"电力无国界"组织是法国电力集团的历史合作伙伴，占有特殊地位：在 2020 年支持了 13 个项目，并为黎巴嫩的危机提供了财政支持。

中国石油天然气集团：

2020 年，该公司全球主要公益投入 7.2 亿元，惠及数万人；国内投入约 3.3 亿元帮扶资金，帮扶范围覆盖中国 239 个县近 400 个村，在国内实施帮扶项目 635 个。2020 年，该公司通过捐赠防疫物资等方式，积极助力资源国抗击新冠疫情，例如，（1）在伊拉克，伊拉克哈法亚项目利用"社区贡献基金"，实施有社会影响力并直接给当地社区居民带来利益的公益项目。2020 年为哈法亚的穆埃尔村修建 5 公里沥青路，解决当地 1500 多名村民出行难的问题。（2）在南苏丹，2020 年初，非洲一些国家蝗虫灾害严重，在灭蝗药品和物资极为短缺的情况下，该公司向南苏丹捐资并捐赠灭蝗物资，助力当地应对虫灾。（3）在秘鲁，2020 年新冠疫情大流行期间，公司在秘鲁，同当地政府和社区建立联防联控机制，共同抗疫，该公司多次为当地社区政府捐赠防护用品，得到地方政府及社区居民的高度认可。中国石油天然气集团的公益慈善捐赠含扶贫帮困、赈灾捐赠、支持教育、公益捐赠、环保公益等，已连续多年公开披露。

3. 国家能源集团与非能源类企业对标分析

2020 年，国家能源集团与 10 家非能源类企业的公益慈善捐赠收入占比，有如下特点：国家能源集团与其他 10 家非能源类企业对比，排名中上游；美国卡特彼勒公司位列第一，国机集团位列最后（不含 2020 年未见公开披露的美国丹纳赫集团）；排名前三企业均为国外企业，排名底部 3 名的企业均为国内企业（不含 2020 年未见公开披露的美国丹纳赫集团）；2018—2020 年多家企业出现间歇性披露；国内和国外对比，2020 年国外领先于国内的是装备制造类的美国卡特彼勒公司高于且远高于国机集团，美国波音公司高于且远高于航天科技集团，美国电话电报公司高于中国移动通信集团公司；2020 年国内领先于国外的是国有资本投资类的国投集团高于美国凯雷投资集团，国有资本运营类的中国诚通控股集团（2020 年）高于美国丹纳赫集团（2019 年）。

表 6—35　2018—2020 年国家能源集团和非能源类企业公益慈善捐赠占

收入比重对比

No.	企业	2018 年	2019 年	2020 年
1	美国卡特彼勒公司	0.166%	0.175%	0.266%
2	美国波音公司	0.241%	—	0.172%
3	美国电话电报公司	0.071%	0.079%	0.168%
4	国家能源集团	0.026%	0.101%	0.094%
5	中国移动通信集团公司	0.042%	0.048%	0.051%
6	国投集团	0.053%	0.054%	0.047%
7	美国凯雷投资集团	—	0.296%	0.032%
8	中国诚通控股集团	—	—	0.020%
9	航天科技集团	0.004%	0.006%	0.015%
10	国机集团	0.009%	0.010%	0.012%
11	美国丹纳赫集团	—	0.017%	—

注：1. 表中排序按 2020 年企业数据由高到低；2. 美国卡特彼勒公司采用的是共含 Community investments、People impacted（cumulative）、Matching gifts、United Way 四项；3. 美国波音公司采用的是含 Charitable and Business Contributions；4. 美国电话电报公司采用的是 philanthropic：total amount of corporate and AT&T foundation giving；5. 中国移动通信集团公司采用的是中国移动通信集团公司慈善基金会累计对外捐赠金额（百万元）；6. 国投集团采用的是对外捐赠总额；7. 美国凯雷投资集团 2020 年采用的是 total donated，2019 年采用的是 Carlyle also initiated a significant philanthropic effort in response to COVID-19，donating more than $10M to non-profit organizations globally to help relief efforts 2019；8. 中国诚通控股集团采用的是含投入扶贫资金、新冠肺炎疫情防控捐赠、向俄罗斯捐赠防疫物资价值之和，其中 2020 年人民币兑卢布汇率按 10.5 计；9. 航天科技集团采用的是 2018—2019 年度公益慈善捐赠投入帮扶资金，2020 年采用的是新冠疫情相关捐赠；10. 国机集团采用的是投入帮扶资金；11. 美国丹纳赫集团 2019 年采用的是向武汉和其他 4 个组织的捐赠金额之和。

来源：公开信息整理。

十一、品牌影响力

通过对 2018—2020 年公开数据进行充分分析，国家能源集团的品牌影响力虽然低于部分国外企业，但综合考虑其行业属性，在国内能源类企业中的品牌影响力已处于较高位置，特别是在"双碳"背景下，积极拓展下游市场的开发及应用，会对其品牌影响力发展有较大推动作用。我们选取世界 500 强排名作为品牌影响力的表征指标，公开数据国内外各有 5 家企业进入世界 500 强排名，国家能源集团和中国石油天然气集团平均排名略高于对应的国外能源类企业，且处于逐年递增的态势。

本报告世界 500 强品牌排名主要采用的是美国杂志《财富》世界 500 强的数据，因该杂志世界 500 强排名常位于年中发布，实际反映的是上一财年企业经营数据，故本报告已将该杂志排名前移一年，例如《财富》2021 年世界 500 强在本报告则认为是 2020 年排名。

1. 不同行业间对标分析

6 个选定的行业中，世界 500 强品牌排名，有以下特征：从行业看，无论国内还是国外，都呈现出"能源类和电子信息类排名靠前，军工类和装备制造类排名靠后，国有投资和运营类未进入世界 500 强品牌排名"的特征。从国内外对比看，国内能源行业的世界 500 强品牌排名已略领先于国外；但是，国内军工、装备制造、电子信息等行业的排名，均不及国外；其中，国内的军工类排名与国外的差距最大，国内的装备制造、电子信息类与国外差距相对较小。

图 6—63 中，数值越小，表示世界 500 强品牌排名越靠前；数值越大，表示世界 500 强品牌排名越靠后。美国《财富》杂志的该排名仅依照按美元计的企业年收入为唯一指标，与其他机构排名或有差异。

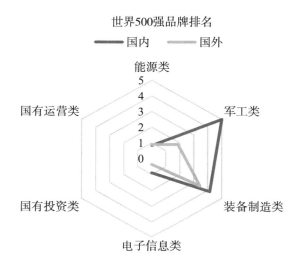

图 6—63　不同行业间指标对比，按世界 500 强品牌排名

（已按模型化处理，数字表示得分值）

注：图中算法说明，见章节 2.1 的雷达图。
来源：公开信息整理。

2. 国家能源集团与能源类企业对标分析

选取的 4 家能源类企业均进入 2018—2020 年世界 500 强品牌，对比发现：从企业看，国家能源集团和法国电力集团排名，均稳中上升，中国石油天然气集团排名保持领先且稳居全球第 4，荷兰壳牌公司排名逐年下滑且 2020 年大幅下滑；从行业看，电力行业（法国电力集团和国家能源集团）的排名，要远低于油气类行业（荷兰壳牌公司和中国石油天然气集团）；从国别看，国内企业与国外对标企业，不相上下。

此外，欧洲企业和中国企业，对美国《财富》杂志的世界 500 强品牌排名关注度似乎有较大的差异。未发现位于欧洲的法国电力集团和荷兰壳牌公司两家企业 2018—2020 年年报、社会责任报告等官方文件中，提及世界 500 强品牌排名；但是，位于中国的国家能源集团和中国石油天然气集团，二者均在其 2018—2020 年社会责任报告中提及世界 500 强品牌排名。

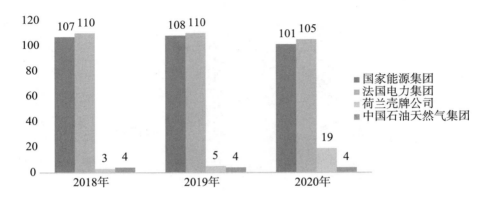

图 6—64　2018—2020 年国家能源集团和能源类企业世界 500 强品牌

排名对比

注：排名数据来源于美国《财富》杂志的世界 500 强品牌排名。
来源：公开信息整理。

3. 国家能源集团与非能源类企业对标分析

国家能源集团和其他 10 家企业对比，排名相对靠前，仅次于美国电话电报公司和中国移动通信集团公司。值得注意的是装备制造行业的中国国机集团和美国卡特彼勒公司的排名，均出现了连续下滑，但美国卡特彼勒公司下滑更快，二者排名差距明显缩小，美国卡特彼勒公司 2018 年高于国机集团 60 位，但 2020 年仅高出 1 位。此外，美国波音公司近三年出现了严重的下滑，该公司排名显然受到了"2019 年美国波音公司 737 MAX 停飞事件"影响，多国民航主管部门和航空公司因担忧美国波音公司 737 MAX 系列客机的安全性而停止了其商业运行。此外，新冠疫情导致的全球对航空业的需求疲软，亦是该公司营收下滑的重要因素。

表 6—36　2018—2020 年国家能源集团和非能源类企业世界 500 强品牌排名对比

No.	企业	2018 年	2019 年	2020 年
1	航天科技集团	323	352	307
2	国机集团	250	281	284
3	美国卡特彼勒公司	190	204	283
4	美国波音公司	68	121	173
5	国家能源集团	107	108	101
6	中国移动通信集团公司	56	65	56
7	美国电话电报公司	25	22	26
8	国投集团	—	—	—
9	美国凯雷投资集团	—	—	—
10	中国诚通控股集团	—	—	—
11	美国丹纳赫集团	—	—	—

注：1. 上表排序按 2020 年企业数据由高到低；2. 排名数据来源于美国《财富》杂志的世界 500 强品牌排名。
来源：公开信息整理。

十二、总结

1. 国家能源集团与法国电力集团对标发现

2020 年，国家能源集团的 60% 以上的指标数量（12 个）已经超越对标的法国电力集团，不足 40% 的指标数量（7 个）不及法国电力集团。

2. 国家能源集团与能源类企业对标发现

2020 年，国家能源集团的 30% 以上的指标数量（6 个）位列首位，40% 以上的指标数量（8 个）位列中间，20% 以上的指标数量（4 个）位列末位。

3. 国家能源集团与非能源类企业对标发现

2020年，国家能源集团的20%的指标数量（4个）位列前三，50%的指标数量（10个）位列中间，30%的指标数量（6个）位列后三。

4. 国内国外对比总结

值得注意的是，从国内和国外的角度看，就整体、定性对比而言，国内企业通常多个经营指标相对稳定，而国外则通常有一定的波动性，尤其是2020年；国内企业在文件中对世界500强排名、产业收入排名、专利申请量的披露似乎更加热衷，国外通常提及相对较少；国内企业的跨国性，目前还远不及国外企业，差距较大；国内的存货周转率更快、资产负债率更低；人均方面，国内的部分指标落后，如人均净利润贡献低、全员劳动生产率低；环保方面，国内的万元产值综合能耗相对很高，温室气体二氧化碳排放已经披露的企业排放较高，其他多家国内企业，似乎对该指标的公开披露较为谨慎，而国外企业，通常均会披露该等数据；安全生产方面，国内的安全投入占收入比重的披露，更为标准化和全面，国外近乎不对此指标进行披露；公益慈善捐赠占收入比重中，国内企业相对较低，且国内企业通常呈现连续性、标准化的捐赠，例如扶贫等，国外的捐赠通常更为间歇性、零散性。

此外，本报告的数据获取、对标指标、研究方法等存在一定的缺陷和局限，企业在对标过程中，对上述定量和定性的分析，仅供参考使用。

信息来源

本调研所采用/引用的可公开的信息来源，列表如下：

No.	来源
1	中国石油天然气集团有限公司环境保护公报
2	中国石油天然气集团有限公司年度报告
3	中国石油天然气集团有限公司企业社会责任报告

续表

No.	来源
4	中国石油天然气集团有限公司年度跟踪评级报告
5	中国石油天然气集团有限公司票据信用评级报告
6	中国石油天然气股份有限公司年度报告
7	中国石油天然气股份有限公司环境、社会和治理报告
8	PetroChina Company Limited Form 20-F
9	Royal Dutch Shell plc Form 20-F
10	Royal Dutch Shell plc Sustainability Report
11	国家能源投资集团有限责任公司债券年度受托管理事务报告
12	国家能源投资集团有限责任公司年度报告
13	国家能源投资集团有限责任公司年度跟踪评级报告
14	国家能源投资集团有限责任公司债券募集说明书
15	国家能源投资集团有限责任公司债券信用评级报告
16	国家能源投资集团有限责任公司社会责任报告
17	国家能源投资集团有限责任公司审计报告
18	国家能源投资集团有限责任公司债券年度报告
19	中国神华能源股份有限公司年度报告
20	中国神华能源股份有限公司环境、社会责任和公司治理报告
21	中国国电集团有限公司年度跟踪评级报告
22	国电电力发展股份有限公司年度报告
23	国电电力发展股份有限公司社会责任报告
24	龙源电力集团股份有限公司年度报告
25	国电电力发展股份有限公司年度报告
26	国电电力发展股份有限公司社会责任报告
27	EDF S.A. Annual Results & Appendices
28	EDF S.A. Annual Financial Report
29	EDF S.A. Facts & Figures
30	EDF S.A. Presentation

续表

No.	来源
31	EDF S.A. Impact Report
32	EDF S.A. Sustainable Development Indicators
33	EDF S.A. EGS Report
34	中国航天科技集团有限公司社会责任报告
35	中国航天科技集团有限公司跟踪评级报告
36	中国航天科技集团有限公司债券年度报告
37	航天科技控股集团股份有限公司年度报告
38	The Boeing Company Sustainability Report
39	The Boeing Company 10-K
40	The Boeing Company Environment Report
41	The Boeing Company Annual Report
42	中国机械工业集团有限公司社会责任报告
43	中国机械工业集团有限公司审计报告
44	中国机械工业集团有限公司债券年度报告
45	中国机械工业集团有限公司债券募集说明书
46	中国机械工业集团有限公司债券跟踪评级报告
47	中国机械工业集团有限公司债券受托管理事务报告
48	Caterpillar Inc. Form 10-K
49	Caterpillar Inc. Sustainability Report
50	中国移动通信集团有限公司可持续发展报告
51	中国移动有限公司可持续发展报告
52	中国移动有限公司年度报告
53	AT&T Inc. ESG Summary
54	AT&T Inc. Form 10-K
55	AT&T Inc. Financial Review
56	国家开发投资集团有限公司跟踪评级报告
57	国家开发投资集团有限公司企业社会责任报告

续表

No.	来源
58	国家开发投资集团有限公司债券年度报告
59	国家开发投资集团有限公司债券募集说明书
60	国家开发投资集团有限公司
61	The Carlyle Group Inc. Form 10-K
62	The Carlyle Group Inc. Impact Review
63	中国诚通控股集团有限公司跟踪评级报告
64	中国诚通控股集团有限公司债券募集说明书
65	中国诚通控股集团有限公司债券年度报告
66	中国诚通控股集团有限公司年度报告
67	中国诚通控股集团有限公司社会责任报告
68	Danaher Corporation Form 10-K
69	Danaher Corporation Sustainability Report
70	Morningstar, Inc.
71	《财富》世界 500 强排行榜及行业排行榜
72	Stock Analysis on Net
73	The U.S. Securities and Exchange Commission（SEC）
74	Private Equity International（PEI）
75	Macrotrends LLC
76	Alphaquery
77	Stock-analysis-on
78	Dow Jones & Company（The Wall Street Journal）

结　语

综合来说，世界一流企业是一种状态，一种不断变革、创新、领先的持续发生状态，世界一流企业的竞争力是发生在一定时代背景下，伴随产业发展和国家政治需要的产物。

本书通过文献梳理、政策解读、数据挖掘、典型企业调研、访谈，总结梳理世界一流企业竞争力的核心要素，指出中央企业在推进创建世界一流示范企业的过程中面临的问题以及不足，明确具有全球竞争力的世界一流企业的基本特征，构建世界一流企业竞争力的指标体系，为中央企业及地方重点国有企业创建世界一流提供参考。以国家能源集团为例，结合国家能源集团推进世界一流能源集团建设工作，通过与法国电力集团、能源企业、非能源企业进行比较，掌握集团公司的优势与短板，总结国家能源集团的经验做法，对国家能源集团创建具有全球竞争力的世界一流能源集团的现实路径和重点工作举措提出意见建议。

　　本书在以下方面进行了理论与实践方面的创新探索：一是对我国创建世界一流企业的政策演进作出阶段性总结；二是结合新时期党中央要求和国务院国资委等有关部委的决策部署，总结符合中国特色、体现中央企业特点的世界一流企业竞争力的指标体系；三是选取 7 家不同类型中央企业与国外同行业优秀企业进行对标，初步提出基于关键要素的竞争力提升建议；四是以国家能源集团为例，总结国家能源集团典型企业的经验做法，对国家能源集团创建具有全球竞争力的世界一流能源集团的现实路径和重点工作举措提出意见建议，为中央企业和地方重点国有企业在推进创建世界一流示范企业相关工作中提供参考。

　　世界一流企业竞争力指标体系，重点要解决两个方面的问题，第一个方面的问题是如何衡量竞争力，第二个方面的问题是如何系统提升竞争力。只有解决这两个方面的问题，企业才能提升缩小这种差距，逐步形成世界一流企业的竞争力。

　　因此，我们认为，世界一流企业竞争力指标体系，应该由两部分构成，第一部分是世界一流企业竞争力的衡量标准，从定量的角度分析，与世界一流企业竞争力的差距在哪些方面，差距的程度等；第二部分是世界一流企业竞争力的关键要素，从定性的角度，提出建设世界一流企业竞争力的途径。

　　在中央企业的世界一流企业竞争力衡量标准方面，以世界一流企业竞争力的理论与特征、国务院国资委相关文件等基础，以国资委"三个三"（"三个领军""三个领先""三个典范"）为指引，以"产品卓越、品牌卓著、创新领先、治理现代"的 16 字要求为依据，以系统化、定量化为原则构建衡量标准。同时，通过国内外相关企业的数据测试，进一步优化衡量标准，以达到数据容易获取、指标的差异能够反映本质性的差距等效果。最终，我们形成了包含衡量指标（如表 1 所示）和关键要素（如表 2 所示）的世界一流企业竞争力指标体系。

世界一流企业竞争力衡量指标表

序号	指标	指标分类	指标名称（细分指标）
1	"三个领军"	国际资源配置	跨国指数
2		科技创新	研发投入强度
3			年度万人专利申请量
4		产业影响力	产业收入排名
5			营业收入（亿元人民币）
6			年均收入增长率
7	"三个领先"	组织效率	总资产周转率
8			存货周转率
9		人力效能	全员劳动生产率
10			人均净利润贡献万元／（人·年）
11		盈利能力	净利润（亿元人民币）
12			营业收入利润率
13			营业净利率
14			净资产收益率
15		抗风险能力	流动比率
16			资产负债率
17	"三个典范"	绿色发展	万元产值综合能耗（吨标煤）
18			万元产值温室气体排放量（吨二氧化碳当量）
19		社会责任	安全投入占收入比重
20			公益慈善捐赠占收入比重
21		品牌影响力	世界 500 强品牌排名

来源：公开信息整理。

世界一流企业竞争力的关键要素表

序号	创建世界一流"16字"要求	指标分类	行动路径
1	产品卓越	产品运营与质量管控	精益管理理念在全流程、全链条中得到有效应用；集成化、集约化供应链管理机制；全生命周期的成本管控
2		营销与服务管理	制定科学、有效的营销策略；社会认可程度高、创新性好的服务模式；持续提升产品服务质量
3		产品数字化、智能化	制定产品数字化、智能化发展战略规划；信息化平台为产品数字化转型提供支持；产品制造、功能等方面的数字化水平持续提升
4	品牌卓著	组织文化建设	社会责任履行规范、有力；持续提升的企业形象；凝聚力强、深入人心的组织文化建设
5		品牌建设	完备的品牌设计、宣传、规划策略；优秀的品牌美誉度和影响力；持续履行社会责任；服务国家重大战略
6		国际化建设	明晰的国际化战略；国际化经营的管理机制健全；优秀的国际化人才队伍建设；持续拓展的国际化市场
7	创新领先	科技创新	前瞻性的科技创新战略；科研资源配置合理、重点突出；研发投入高；持续增长的知识产权、专利数量
8		技术创新体系建设	机制完备的科研项目管理；科学合理的梯次研发体系；持续加强双创平台建设
9		协同创新	产学研一体化水平持续提升；全球创新网络融入度持续提升；创新技术与内部资源共享机制健全
10		创新激励	科技人才引进培养机制健全；创新长效激励机制健全；创新生态构建良好

续表

序号	创建世界一流"16字"要求	指标分类	行动路径
11	治理现代	党的领导与公司治理深度融合	落实中央重大决策决议流程规范；有中国特色的现代企业制度建设持续强化；党管干部、党管人才落实落地；党建与业务深度融合
12		战略规划	战略定位、主攻方向、业务结构清晰；中长期资源分配方向明确、重点突出；动态战略管理体系完备
13		商业模式	完备的客户价值导向；具有核心竞争力的盈利模式；独特的核心资源和能力
14		财务管控	功能完备的一体化财务管控体系；成本费用控制科学、合理、资源配置效率高；资本结构良好；市值管理水平高
15		干部人才队伍建设	优秀的企业家精神及文化；市场化、公平的干部人才选用机制；科学合理的薪酬激励水平；持续加强的干部人才培养与梯队建设

通过构建世界一流企业竞争力的衡量标准、世界一流企业竞争力的关键要素，就完成了世界一流企业竞争力的指标体系的构建。

通过世界一流企业竞争力的衡量标准和关键要素，就形成了世界一流企业竞争力的指标体系的"一枚硬币的两个面"，一面是揭示差距在哪里，另一面明确提升的途径；通过这种动态、持续的正向循环往复，持续缩小与世界一流企业竞争力的差距，进而接近或达到世界一流企业竞争力的水平与状态。

世界一流企业竞争力的衡量标准和关键要素的关系，是形式和内容、表象和实质的关系。有一些衡量标准是由关键要素直接影响、多个关键因素间接影响，比如"科技创新"；有一些衡量标准是由多个关键要素间接影响，比如"国际资源配置"。

因此，通过衡量标准找到与对标企业的差距之后，需要综合考虑影响差距的直接和间接的关键要素，并要基于此制定系统的提升方案、提升路线与计划并组织落实，才可能达到实质性的竞争力提升效果。

世界一流企业竞争力的衡量标准和关键要素的关系表

序号	世界一流企业竞争力指标体系		
	定量	定性	
	衡量标准（指标分类）	关键要素	
		直接相关	间接相关
1	国际资源配置	国际化建设	党的领导与公司治理深度融合战略规划
2	科技创新	科技创新、技术创新体系建设、创新激励	
3	产业影响力	营销与服务管理	
4	组织效率	组织文化建设	
5	人力效能	干部人才队伍建设	
6	盈利能力	商业模式、协同创新	
7	抗风险能力	财务管控	
8	绿色发展	产品数字化智能化	
9	社会责任	风险管理	
10	品牌影响力	品牌建设、产品运营与质量管控、财务管控	

我们通过对 7 家中央企业与同行业对标企业进行数据对比，了解到中央企业与同行业优秀企业相比，自身存在的优势和不足，不仅进一步验证了世界一流企业竞争力指标体系的信效度，同时，也为中央企业加快建设世界一流示范企业提供参考。

由于受时间较短、样本企业较少，自身经验与视野等原因所限，在中央企业的世界一流企业竞争力指标体系方面还存在很多待完善之处，需要在后续的实践中继续完善与优化，以更能符合中国的国情特色以及更能适应中央企业的自身特点。

    中央企业的世界一流企业竞争力指标体系是时代发展所提出的新命题，这跟很多新生事物类似，需要一个持续的迭代与升级过程，方能形成一个既符合中央企业实际情况，又有很强的理论高度的指标体系。因此，在此过程之中，既需要中国学术界理论研究的突破，又需要中央企业的实践创新，更需要以国务院国资委为代表的政府部门高瞻远瞩地谋划、全方位地统筹推进。

主要参考资料

1. Drucker, P. , *Innovation and Entrepreneurship.* Harper & Row, New York, 1985.

2. Porter, M. E. *Competitive Advantage*: *Creating and Sustaining Superior Performance.* Free Press, New York, 1985.

3. Newman, W. H., & Chen, M. J. *World-class Enterprises*: *Resource Conversion and Balanced Integration*, Challenges.

4. *For Global Enterprise in the 21 st Century.* Academy of Management National Meetings, 1999.

5. Peters, T. & Waterman, R. H. , *In Search of Excellence*: *Lessons from America's Best-run Companies.* Harper & Row, New York, 1982.

6. Collis, D. J. , *Research Note: How Valuable are Organizational-Capabilities.* Strategic ManagementJournal, 1994（15）: 143-152.

7. 张文魁:《世界一流企业的八个特征》,《港口经济》2012 年第 2 期。

8. 周原冰:《什么样的企业称得上"世界一流"》,《国家电网报》2012 年 1 月 17 日。

9.〔美〕麦肯锡:《完善系统对标,推动管理转型,打造世界一流企业》, 2012 年版。

10.〔美〕沃森:《一个企业的信念》,中信出版社 2003 年版。

11. 郭士纳:《谁说大象不能跳舞》,中信出版社 2010 年版。

12. 德勤:《对标世界一流企业》,经济管理出版社 2019 年版。

13. 罗兰贝格:《中国如何造就全球龙头企业》,《中国工业评论》2017 年 第 7 期。

14. 波士顿咨询公司:《打造全球一流的价值创造型企业集团》,2017 年版。

15. Drucker, P. *Innovation and Entrepreneurship.* Harper & Row, New York, 1954.

16. 董富贵：《具有全球竞争力的世界一流企业的特征及培育路径》，《产业经济》2018 年第 3 期。

17. 李泊溪：《世界一流企业发展思考》，《经济研究参考》2012 年第 10 期。

18. 黄群慧、余菁、王涛：《培育世界一流企业：国际经验与中国情境》，《中国工业经济》2017 年第 11 期。

19. 罗虎：《培育具有全球竞争力的一流企业——新时代深化国企改革的新思想、新目标》，《学术评论》2018 年第 1 期。

20. 曾宪奎：《高质量发展背景下我国国有企业创建世界一流企业问题研究》，《宁夏社会科学》2020 年第 1 期。

21. 王利政、李俊彪、王浩：《中国发电集团建设世界一流企业评价及建议》，《中国科技论坛》2013 年第 10 期。

22. 黄群慧：《世界一流企业管理——理论与实践》，经济管理出版社 2019 年版。

23. 郭淑娟、辛安娜：《企业竞争力研究进展述评》，《科技管理研究》2011 年第 5 期。

24. 陈佳贵、吴俊：《中国地区中小企业竞争力评价——对 2003 年规模以上工业中小企业的实证研究》，《中国工业经济》2004 年第 8 期。

25. 丁伟斌、荣先恒、桂斌旺：《我国中小企业核心竞争力要素选择的实证分析——以杭州、苏州中小企业为例》，《科学学研究》2005 年第 5 期。

26. 庄思勇、冯英浚：《基于核心竞争力的核心刚性相对评价研究》，《中国软科学》2009 年第 9 期。

27. 周鸿顺：《构建国有企业核心竞争力对标体系探索》，《冶金财会》2021 年第 2 期。

主要参考信息来源

No.	来　源
1	中国石油天然气集团有限公司环境保护公报
2	中国石油天然气集团有限公司年度报告
3	中国石油天然气集团有限公司企业社会责任报告
4	中国石油天然气集团有限公司年度跟踪评级报告
5	中国石油天然气集团有限公司票据信用评级报告
6	中国石油天然气股份有限公司年度报告
7	中国石油天然气股份有限公司环境、社会和治理报告
8	PetroChina Company Limited Form 20-F
9	Royal Dutch Shell plc Form 20-F
10	Royal Dutch Shell plc Sustainability Report
11	国家能源投资集团有限责任公司债券年度受托管理事务报告
12	国家能源投资集团有限责任公司年度报告
13	国家能源投资集团有限责任公司年度跟踪评级报告
14	国家能源投资集团有限责任公司债券募集说明书
15	国家能源投资集团有限责任公司债券信用评级报告
16	国家能源投资集团有限责任公司社会责任报告
17	国家能源投资集团有限责任公司审计报告
18	国家能源投资集团有限责任公司债券年度报告
19	中国神华能源股份有限公司年度报告
20	中国神华能源股份有限公司环境、社会责任和公司治理报告
21	中国国电集团有限公司年度跟踪评级报告
22	国电电力发展股份有限公司年度报告
23	国电电力发展股份有限公司社会责任报告
24	龙源电力集团股份有限公司年度报告
25	国电电力发展股份有限公司年度报告
26	国电电力发展股份有限公司社会责任报告
27	EDF S.A. Annual Results & Appendices

No.	来　源
28	EDF S.A. Annual Financial Report
29	EDF S.A. Facts & Figures
30	EDF S.A. Presentation
31	EDF S.A. Impact Report
32	EDF S.A. Sustainable Development Indicators
33	EDF S.A. EGS Report
34	中国航天科技集团有限公司社会责任报告
35	中国航天科技集团有限公司跟踪评级报告
36	中国航天科技集团有限公司债券年度报告
37	航天科技控股集团股份有限公司年度报告
38	The Boeing Company Sustainability Report
39	The Boeing Company 10-K
40	The Boeing Company Environment Report
41	The Boeing Company Annual Report
42	中国机械工业集团有限公司社会责任报告
43	中国机械工业集团有限公司审计报告
44	中国机械工业集团有限公司债券年度报告
45	中国机械工业集团有限公司债券募集说明书
46	中国机械工业集团有限公司债券跟踪评级报告
47	中国机械工业集团有限公司债券受托管理事务报告
48	Caterpillar Inc. Form 10-K
49	Caterpillar Inc. Sustainability Report
50	中国移动通信集团有限公司可持续发展报告
51	中国移动有限公司可持续发展报告
52	中国移动有限公司年度报告
53	AT&T Inc. ESG Summary
54	AT&T Inc. Form 10-K

续表

No.	来　源
55	AT&T Inc. Financial Review
56	国家开发投资集团有限公司跟踪评级报告
57	国家开发投资集团有限公司企业社会责任报告
58	国家开发投资集团有限公司债券年度报告
59	国家开发投资集团有限公司债券募集说明书
60	国家开发投资集团有限公司
61	The Carlyle Group Inc. Form 10-K
62	The Carlyle Group Inc. Impact Review
63	中国诚通控股集团有限公司跟踪评级报告
64	中国诚通控股集团有限公司债券募集说明书
65	中国诚通控股集团有限公司债券年度报告
66	中国诚通控股集团有限公司年度报告
67	中国诚通控股集团有限公司社会责任报告
68	Danaher Corporation Form 10-K
69	Danaher Corporation Sustainability Report
70	Morningstar, Inc.
71	《财富》世界 500 强排行榜及行业排行榜
72	Stock Analysis on Net
73	The U.S. Securities and Exchange Commission（SEC）
74	Private Equity International（PEI）
75	Macrotrends LLC
76	Alphaquery
77	Stock-analysis-on
78	Dow Jones & Company（The Wall Street Journal）

世界一流企业对标数据表

一、能源类

	中国石油天然气集团公司			荷兰皇家壳牌公司		
	2018 年	2019 年	2020 年	2018 年	2019 年	2020 年
跨国指数	26.4%	26.6%	24.4%	75.2%	75.1%	75.4%
研发投入强度	0.58%	0.78%	1.09%	0.25%	0.28%	0.50%
年度万人专利申请量	37.0	41.2	54.9	1274.7	1138.4	974.7
产业收入排名	3	2	1	2	3	4
营业收入（亿元人民币）	27390	27714	20871	25711	23624	12530
三年年均收入增长率	20.96%	8.82%	−12.71%	28.94%	6.31%	−31.82%
总资产周转率	66.28%	65.43%	51.05%	97.29%	85.29%	47.60%
存货周转率	8.75	8.50	6.43	15.28	11.71	7.34
全员劳动生产率	198.1	206.1	168.0	3174.2	2846.3	1440.2
人均净利润贡献万元 /（人·年）	3.10	4.43	4.05	190.84	130.73	−172.94

续表

	中国石油天然气集团公司			荷兰皇家壳牌公司		
	2018 年	2019 年	2020 年	2018 年	2019 年	2020 年
净利润（亿元人民币）	428.0	595.9	502.7	1545.8	1085.0	−1504.6
营业收入利润率	23.22%	22.39%	22.60%	11.56%	10.66%	−7.20%
营业净利率	1.56%	2.15%	2.41%	6.01%	4.59%	−12.01%
净资产收益率	1.79%	2.50%	2.14%	7.24%	5.14%	−7.99%
流动比率	1.11	1.07	1.21	1.25	1.16	1.23
资产负债率	0.42	0.44	0.43	0.49	0.53	0.58
万元产值综合能耗（吨标煤）	0.3554	0.3458	0.4576	0.1281	0.1373	0.2354
万元产值温室气体排放量（吨二氧化碳当量）	—	0.6281	0.8022	0.3112	0.3259	0.5587
安全投入占收入比重	—	—	—	—	—	—
公益慈善捐赠占收入比重	0.026%	0.031%	0.034%	—	—	—
世界 500 强品牌排名	4	4	4	3	5	19
跨国指数	2.6%	2.2%	2.5%	29.6%	29.4%	27.9%
研发投入强度	0.38%	0.67%	0.77%	0.74%	1.00%	0.99%
年度万人专利申请量	44.7	47.5	78.1	37.1	41.4	43.3
产业收入排名	5	4	5	3	4	3
营业收入（亿元人民币）	5391	5560	5569	5244	5508	5447
三年年均收入增长率	12.43%	4.37%	1.64%	−1.88%	4.86%	0.35%
总资产周转率	31.31%	31.87%	31.15%	24.21%	23.52%	22.57%
存货周转率	11.08	11.90	11.28	0.29	0.28	0.24
全员劳动生产率	159.3	167.8	170.5	316.3	334.4	329.7
人均净利润贡献万元 /（人·年）	14.93	16.74	17.68	5.43	24.16	3.10
净利润（亿元人民币）	505.2	554.6	577.4	90.0	398.0	51.3
营业收入利润率	29.47%	28.58%	29.46%	57.77%	56.85%	59.35%

续表

	中国石油天然气集团公司			荷兰皇家壳牌公司		
	2018 年	2019 年	2020 年	2018 年	2019 年	2020 年
营业净利率	9.37%	9.98%	10.37%	1.72%	7.23%	0.94%
净资产收益率	7.38%	7.90%	7.98%	0.51%	2.12%	0.26%
流动比率	0.53	0.59	0.59	1.38	1.30	1.27
资产负债率	0.60	0.59	0.59	0.81	0.82	0.82
万元产值综合能耗（吨标煤）	1.8775	1.8169	1.8537	0.0697	0.0621	0.0695
万元产值温室气体排放量（吨二氧化碳当量）	9.4911	6.5080	5.7832	0.6898	0.6062	0.5143
安全投入占收入比重	0.740%	1.588%	1.213%	—	—	—
公益慈善捐赠占收入比重	0.026%	0.101%	0.094%	0.040%	0.032%	0.041%
世界 500 强品牌排名	107	108	101	110	110	105

二、军工类

	中国航天科技集团有限公司			美国波音公司		
	2018 年	2019 年	2020 年	2018 年	2019 年	2020 年
跨国指数	—	—	—	55.8%	55.0%	37.3%
研发投入强度	2.57%	3.05%	3.19%	3.23%	4.20%	4.26%
年度万人专利申请量	333.7	393.5	446.7	80.0	89.0	103.8
产业收入排名	8	9	7	1	3	4
营业收入（亿元人民币）	2482	2490	2662	6695	5244	4036
三年年均收入增长率	7.89%	3.72%	3.56%	0.27%	3.72%	−12.99%
总资产周转率	56.93%	52.15%	51.31%	86.17%	57.29%	38.23%
存货周转率	2.56	2.28	2.30	1.04	0.81	0.76
全员劳动生产率	138.0	138.5	149.6	437.6	325.5	286.3

	中国航天科技集团有限公司			美国波音公司		
	2018 年	2019 年	2020 年	2018 年	2019 年	2020 年
人均净利润贡献万元 /（人·年）	10.31	10.82	12.42	45.22	−2.72	−58.42
净利润（亿元人民币）	185.4	194.6	220.9	691.8	−43.8	−823.8
营业收入利润率	16.39%	18.19%	18.28%	11.90%	−2.60%	−22.00%
营业净利率	7.47%	7.81%	8.30%	10.33%	−0.84%	−20.41%
净资产收益率	7.85%	7.31%	8.03%	10.10%	−0.60%	−13.40%
流动比率	1.53	1.57	1.54	1.08	1.05	1.39
资产负债率	0.46	0.44	0.47	1.00	1.06	1.12
万元产值综合能耗（吨标煤）	0.1460	0.1409	0.0910	—	—	0.0137
万元产值温室气体排放量（吨二氧化碳当量）	—	—	—	—	—	0.0316
安全投入占收入比重	0.205%	0.233%	0.222%	—	—	—
公益慈善捐赠占收入比重	0.004%	0.006%	0.015%	0.241%	—	0.172%
世界 500 强品牌排名	323	352	307	68	121	173

三、装备制造类

	中国机械工业集团有限公司			美国卡特彼勒公司		
	2018 年	2019 年	2020 年	2018 年	2019 年	2020 年
跨国指数	—	—	—	58.1%	57.7%	59.8%
研发投入强度	1.31%	1.58%	1.88%	3.38%	3.15%	3.39%
年度万人专利申请量	137.3	102.6	195.5	—	—	—
产业收入排名	3	3	3	1	1	1
营业收入（亿元人民币）	2997	2973	2829	3623	3685	2897

续表

	中国机械工业集团有限公司			美国卡特彼勒公司		
	2018 年	2019 年	2020 年	2018 年	2019 年	2020 年
三年年均收入增长率	9.01%	2.26%	−2.85%	19.16%	8.78%	−12.66%
总资产周转率	76.25%	78.68%	79.71%	69.70%	68.58%	53.30%
存货周转率	5.12	5.05	5.50	3.50	3.28	2.62
全员劳动生产率	209.2	202.5	202.8	356.9	356.4	292.4
人均净利润贡献万元 /（人·年）	4.35	5.15	5.74	40.11	40.34	21.01
净利润（亿元人民币）	62.4	75.6	80.1	407.1	417.2	208.2
营业收入利润率	2.96%	3.16%	3.71%	27.09%	26.25%	23.81%
营业净利率	2.08%	2.54%	2.83%	11.24%	11.32%	7.19%
净资产收益率	4.97%	5.83%	6.44%	14.66%	14.93%	7.29%
流动比率	1.25	1.26	1.22	1.37	1.47	1.53
资产负债率	0.68	0.66	0.65	0.82	0.81	0.80
万元产值综合能耗（吨标煤）	0.0296	0.0226	0.0190	0.0237	0.0222	0.0228
万元产值温室气体排放量（吨二氧化碳当量）	—	—	—	0.0609	0.0481	0.0504
安全投入占收入比重	0.204%	0.283%	0.251%	—	—	—
公益慈善捐赠占收入比重	0.009%	0.010%	0.012%	0.166%	0.175%	0.266%
世界 500 强品牌排名	250	281	284	190	204	283

四、电子信息类

	中国移动通信集团公司			美国电话电报公司		
	2018 年	2019 年	2020 年	2018 年	2019 年	2020 年
跨国指数	1.0%	0.9%	1.0%	7.7%	8.3%	7.0%
研发投入强度	0.34%	0.38%	0.64%	0.70%	0.70%	0.70%

	中国移动通信集团公司			美国电话电报公司		
	2018 年	2019 年	2020 年	2018 年	2019 年	2020 年
年度万人专利申请量	48.4	58.8	77.0	—	—	—
产业收入排名	3	5	5	1	1	1
营业收入（亿元人民币）	7368	7459	7681	11304	12412	11920
三年年均收入增长率	1.98%	0.36%	2.10%	4.26%	12.86%	0.59%
总资产周转率	47.97%	45.78%	44.45%	32.11%	32.84%	32.67%
存货周转率	14.09	30.67	36.34	28.66	29.38	22.25
全员劳动生产率	160.5	163.5	169.1	489.9	500.9	444.4
人均净利润贡献万元 /（人·年）	25.65	23.37	23.74	57.24	41.40	−9.89
净利润（亿元人民币）	1177.8	1066.4	1078.4	1320.9	1025.8	−265.2
营业收入利润率	16.47%	15.17%	14.68%	15.28%	15.43%	3.73%
营业净利率	15.99%	14.30%	14.04%	11.69%	8.26%	−2.22%
净资产收益率	11.16%	9.63%	9.36%	5.61%	3.85%	−1.04%
流动比率	1.13	1.15	1.12	0.80	0.79	0.82
资产负债率	0.31	0.32	0.33	0.64	0.63	0.66
万元产值综合能耗（吨标煤）	0.0408	0.0435	0.0468	0.0155	0.0140	0.0145
万元产值温室气体排放量（吨二氧化碳当量）	0.2195	0.2322	0.2367	0.0686	0.0526	0.0486
安全投入占收入比重	0.315%	0.323%	0.324%	—	—	—
公益慈善捐赠占收入比重	0.042%	0.048%	0.051%	0.071%	0.079%	0.168%
世界 500 强品牌排名	56	65	56	25	22	26

五、国有资本投资公司类

	国家开发投资集团有限公司			美国凯雷投资集团		
	2018 年	2019 年	2020 年	2018 年	2019 年	2020 年
跨国指数	18.1%	26.0%	12.3%	45.6%	42.5%	44.7%
研发投入强度	0.49%	0.62%	0.85%	—	—	—
年度万人专利申请量	24.5	64.6	92.5	—	—	—
产业收入排名	—	—	—	1	2	4
营业收入（亿元人民币）	1214	1419	1531	161	231	204
三年年均收入增长率	18.09%	26.00%	12.30%	3.31%	−4.16%	9.96%
总资产周转率	20.95%	22.45%	22.44%	18.79%	24.46%	18.76%
存货周转率	7.28	6.48	6.92	—	—	—
全员劳动生产率	270.1	285.8	315.4	973.8	1303.2	1116.0
人均净利润贡献万元／（人·年）	36.22	32.44	36.45	131.96	457.08	145.57
净利润（亿元人民币）	62.4	75.6	80.1	21.8	81.1	26.6
营业收入利润率	24.16%	23.33%	23.68%	14.65%	37.23%	20.49%
营业净利率	13.41%	11.35%	11.56%	13.55%	35.07%	13.04%
净资产收益率	8.95%	8.24%	8.11%	11.60%	39.88%	13.06%
流动比率	1.11	1.26	1.21	0.53	0.38	2.25
资产负债率	0.69	0.69	0.68	0.78	0.78	0.81
万元产值综合能耗（吨标煤）	0.9672	0.9687	0.6833	—	0.0009	0.0007
万元产值温室气体排放量（吨二氧化碳当量）	—	—	—	0.0103	0.0085	0.0032
安全投入占收入比重	0.270%	0.216%	0.238%	—	—	—
公益慈善捐赠占收入比重	0.053%	0.054%	0.047%	—	0.296%	0.032%
世界 500 强品牌排名	—	—	—	—	—	—

六、国有资本运营公司类

	中国诚通控股集团有限公司			美国丹纳赫集团		
	2018 年	2019 年	2020 年	2018 年	2019 年	2020 年
跨国指数	—	—	2.2%	64.1%	62.9%	62.4%
研发投入强度	0.34%	0.50%	0.52%	6.21%	6.29%	6.05%
年度万人专利申请量	17.3	33.5	70.8	—	—	—
产业收入排名	—	—	—	—	—	—
营业收入（亿元人民币）	1017	1053	1242	1129	1227	1547
三年年均收入增长率	28.08%	12.74%	10.52%	0.49%	7.43%	2.50%
总资产周转率	41.08%	39.01%	31.32%	35.64%	28.85%	29.26%
存货周转率	5.63	5.26	6.65	4.68	4.48	5.00
全员劳动生产率	374.9	378.9	383.8	159.0	204.5	224.1
人均净利润贡献万元 /（人·年）	6.65	11.95	28.01	24.72	33.57	35.30
净利润（亿元人民币）	18.0	33.2	90.6	175.5	201.4	243.6
营业收入利润率	6.93%	6.79%	6.27%	17.92%	18.25%	18.99%
营业净利率	1.77%	3.15%	7.30%	15.55%	16.41%	15.75%
净资产收益率	1.17%	1.95%	4.39%	9.39%	9.71%	8.82%
流动比率	2.93	2.69	2.64	1.47	5.19	1.86
资产负债率	0.38	0.37	0.48	0.41	0.51	0.48
万元产值综合能耗（吨标煤）	0.0960	0.0936	0.0815	0.0108	0.0140	—
万元产值温室气体排放量（吨二氧化碳当量）	0.3021	0.2893	0.2563	0.0261	0.0422	—
安全投入占收入比重	0.003%	0.012%	0.011%	—	—	—
公益慈善捐赠占收入比重	—	—	0.020%	—	0.017%	—
世界 500 强品牌排名	—	—	—	—	—	—